U0034026

教育生態學

從事教育工作者必讀
關心教育者不能錯過

教育關乎人，教育學本是一門人學。
生命倫理是教育本應有的價值取向，
沒有「人」的教育不能成其為教育。
本書用生物學世界觀觀照中國社會
和政治，高屋建瓴地揭示中國教育
的成因和沉溺，並積極呼籲樹立起
教育生態觀，加強對教育生態的保護。

鄭偉——著

教育生態學

鄭偉——著

獻　給

我的思想導師和精神之父——尼采

自　序

哲學是一個時代精神的體現，每個哲學都屬於一個特定的時代。本書開宗明義地宣稱，在這個後現代時代，生物學世界觀是這個時代的哲學，教育生態學則是這個時代的教育哲學。

在主體上講，本書是一本教育哲學書。雅斯貝爾斯曾說，「哲學與每個人有關。一個人只要他依然為人，哲學就是他必然面臨的一件難事。」據此我便可以說，本書與每位教師都有關。

若想從書中得到具體的操作方法，這是大錯特錯的想法。然而，本書將帶你去暢遊波瀾壯闊的世界思想海洋，採擷沿途的思想花朵，把握近代世界思想史的脈絡，最終領悟到教育的真諦。我可以向你保證：你從本書中獲得的思想觀念，其價值會遠遠大於你從別處學到的操作方法。書中偶有一些操作方法，但也不過是本書哲學思想的具體體現和實施。

在這個全球化時代裏，人權已成為普適價值，民主自由的潮流勢不可擋。中國已取得巨大的經濟成就，然而離民主自由卻仍然還很遠，這在中國教育中表現十分突出。中國是怎樣的一個社會？中國為何還仍在大搞應試教育或分數教育？中國的校長為何要強令非法補課？中國教育為何要培養共產主義事業的接班人？……在這些問題的答案中，有沒有一個貫穿所有答案的思想觀念？回答是：有。這個觀念，便是本書所說的世界觀。

世界觀，也可叫宇宙觀，是一個人對整個世界的根本看法。世界觀建立於一個人對自然、人生、社會和精神的科學的、系統的、豐富的認識基礎上，它包括自然觀、社會觀、人生觀、價值觀、歷史觀等等。總的來講，世界觀祝是一種哲學層面上的思想觀念。它統領著一個人對整個世界的看法，有點像古希臘哲學家巴門尼德的「一」。

在多年的讀書思考中，我形成了自己的世界觀－生物學世界觀，這也是後現代主義的世界觀。用自己的世界觀去觀照中國社會，我逐漸明白了中國社會的問題所在。簡單地說，中國官方的世界觀是物理學世界觀，以強調封閉和控制為主要特徵。中國搞了三十年的改革開放，封閉狀態已有一定程度的改觀。

然而，正論意識形態強調的控制仍然禁錮著人們的思想，阻礙著社會的進步，扼殺著學校裏的師生。

扼殺不僅是對肉身的戕殺，也可以是對意志的毀滅。當人喪失了意志後，他就沒有精神的維度，只能成為一個「植物人」。尼采曾說：「偉大國家的政府手中掌握著兩種手段：讓人民在畏懼與服從中依附於自己，一種手段比較粗野，即軍隊，另一種手段比較典雅，即學校。」[1]任何一個「偉大政府」，總會強化國家機器的使用，控制生命的自由。同時，它還會強化學校的洗腦作用，讓生命從一開始便失去自我意識。這種「偉大政府」搞的教育，本質上是一種愚化教育或蒙昧教育。無論它能給學生灌輸多少知識，或能讓學生考多少分，都始終不能讓學生開始生命的覺解。

在用世界觀來審視和指導教育時，我們便有了自己的教育哲學。我認為，教師必須有自己的教育哲學作為指導思想，才可能成為真正意義上的「人師」，而不至於成為經驗型的「經師」。目前，「教育家」在中國有一大堆，卻鮮有自己的教育哲學。在這個意義上講，中國的「教育家」都名不符實。

這些年來，我堅持讀書，筆耕不輟，寫下了大量的教育文章，為本書的形成奠定了基礎。這些文章有不同的話題，如後現代課程觀、教育管理、校園文化、生命的反抗、教育中的極權主義等等，卻都圍繞著一個共同的主題－用生物學世界觀去觀照中國教育的各個方面。然而，中國教育即政治的縮影，或者說，中國教育是政治的集中體現。探討中國教育（尤其是在宏觀層面上），便不可避免地涉及政治，儘管官方不喜歡，甚至是禁止民眾談政治。雅斯貝爾斯也曾說，「沒有哪種偉大的哲學是不帶有政治思想的，偉大的形而上學家的哲學更不會這樣。……一種哲學到底怎樣，就表現在其政治性表現中。這種政治性表現不是附帶性的，而是具有核心意義。」[2]作為一本教育哲學書，本書涉及政治實屬正常。

眾所周知，在經歷了1980s年代的「概念重建運動」後，課程領域不再注重技術開發，或強調效率，而是把重點放在了對課程的解釋上。此時，各種思想流派開始湧入課程大門，使課程領域出現了「巴爾幹化」的現象。在這些流派中，有一個叫「批判課程論」，代表人物是巴西的弗萊雷和美國的傑克遜（P. W. Jackson）等人。這個流派解讀課程背後的政治蘊義，對專制政治及其教育發起了猛烈抨擊。在課程論領域，我的思想屬於「批判課程論」，因此我的文字肯定會少不了政治批判。

---

1 尼采《人性的，太人性的》，中國人民大學出版社，2008，頁414

2 （德）維爾納·叔斯勒《雅斯貝爾斯》，中國人民大學出版社，2008，頁19

一些東亞國家仍有高考制度，比如臺灣。這些是民主國家，沒有我說的極權主義。然而，這些國家都有專制傳統，而且屬於後起的現代化國家。英美經驗主義國家的情形是社會發展到一定程度，自發地推動國家進行現代化，比如英、美。後起的現代化國家是靠國家力量來推動社會，在短時間內完成現代化轉型。在這個過程中，國家的經濟發展很快，但社會觀念的演化得十分緩慢。相比之下，英、美國家的現代化都是社會觀念達到一定程度，才對國家的變革提出了要求。目前，臺灣仍然有高考制度，臺北還有「補習一條街」。我認為，這種現象在東亞是可以理解的。中國不僅屬於這類後起的現代化國家，而且共產主義仍然是正諭意識形態的核心內容，牢牢地控制著中國教育。

明治維新後，日本開始了工業化的進程。關於日本的崛起，福澤諭吉提出過「至尊」和「至強」的理論。他認為：「秦始皇杜絕了爭論的根源以後，統一天下，從此實行了專制政治，雖然經過多次改朝換代，但人與人之間的關係本質上並未改變，仍然是以至尊的地位與最高的權力集中於一身而支配社會。」[3]相比之下，在日本，至尊與至強卻是分裂的。「至尊和至強的兩種思想取得平衡，於是在這種思想當中便留下了思考的餘地，為真理的活動開闢了道路，這不能不說是我們日本的偶然幸運。」[4]簡單地說，至尊與至強的分裂為日本的思想自由留下了空間，從而為日本明治維新的迅速成功提供了條件。相比之下，中國的「大一統」強調至尊與至強的統一。這必然使得中國成為鐵板一塊，在面對文明衝擊時不能靈活地轉變。更不幸的是，這種僵化至今都沒有根本的改變。比如，官方仍然牢牢控制著教育，通過制定考試的標準答案來將意識形態灌輸給學生。

對於中國的歷史傳統，本書僅有簡要零散的提及，而將重點放在了對極權主義的分析上。本書認為，極權主義的政治背景才是中國與東亞其他國家的不同之處。中國的極權主義制度，使中國教師在很大程度上成為了給學生灌輸正諭意識形態的工具。在民主的臺灣，教師在教育中的作用是一樣的嗎？如果是，那麼臺灣教師灌輸的意識形態是國民黨的，民進黨的，還是親民黨的？事實上，正因為有幾個政黨競爭執政，所以任何政黨都無法對民眾進行意識形態的完全操控。儘管仍有高考制度，但是臺灣民眾的思想卻是自由的。

我對文章進行了分類，把各類文章歸入不同的章節，我把書名初步起為《教育與生態》。後來，我又索性不揣淺陋地改為了《教育生態學》。據我所知，目前已有一些教育生態學方面的書籍。這本《教育生態學》可能有些不

---

3 福澤諭吉《文明論概略》，商務印書館，2007，頁17

4 同上，頁18

同。它不是要挑戰其他書籍，而只是基於中國教育，與「新課程改革」保持高度的一致，為引領中國教育提供新理念。

對於本書中的教育生態學，我願意給出這樣一個定義：教育生態學是一種用生物學世界觀來觀照和指導教育，以最終實現人的解放和生命的自由成長的教育哲學。本書中有幾個重要的研究領域，比如宏觀教育（涉及社會和政治，尤其以後者為甚）和微觀教育（包括班級生態、校園生態等，其中班級生態又包括了課堂教學和班級管理）。本書運用了豐富的思想資源，常用到一些重要概念或「高頻辭彙」，比如，世界觀，系統，自組織，團隊化，流變，進化，開放，控制，後現代主義，極權專制，自由民主，等等。對於這些內容，此書在不同章節會有所論述。

作為一名基層教師，我學識譾陋力有不逮，受制于方方面面的因素，目前只能做到這種程度。對於此書，我會誠實地這樣評價：價值巨大，缺陷明顯。我希望更多的人能加入進來，形成一個共同體，沿著這條路徑繼續研究下去，寫出更好更成熟的學術著作。因為，「學術上被超越，不僅是我們大家的共同命運，也是我們大家的共同目標。」[5]

在本書中，第一章介紹生物學主導的複雜科學，指出兩種世界觀在各個方面表現出來的差異；第二章側重介紹世界思想史從現代主義轉向後現代主義過程中出現的一批思想家的主要思想，分析他們是如何共同為後現代主義鋪平道路的；第三章主要介紹後現代主義的主要思想觀點，為理解後現代的教育奠定基礎，並在此基礎之上介紹了生物學世界觀對課堂教學的解讀和對課程觀的影響；第五章和第六章分別介紹生物學世界觀對學校裏的班級管理和行政管理的透視；第七章從宏觀的層面上分析中國教育缺乏生命倫理，認為生物學世界觀才能醫治中國教育之本；第八章主要介紹如何經營教師文化的問題，並指出教師文化不僅可以促進教師的專業化發展，而且能給予教師強大的精神力量；第九章通過分析極權主義的起源和特徵，揭露「紅色教育」中的極權主義及其「吃人」的本質；第十章呼籲教師們積極地生活，通過馴服權力和要求「直選」進行抗爭。在各章的每節中，我都附上了「導讀」，對本節內容進行介紹，以讓給讀者能更好地理解各節的內容。

中國教育是本書的重點分析對象，但作為一本教育哲學書，本書對臺灣教育也同樣具有意義。事實上，只要是在有人的地方，我相信本書對教育都會具有意義。

---

[5] 馬克思・韋伯《入世修行》，天津人民出版社，2007，頁18

盧麗君女士在百忙中擠出時間為本書做了文字校對工作，並對書稿的編排提出了中肯的建議性意見。在此，謹向盧女士表示衷心謝意。

本書能在臺灣出版，我對此心存感激。我要感謝臺灣，臺灣的民主，以及為實現臺灣的民主做出過艱苦卓絕的努力的人們！臺灣和民主，雖不能至，心嚮往之。

是為序。

鄭偉

2012年3月

目次

自　序 / i

第一章　兩種世界觀 / 1

第二章　百年過渡——生物學世界觀的演化過程 / 8

第一節　尼采 / 11

第二節　存在主義 / 15

第三節　佛洛德 / 18

第四節　柏格森 / 21

第五節　皮亞傑 / 23

第六節　懷特海 / 25

第七節　杜威 / 27

第八節　熊彼特 / 30

第九節　海森堡和愛因斯坦 / 35

第十節　貝塔朗菲 / 37

第十一節　普利高津 / 40

第三章　後現代主義及其課程觀 / 45

第一節　福柯 / 50

第二節　德里達 / 52

第三節　多爾「5C」後現代課程觀 / 55

第四節　後現代教學範式 / 61

第四章　課堂與生態 / 71

第一節　「水」課堂：教學的最高境界 / 71
第二節　突變：課堂的精彩 / 78
第三節　課堂教學：留一半清醒留一半醉 / 83
第四節　為什麼好課不能複製？ / 86
第五節　課件的神話 / 88

第五章　班級與生態 / 93

第一節　如何看待學生打架？ / 98
第二節　如何看待「怪」學生？ / 101
第三節　尊重學生的消極自由 / 104
第四節　重新發現學生 / 106
第五節　合作學習在班級管理中的應用 / 108
第六節　淺議班級政治 / 113
第七節　警惕班主任的虐待趨向 / 115
第八節　教室佈局中的管理 / 118
第九節　自治與道德 / 120
第十節　給班主任的話 / 123

第六章　管理與生態 / 126

第一節　領導是什麼？ / 126
第二節　系統與管理 / 132
第三節　不讓一人丟失 / 135
第四節　兩種管理模式 / 139
第五節　談話制——校長秘笈 / 142
第六節　重新發現教師 / 145

第七節　如何設定學校的發展規劃？/ 149
第八節　教師與盆栽 / 152
第九節　再往遠處看看 / 153
第十節　教師在官僚體制中的異化 / 158
第十一節　學校管理的哲學透視 / 162
第十二節　給校長的告誡 / 164

第七章　教育與生態 / 169

第一節　尼采與中國教育 / 169
第二節　對話與認知 / 172
第三節　中國教師已死 / 174
第四節　內部生成即解放 / 177

第八章　管理與教師文化 / 180

第一節　後現代：教育・女性 / 180
第二節　如何搞好讀書活動？/ 186
第三節　教師發展性評價 / 188
第四節　教師文化在哪兒？/ 193
第五節　為什麼教師即課程？/ 194
第六節　教師也需要偶像 / 199
第七節　兩研與兩眼 / 202

第九章　極權與教育 / 205

第一節　極權主義的產生 / 205
第二節　極權主義的特徵 / 217
第三節　盧梭與中國極權主義 / 221
第四節　「紅色教育」是怎樣煉成的？/ 225

第五節　「外在論」的悲劇 / 229
第六節　私立學校的極權管理 / 232
第七節　從「學在民間」說起 / 237
第八節　奴才與接班人 / 242
第九節　課堂預設的極權主義取向 / 244
第十節　校園中的後極權主義 / 247
第十一節　班幹部制度是一種極權主義制度 / 251

第十章　生命的反抗 / 254

第一節　反抗與存在 / 254
第二節　對權力的馴服 / 257
第三節　民主與教育 / 260
第四節　自由與教育 / 263
第五節　校長不是天使 / 265
第六節　教育需要「壞分子」 / 267
第七節　安迪的反抗 / 269
第八節　國家已死 / 272

後　記 / 277

補　遺 / 281

第一章　兩種世界觀

生物學世界觀將整個世界視為一種生態環境。生態一詞，通常指生物的生活狀態，即生物在一定的自然環境下生存和發展的狀態，也可指生物的生理特性和生活習性。生態（Eco-）一詞最早源于古希臘字，意思是指家（house），或者我們的環境。簡單的說，生態就是指一切生物的生存狀態，以及它們之間和它與環境之間環環相扣的關係。

1935年，英國生態學家，亞瑟・喬治・坦斯利爵士（Sir Arthur George Tansley）首次提出生態系統的概念。他認為：「Ecosystem is the whole system, ...including not only the organism-complex, but also the whole complex of physical factors forming what we call the environment...」（生態系統是一個的「系統的」整體。這個系統不僅包括有機複合體，而且包括形成環境的整個物理因數複合體……這種系統是地球表面上自然界的基本單位，它們有各種大小和種類）。顯然，這種定義是一種狹義上的定義，特指大自然環境。

然而，本書的主旨不是探索大自然（那是生物學和生態學的領域），而是要討論人類社會及其縮影——教育。因此，本書中對生態一詞採用的是廣義的定義。簡單地說，生態的廣義定義將社會納入了其中。人生活在社會裏，教師生活在校園裏，學生生活在班級裏，因此也就分別有社會生態系統、校園生態系統和班級生態系統。

在《複雜性理論與教育問題》中，愛德格・莫蘭則是這樣定義生態系統：「生態系統的概念意味著在一個可確定的地球物理學的整體的內部，生物種群之間的一系列的相互作用形成一個具有組織特點的複雜的統一體，這就是生態系統。」[1]這個定義有兩個關鍵之處，即內部種群（或成員）之間的相互作用，以及形成一個複雜的組織，這是任何一個生態系統都必須具備的兩個要素。在認識或分析生態系統時，我們需要運用到系統論的知識。

[1] 愛德格・莫蘭《複雜性理論與教育問題》，北京大學出版社，2008，頁115

無論是生態或生物，都跟生命有著緊密聯繫。要談論生物學或生態，就會不可避免地會談到生命。生物學世界觀深切地關懷著生命的存在及成長，體現出對生命的敬畏和尊重。在教育領域，生物學世界觀也會以同樣的方式看待學生及其成長。

在《敬畏生命》中，史懷哲曾說：「生命意識到處展現，在我自身也是同樣。如果我是一個有思維的生命，我必須以同等的敬畏來尊敬其他生命，而不僅僅限於自我小圈子，因為我明白：她深深地渴望圓滿和發展的意願，跟我是一模一樣的。所以，我認為毀滅、妨礙、阻止生命是極其惡劣的。」1954年，他在諾貝爾和平獎頒獎儀式上又呼籲全人類重視尊重生命的倫理。他說：「這種倫理，反對將所有的生物分為有價值的與沒有價值的、高等的與低等的。這種倫理否定這些分別，因為評斷生物當中何者較有普遍妥當性所根據的標準，是人類對於生物親疏遠近的觀感為出發點的。這標準是純主觀的，我們誰能確知這種生物本身有什麼意義？對全世界又有何意義？」

史懷哲的生命倫理，正是生物學世界觀的倫理價值取向。不過，生命的存在狀態及深度，與它所享有的自由密切關聯。對於任何的生命存在來說，自由是其最高價值和尊嚴所在。教育關乎人，自由也是教育的不可出讓的尊嚴。

希特勒納粹慘無人道地殺了六百萬猶太人，史達林則在國內「清洗」了幾千萬同胞，二者都表現出了極權主義對生命的態度。無論是希特勒的或是史達林的極權主義，都不會有生命倫理。簡單地說，極權主義視生命為一錢不值的草芥，它的教育也必然會通過壓制個性去摧殘生命。僅以左翼極權主義——共產主義——為例（納粹法西斯主義屬於右翼極權主義）。在共產主義運動的和平年代裏，全世界的死亡人數竟達到一億，超過了兩次世界大戰的死亡人數的總和（「一戰」共有1000多萬人死亡，「二戰」共有5700多萬人死亡）。

對待生命的方式跟社會制度有關係，而社會制度跟統治者的思想觀念有關。可以講，統治者有什麼樣的世界觀，就會有相應的政治制度。不同的世界觀，會直接產生出不同的秩序觀。封閉的世界觀強調通過控制來實現有序性，而開放的世界觀承認並尊重無序性。

什麼是有序性？有序性「是所有的重複性、穩定性、不變性，所有能夠處於一種高度可見的關係的庇護下、被納入對一個規律的依存的範圍中的東西。」[2]簡單地說，有序性就是系統的穩定與不變。這種系統觀認為，只要採用高壓控制的方式，便可維持系統的穩定。這種有序性反對系統中的矛盾和混

2 愛德格·莫蘭《複雜性思想導論》，華東師範大學出版社，2008，頁95

沌，將其視為破壞穩定的消極因素。把這種世界觀運用到社會，便必然出現這樣的極權主義思維——為了維持社會的「和諧」，必須要建立新聞審查制度；為了「捂」住惡性事件，必須要搞新聞封鎖；為了不讓工人罷工，必須要代表工人的利益；為了粉飾自己，只准報喜不報憂，等等。

與之相對，另一種世界觀卻承認系統的無序性。所謂無序性，就是指「無規則性、相對於一個既定的結構的偏離、隨機性、不可預見性。」[3]也就是說，這種世界觀認為社會中有隨機性和無規則性，社會處於有序與無序統一的狀態。運用到社會領域時，這種世界觀認為社會中有矛盾和衝突是正常的，並承認無序是社會生態的重要特徵。在這種觀念中，社會是有衝突矛盾的，重要的是要承認這點，並建立相應機制，動態地解決矛盾。無論是在個體之間，或是個體與雇主之間，任何矛盾都可以通過法律解決。

在歷史觀上，兩種世界觀也完全不同。開放的世界觀，其歷史觀是進化論。它認為歷史充滿著不確定性和斷裂，不存在著什麼必然規律，現實世界只是歷史的偶然性所致，社會進步只能是通過「零星工程」來實現。這種歷史觀反對任何人以歷史規律的名義進行大規模的社會改造工程，並斷言這必將為人類帶來奴役和災難。

附帶說一下。假如說，歷史的偶然性體現的是一種生物學思想，那麼歷史的斷裂性則跟普朗克（1858～1947）創立的量子物理學有些關系。量子（quantum）來自拉丁文quantus，本意是「多少」，「量」。普朗克認為，量子就是能量的最小單位，能量傳輸以這個量為單位來進行。量子理論認為，空間和時間是沒有連續性的。根據這一觀念，整個世界便只是一個碎片的組合——至此，一種後現代思想已經呼之欲出。這種觀念應用到歷史後，歷史便是斷裂的，沒有連續性的，我們不能推斷出歷史的必然規律。因此我們可以說，普朗克的量子理論影響了後現代歷史觀。

封閉的世界觀，其歷史觀是一種決定論。「它假定歷史預測是社會科學的主要目的，並且假定可以通過發現隱藏在歷史演變下面的『節律』或『模式』、『規律』或『傾向』來達到這個目的。」[4]歷史決定論的典型代表，首推孔德、黑格爾和馬克思。馬克思預測了共產主義社會的到來，並宣佈這是人類歷史的必然規律。「決定論，儘管它的鎖鏈上裝飾著鮮花，儘管它有高貴的禁欲主義以及輝煌而巨大的宇宙設計，卻把宇宙視為一所監獄。」[5]在其代表

---

[3] 同上

[4] 波普爾《歷史決定論的貧困》，中國社會科學出版社，1998，頁2

[5] 以賽亞．伯林《自由論》，譯林出版社，2011，頁173

作《歷史決定論的貧困》中，波普爾痛斥了歷史決定論。他有一個三段式的推論：科學極大地改變了人類歷史，而科學的發現是不可預測的，所以人類的歷史不能預測。

在經濟領域，封閉的世界觀表現為計劃經濟。不過，計劃經濟與極權專制往往相伴而生，二者都是人為秩序的結果。這種觀念認為，社會系統可以任由官方或領袖操控。然而，為了實現這個目標，社會系統就必須是封閉的，因為唯有如此才能排除來自系統外的幹擾。

與封閉的世界觀不同，開放的世界觀在經濟領域則表現為市場經濟。市場經濟本是社會進化而來，是自然而然形成的，是英美經驗主義的產物。在市場經濟裏，財產的私有是正當的。生物學世界觀認為，在生態世界裏，各個生命都會努力擴張自我，這是生物界的真實面貌。

在市場經濟中，人人都會努力賺錢，使自己的利益最大化。人人都有了利益意識後，必然會導致人與人、人與國家的衝突。對於這些衝突，只有通過制定法律，將衝突置入法律的框架內加以解決，這樣才能實現社會公正。可見，市場經濟與民主和法制之間存在著必然的邏輯聯繫。

一種經濟制度，始終伴隨著一種政治制度。計劃經濟伴隨著極權專制，市場經濟則伴隨著自由民主[6]。誠然，社會主義有著一個實現平等和社會公正的美好目標。然而，社會主義強調國家權力的運用，認為國家權力可以干涉社會和經濟，這樣才能實現它的美好目標。然而，一旦國家權力開始干涉社會和經濟時，便向極權主義邁開了第一步。正是在這個意義上，哈耶克才曾經指出，社會主義是一條「通往奴役之路」。

相比之下，資本主義顯得比較邪惡，面目可憎。這裏不僅有壓迫和剝削，而且還甚至有道德淪喪。然而，資本主義有更多的自由，更大的多樣化和更廣泛的自我表現。在中國教育裏，學生沒有個性和自由，也沒有自我表現。正是因為這個原因，我才試圖從中國的社會制度中為中國的教育問題找到癥結所在。

---

[6] 改革開放引入了市場經濟後，中國的經濟水準有了很大提高。然而，中國的政治制度必然會造成「國富民窮」的現象。比如，政府利用權力幹預市場，把一些有競爭力的民營企業趕出市場，讓中石化、中石油、中國電信等一大批壟斷企業從市場中獲取暴利，將財富集中在政府的手裏。百姓的口袋沒有錢，中產階層便無法壯大起來，因而中國無法走向自由和民主。總的來說，中國的政治改革顯得滯後，這已對經濟的可持續性發展構成了威脅。唯有當中產階層壯大，市場經濟走向成熟，民主與法制完善後，中國才能進入民主和自由的時代。

市場經濟及其資本主義本是進化的自發秩序，而市場經濟及社會主義則是人為秩序。在一個人為秩序裏，統治者以代表民眾的名義，恣意干涉社會和經濟，危及民眾的自由。墨索里尼便說過這樣一句話：「是我們首先宣告，文明社會越是發達和複雜，就越要限制個人的自由。」這句極權主義者的宣言，毫不隱瞞他們要剝奪民眾的自由的目的。統治者聲稱他們有一個高尚而美好的目標，要為民眾帶來福祉，同時卻又剝奪民眾的言論自由，不允許民眾進行監督。那麼，那個目標還能是高尚而美好的嗎？誰又能保證它不是一個欺壓百姓塗炭生靈的政治陰謀呢？

在一個自發秩序裏，每個生命都享有自由，可以遵循自己的邏輯去成長。這兒看似無序，個性卻富有個體，有著更強的創造性。相比之下，在一個「井然有序」的人為秩序裏，個體生命的成長受到國家權力的幹擾，無法實現自由成長或形成個性，也就沒有什麼創造性可言了。這兒看似一片「和諧」，本質上卻只是一個死氣沉沉的「停屍間」——中國的學校不正是這樣一個地方嗎？

霍布豪斯曾指出：「個性不是從外部塑造而是從內部成長的，外部秩序的功能不是創造個性，而是為個性提供最合適的成長條件。」[7]中國教育正是要從外部塑造學生的個性，終最將學生培養為社會主義接班人——然而，一旦學生成為了接班人，他便不是他自己，而是國家的奴僕了[8]。

在一個人為秩序裏，必然會出現極權專制，因為這個秩序，便是那個獨夫或極權主義者的作品。強調對權力的運用，是他們實行統治的不二法門。然而，權力是什麼東西呢？「權力，不管它是宗教的還是世俗的，都是一種墮落的、無恥的和腐敗的力量。」[9]那麼，將權力的運作極致化的極權主義又能是什麼東西呢？

關於極權專制，蔡元培有個有趣的說法：「獨裁是自上而下的，如論理學的演繹法；民治是自下而上的，如論理學的歸納法。」僅差一點，這句話便可道破極權主義的天機。大凡極權主義，都是基於一個抽象論斷而推演出的一整套關於人類命運或歷史規律的理論，然後通過大規模的社會工程去實現它。在科學方法上，極權主義採用的確實是「演繹法」，民主則是草根式的「歸納法」。從世界觀的角度看來，極權主義是物理學世界觀的產物，富有控制的色彩；民主是生物學世界觀的產物，具有自發的性質。事實上，極權主義與歐陸

7　霍布豪斯《自由主義》，商務印書館，2009，頁72

8　讀者可以參考本書後面「奴才與接班人」一節。

9　阿克頓《自由與權力》，譯林出版社，2011，頁14

理性主義之間，本來就有著某種邏輯上的關係。德國人偏好抽象的邏輯思維和理論體系的構建，這最終使德國成為了兩種極權主義——左翼和右翼——的濫觴。[10]

如下表所示，世界觀的不同在很多領域都會表現出差異。關於下表的內容，本書的各處會有比較詳盡的解釋，這裏只是給出一個梗概或綱領。不過，世界觀關乎整個世界，涉及的領域太多，遠非一張表格能夠覆蓋。因此，我們在這裏不能詳盡論述，有興趣的讀者可以繼續思考。

世界觀	價值觀	人生觀	政治	經濟	文化	教育目的
生物學世界觀	個體主義	聽從內心的聲音	自由民主	市場經濟	宣導個性	內在論
物理學世界觀	集體主義	聽從黨國的召喚	極權專制	計劃經濟	扼殺個性	外在論

下面，我們來討論一下問題：中國的世界觀由何而來的？這有文化傳統方面的原因，還是極權主義的問題。

在古代，中國人相信「天圓地方」，認為天覆蓋在大地上，中心位置在北斗星，神就住在那裏；北斗七星的佈局，看似天神乘著馬車。據說，整個北京城的規劃和修建都是按北斗七星的佈局。孔子曾說：「為政以德，譬如北辰。居其所而眾星拱之。」此話之意，是欲勸君王對民施以仁政。與天相對，地則像是方形棋盤，中心位置是洛陽一帶，君王也應當在那裏。「欲近四方，莫如中央，故王者必居天下之中，禮也」，這便是中國在古代常定都中原的原因。中國人相信，方形是一種完美、合理的佈局。因此很多東西都模仿這種佈局，像祭祀天地用的玉琮名堂、圜丘，一直到祭天的天壇等等。人們認為，只有這個格局才有祭祀天地的權力。

根據這種世界觀，整個國家也就是一個方形棋盤。國家這個棋盤是方形的，每個人都必須呆在自己的位置上。這種方形棋盤的觀念，直接影響了古代中國人的秩序觀，為專制主義的形成奠定了思想基礎。專制主義所希望的和諧，便是建立一個等級尊卑的秩序，讓每人安分守已，不超越自己的名分。

在「鴉片戰爭」中，中國在面對西方的挑戰時反應遲鈍，甚至是不知所措，充分暴露了華夏文明的保守和自大的性格。1793年，英國特使馬戛爾尼來到中國。他此行的目的，一是為乾隆皇帝祝壽，二是說服中國互設使館，互派

[10] 左翼極權主義是共產主義，右翼極權主義是法西斯主義。

使節，實行自由貿易。在這之前的1776年，《國富論》的出版便已為自由貿易奠定了理論基礎。然而，馬戛爾尼遭到了乾隆皇帝的斷然拒絕。乾隆皇帝說，「此則與天朝體制不合，斷不可行」，「爾國僻居偏遠，間隔重瀛，於天朝體制原未諳悉，是以命大臣等詳加開導，遣令回國。」

面對西方的船堅炮利，清朝的保守派卻說那是「奇技淫巧，於國無補」，頑固地堅持認為「吾聞用夏變夷者，未聞變於夷者也」，足見其愚頑之程度。應該說，這種保守和自大性格不僅與中國社會中的「超穩定結構」有關，也跟古代世界觀的封閉性有著密切關系。[11]

有人會問，「天人合一」不也是中國古代的世界觀嗎？作為中國古典哲學的精華，「天人合一」思想確實可以作為一種世界觀。不過，「天人合一」只是強調人與自然的和諧關係，跟本書中的世界觀所強調的有所不同。

總之，中國古代的世界觀將世界視為一個封閉框架，共產主義則是在沿襲這種秩序觀的基礎上，對西方現代極權主義思想加以吸收和利用。共產主義秉持物理學世界觀，預設出一個宏偉藍圖，聲稱要實現全人類的幸福，並據此來進行宏大的社會改造工程。關於這點，本書在後面的章節裏還將陸續提及。

值得一提的是，中國某高層領導訪問美國時，聲稱中國的世界觀是共產主義。顯然，中國官方試圖將「天人合一，世界大同」的傳統思想與共產主義嫁接起來，為自己的執政繼續尋求意識形態的支持。目前，極權主義的時代已經過去，共產主義已不適應新的時代。所以，官方必須為其賦予更多更新的內涵，通過不斷變化說辭來確保共產主義的絕對真理的地位，最終為自己長期執政的合法性提供依據。

到此為止，我們簡略地介紹了兩種世界觀的不同。對於兩種世界觀的差異有個初步認識，可以使我們能看清中國教育。

當然，在分析兩種世界觀時，我們肯定會有一定的價值立場。作為一個自由主義者，我堅定地恪守生命倫理，篤信每個人都應該享有基本人權。

11　金觀濤將系統整體研究方法運用到歷史研究中，從中國封建社會延續兩千餘年與每兩三百年爆發一次大動亂之間的關係入手分析，提出中國社會是一個超穩定系統的假說，並用這一套模式去解釋中國社會、文化兩千年來的宏觀結構變遷及其基本特點。他的書在中國產生很大的影響，在海內外學術界也普遍受到關注，一般認為是中國十年改革時期重新詮釋中國歷史的最重要的理論之一。

第二章　百年過渡
——生物學世界觀的演化過程

現在，我們要把眼光投到生物學世界觀，來看看生物學世界觀的形成過程。要瞭解這個過程，我們便必須考察現代主義到後現代主義的演變。對於現代主義而言，牛頓思想有著舉足輕重的地位。現在，我們便從牛頓開始說起。

17世紀，牛頓理論獲得極大成功，給世界帶來了深刻的影響。自此，物理學世界觀開始風行一時，成為科學的主導學科。笛卡爾曾說：「全部哲學就如一棵樹似的，其中形而上學就是根，物理學就是幹，別的一切科學就是幹生長出來的枝。」物理學在科學中的地位，從中可見一斑。社會學的創始人孔德認為，物理學代表了科學的最高水準，其方法若能用於社會的研究，必能發現人類的歷史規律。他將物理運用到對社會的研究，創立了社會學（sociology)一詞。然而，「科學企圖把世界上的一切事物都將包容在一個範疇體系中，於是把個別事物和人類社會都變成抽象的世界，因此便為極權主義意識形態奠定了基礎。其根本原因在於，科學主義與極權主義的通力合作，理論上的根本原因是邏輯推理發展為抽象思維的普遍性。其實，這種理論概念上或思想上的統治，正是在實際極權主義統治的現實基礎上產生的。」[1]

啟蒙運動確立了理性的主導地位後，理性開始擴張而走向了獨斷論奠。理性成為人類的最高榮譽後，人類的思想便開始出現了獨斷論。在後文中，我們將談到，教師採用灌輸式教學方式，這本身就有一個獨斷論的前提：教師掌握的是絕對真理。

1859年，達爾文出版《物種起源》，揭開了「進化論」時代的序幕。人們普遍認為，尼采是第一個後現代主義者。我卻認為，從世界觀角度來看，後現代主義還可以繼續向前追溯到達爾文。我本想專門安排一節介紹達爾文，不過我最終還是決定按照普遍的學術觀點，將尼采安排在了本章的第一節。

1　曹興　薑麗萍《兩極理性——德國人的哲學智慧》，民族出版社，2005，頁255

在達爾文之後的一個世紀裏，人類的科學技術取得了很大進步，在世界思想的舞臺上出現了一股非理性主義潮流。伴隨著這股潮流的，是生物學思想逐漸開始成為「顯學」。一批思想家湧現了出來，如尼采、存在主義（薩特和海德格爾）、佛洛德、柏格森、皮亞傑、懷特海、杜威等，他們都不同程度地表現出了後現代主義思想的某些趨向。

當《物種起源》出版時，馬克思（1818－1883）年僅四十一歲。對於這個年齡的馬克思來說，「進化論」思想不可能對他會產生多大影響。一般來講，一個人的觀念早在年輕時就已形成，並將會持續終身。馬克思曾稱讚達爾文，不是因為他們具有相同的世界觀，而是因為馬克思認為「進化論」是一種唯物主義，這與他的哲學觀點相吻合。兩人生活在同一時代，當時都住在倫敦郊區，相距僅十幾英里，卻一生中從未見過面。

孔德和黑格爾同時代，二者聲名俱高，有點「英雄愛英雄」的惺惺相惜，思想也有相近之處。1830年，孔德的《實證哲學教程》出版後，便叫弟子給黑格爾捎去一本，順便也去聽聽他的課，瞭解一下黑格爾的思想。一年後，弟子回來報告說，老師，我發現你們的思想路徑不一樣，但得出的結論是有著驚人的相似。我以為，這個相近，便是物理學世界觀。無論是孔德的「自然規律」，還是黑格爾的「絕對精神」，都強調人類歷史是有規律的。只要掌握了這個規律，領袖便可以制定出一個時刻表，用宏大的社會工程來實現人類的理想社會。顯然，馬克思的共產主義社會，便是這種思維的結果。

馬克思所處的時代，是物理學世界觀占主導地位的時代，這是時代給馬克思造成的局限性。《物種起源》的出版，不足以對馬克思產生根本性的影響。

1955年，愛因斯坦去世，宣告了現代主義的結束。從20世紀六七十年代開始，世界開始進入了後現代主義時代。人們開始認識到，世界是複雜的，具有不確定性。最近幾十年，世界範圍內開始興起了複雜科學。複雜科學融合了物理、化學和生物等各種科學，但是卻以生物學為主導。比如，普利高津曾區分了「靜止的存在」和「演化的存在」的不同。假如說，「靜止的存在」是傳統意義上的物理，那麼，「演化的存在」便有著明顯的生物學思想痕跡。他指出，自然系統是從混沌到有序、從已有的有序演化到新的有序的過程，是「活」物質的自組織過程。

在《確定性的終結》中，普利高津講過日本科學家湯川秀樹的一句話：「聽起來也許奇怪，身為一名物理學家，我卻越來越強烈地感受到現代物理學與我自身的疏遠。」我以為，我們可以把這句話理解為：隨著複雜科學的興起，傳統意義上的單純的物理學開始逐漸消失，取而代之的是一種以生物學為主導的「綜合物理學」。

總之，人類思想史先後走過以數學、物理為主導的過程後，已開始以生物學為主導思想。後現代主義與生物學思想的融合，是人類歷史發展到現階段的必然趨勢。這種思想趨勢，已滲透到包括教育在內的各個社會領域。比如，在歷史觀上，人們普遍開始認為歷史充滿著偶然性，因而是沒有必然規律的。那種認為歷史有必然規律的觀點，是一種物理學世界觀的產物。

補充一點。波普爾從知識觀的角度切入，就柏拉圖、黑格爾和馬克思等理性主義者對社會和歷史的預言進行了猛烈抨擊，也曾擬用《騙人的預言家：柏拉圖－黑格爾－馬克思》作為《開放社會及其敵人》的書名。波氏認為，理性主義者認為自己掌握了絕對真理，這只是一種天真的自負。

假如以達爾文1859年進化論的提出為起點，以1955年愛因斯坦的去世為終點，那麼，從現代主義到後現代主義便經歷了差不多一個世紀的過渡階段。在這個百年的過渡中，很多思想家都或多或少地有了生物學思想的痕跡。然而，他們又不能完全擺脫現代主義的魔咒，不可避免地會有現代主義的殘餘。正因為如此，這些思想家有時候會表達出很矛盾的觀點。成為一個「矛盾體」，這是他們的歷史宿命。

在前面，我們簡單介紹了物理學在科學史上的重要地位，物理學世界觀形成的歷史背景，以及這種觀念與極權主義之間的密切關係。現在，我們分別介紹一下「百年過渡」期間出現的十二位主要的思想家。對他們進行粗淺的瞭解，有助於我們後面的深入討論。

作為本書的思想基礎，本章自然是本書的重點。讀者會發現，本章介紹的思想家中，有心理學家，有哲學家，有教育家，有經濟學家，但科學家卻占了很大比例。那麼，科學跟教育有關係嗎？關於這個問題，我想從兩個方面來加以說明。

物理學家薛定諤曾說：「有一種傾向，忘記了整個科學是與總的人類文化緊密相聯的，忘記了科學發現……離開了它們在文化中的前因後果也都是毫無意義的。」既然科學跟文化有關係，甚至還可以說科學就是文化的一部分，那麼，教育是否屬於文化範疇？如果是，科學跟教育難道沒有一點關係嗎？

對於科學家，我們可能會有一些認識的誤區。一般來講，科學家可以分為兩類，一類是只能做實證研究、資料分析。這類科學家是書呆子型，沒有多少頭腦和智慧。在某些研究機構中，一些研究員就屬於這種類型。另一類則對世界有個總體認識，能根據自己的世界觀去把握世界。真正的科學發現，都是這類科學家作出的。或者說，唯有這類科學家才是真正意義上的科學家。

阿爾都塞曾說：「每一個科學家內心，都蟄伏著一個哲學家，這個哲學家一有機會就會醒來。」[2]真正的科學家，在一定程度上都是哲學家。科學之上的科學哲學，會使科學家成為哲學家。哲學是一種世界觀，可以讓你認識整個世界。人與教育只是世界的一部分，哲學是不是可以認識呢？因此，我們介紹的一些科學家，跟我們的教育有關係。

在這些大家中，每一位都有著非常豐富的思想。我們只能提綱挈領地介紹他們的主要思想，而不是必面面俱到地去研究他們中的每一個。

本書介紹的內容都是精華，我在遴選內容時還特別注意到不弄成大雜燴。儘管如此，教師讀者仍可能會對哲學有些恐懼。據我所知，教師們的閱讀多是文學，而很少涉獵哲學。因此，在閱讀過程中，教師們仍可能會感覺到有些困難。對此，我也無能為力。哲學中有些基本內容是不能跳過的，否則哲學便不是哲學了。只要教師們讀懂這一章，理解本書後面的章節便會迎刃而解。不過，即使讀者有點似懂非懂，那也沒有關係。在本書後面，我們還將繼續提及他們的思想，這對讀者會有點益處。

怎麼樣？作好準備了嗎？現在，我們就開始這次思想之旅吧。

第一節　尼采

導讀：

尼采（Friedrich Wilhelm Nietzsche，1844～1900）世界思想史上最為重要的思想家之一。在他之後出現的存在主義、佛洛德主義、柏格森的生命哲學和後現代主義，都僅是他的思想的延伸和深化而已。毫不誇張地講，沒有他，世界的思想舞臺肯定是另一番景象。

存在主義、佛洛德主義和柏格森的生命哲學都跟人有關，大體上都屬於生命哲學。對生命哲學的瞭解可以提高我們對教育的認識，強化我們對教育生態的觀念。

---

[2] 馬爾庫塞《哲學與政治》，吉林人民出版社，2011，頁57

後現代主義對傳統哲學和現代哲學不是拒斥，就是消解或顛覆。後現代主義從尼采哲學中吸納了他們所需要的一切，包括尼采哲學的基本思想觀點，甚至尼采的哲學風格。尼采哲學中的消解和顛覆傾向使他成了後現代主義的先驅和鼻祖。

尼采哲學沒有體系框架，所有格言都是他對人生痛苦與歡樂的直接感悟。早在他的第一部學術著作《悲劇的誕生》中，尼采便開始了對現代文明的批判。他指出，在資本主義社會裏，物質財富日益增多並沒有為人們帶來真正的自由和幸福。僵死的機械模式壓抑人的個性，使人們失去自由思想的激情和創造文化的衝動，現代文化顯得如此頹廢，這是現代文明的病症，其根源是生命本能的萎縮。尼采指出，要醫治現代疾病，必須恢復人的生命本能，並賦予它一個新的靈魂，對人生意義做出新的解釋。從叔本華那裏受到啟示，他認為世界的本體是生命意志。

尼采猛烈地揭露和批判了傳統的基督教道德和現代理性。在認識論上，尼采是極端的反理性主義者，他對任何理性哲學都進行了最徹底的批判。他認為，歐洲人兩千年的精神生活是以信仰上帝為核心的，人是上帝的創造物、附屬物。人生的價值，人的一切都寄託於上帝。雖然自啟蒙運動以來，上帝存在的基礎已開始瓦解，但是由於沒有新的信仰，人們還是信仰上帝，崇拜上帝。尼采的名言「上帝死了」是對上帝的無情無畏的批判。他借狂人之口說，自己是殺死上帝的兇手，指出上帝是該殺的。基督教倫理約束人的心靈，使人的本能受到壓抑，要使人獲得自由，必須殺死上帝。尼采認為，基督教的衰落有其歷史必然性。它從被壓迫者的宗教，轉化為統治者壓迫者的宗教，它的衰落是歷史的必然。他宣佈上帝之死，其價值是不能低估的。雅斯貝爾斯曾講，他為世界帶來的顫慄，其影響至今難以評估。

尼采認為，在沒有上帝的世界上，人們獲得了空前的機會，必須建立新的價值觀，以人的意志為中心的價值觀。為此，要對傳統道德價值進行清算，傳統的道德觀念是上帝的最後掩體，它深深地滲透於人們的日常生活之中，腐蝕人們的心靈。尼采自稱是非道德主義者和反基督徒，並對基督教所宣導的道德發起了猛烈批判。

尼采對現代理性也持批判態度。理性所起的作用無非是把流動的歷史僵固化，用一些永恆的概念去框定活生生的現實，結果是扼殺了事物的生滅變化過程，扼殺了生命。他認為，這個世界充滿了偶然性，動盪不定，一切都處於流動之中，無法抓住[3]（注意，後現代課堂的不確定性便與尼采的這個思想有關！另外，這種觀念也會影響到真理觀，進而影響到教學觀）。從蘇格拉底到現代人都狂熱的訴諸理性，是很荒謬的。古希臘悲劇中，有一種「狄奧尼索斯」的酒神精神，它是藝術創作的根本動因。然而，蘇格拉底的阿波羅理性精神，壓倒酒神精神，致使古希臘悲劇開始衰落。人類之所以崇尚理性，是指望它給人帶來自由和幸福；然而，結果恰恰相反。理性處處與人的本能為敵，為人造成了更大痛苦。

批判理性帶來的謬誤是正確的，但是不能否定理性的存在，理性的歷史地位和作用。理性是人類進步的標誌，是人類文明進程的碩果。歷史上一些傑出的哲學家就是用理性的武器觀察世界認識世界的。理性本身沒有錯，理性是不能否定的，否則人類就將落入迷茫的境遇，也不會在科技上取得今天的成果。

尼采要建立新的哲學，將生命意志置於理性之上的哲學，非理性的哲學。作為對理性提出的挑戰，他提出了強力意志說，用強力意志取代上帝的地位、傳統形而上學的地位。強力意志說的核心是肯定生命，肯定人生。強力意志不是世俗的權勢，它是一種本能的、自發的和非理性的力量。它決定生命的本質，決定著人生的意義。尼采比較了強力意志和理性的不同特性，理性的特性是：冷靜，精確，邏輯，生硬，節欲；強力意志的特性是：激情，欲望，狂放，活躍，爭鬥。尼采認為，強力意志源於生命，歸於生命，它就是現實的人生。人生雖然短暫，只要具有強力意志、創造意志，成為精神上的強者，就能實現自己的價值。強力意志作為最高的價值尺度肯定了人生的價值，但也會不可避免地為不平等作辯護。[4]

---

[3] 生成和流變的思想，應該追溯到古希臘哲學家赫拉克利特。他曾說過這樣一句名言：「除了生成，我別無所見。不要讓你們自己受騙！如果你們相信在生成和消逝之海上看到了某塊堅固的陸地，那麼，它只是在你們倉促的目光中，而不是在事物的本質中。你們使用事物的名稱，彷佛它們有一種執拗的持續性，然而，甚至你們第二次踏進的河流也不是第一次踏進的那同一條了。」（尼采《希臘悲劇時代的哲學家》，譯林出版社，2011，頁70）在其著述中，尼采也公開承認他對赫氏思想的繼承。比如，在1887年6月10日的手稿中，他聲稱「我的前驅乃是赫拉克利特和吠檀多哲學。」在「『永恆輪回』學說，即萬物絕對和無限迴圈……查拉斯圖拉這一學說，最終也可以說是赫拉克利特所主張的學說。」（《權力意志》，商務印書館，1991，頁53）此外，尼采哲學中的「永恆輪回」的概念，也跟流變觀念有關。

[4] 這兒可能存在一個認識誤區。社會主義追求的是平等，這是很多社會主義者不願意接受尼采的原因。社會主義消滅地主富農來實現平等，然而，最終結果卻是「窮得平等」，這已被中國在1949年以後的社會實踐所證明。其實，在一個生態社會裏，每個生命的創造力是不一樣的，實現完全的平等是不可能的。

尼采還提出他的超人哲學，關於建構理想人生的哲學。超人是人生理想的象徵，是尼采追求的理想目標和人生境界。尼采對現代人、現代生活感到很失望，他夢想改善人，造就新的人，即是超人。與超人相對的，是「末人」。他們沒有強力意志，只能接受別人的意志，被人驅使和奴役。

尼采認為，人生的目的就是實現權力意志，擴張自我的生命，成為設定價值的超人。超人是人的最高價值，應當藐視一切傳統道德價值，為所欲為，通過奴役弱者、群氓來實現自我。

尼采的唯意志論哲學價值具有兩重性，一方面，尼采繼承了啟蒙運動的精髓，反映了現代意識的覺醒。對人生價值的積極肯定，引發了人們對人生意義人生價值的思考，重新定位人生；對工具理性和工業文明的否定性批判，開啟了現代非理性主義思潮。另一方面，對理性的批判，對傳統的否定也存在著片面性。

總的來講，尼采哲學可以被視為一種「生命哲學」，一種要讓生命的能量和欲望得到最大限度的發揮的哲學。尼采哲學最重要的一點是關注人生，給生命一種解釋，探討生命的意義問題，宣導一種積極的人生態度。相比之下，叔本華哲學要悲觀得多——儘管尼采哲學深受叔本華哲學的影響。

好了，簡單地介紹了尼采的主要思想後，我打算講一個關於尼采的小故事，以讓讀者加深對後現代主義的認識。

在《查拉斯圖拉如是說》中，尼采有句名言：「你到女人那兒去嗎？別忘了帶上你的鞭子！」對於這句話，人們大多理解為尼采是歧視女性，他本人也為此背負了不少的詬罵。然而，這句話的意思真的是尼采歧視女性嗎？尼采是一位思想大家，他的話會如此簡單嗎？

在年輕時，尼采曾與自己的好友保爾·勒埃同時愛上了莎樂美。莎樂美是一代才女，常年在優秀男士之間周旋。為了在兩個男人之間保持平衡，莎樂美提出了一種「社群主義式的共同友誼論」，希望兩個男人都能在她的身邊。

尼采聽說後，自然是非常高興，便提議三人一起去照像館照相。照相館正好有一輛作為道具的馬車，兩個男人一致同意莎樂美的提議：倆人扮成兩匹馬一起拉車，而莎樂美站在車上，手裏拿著一根鞭子，作驅趕兩匹「男馬」狀。

對於這張照片，劉小楓先生的評論是：「照片中莎樂美手上高高揚起的鞭子令我恍然大悟，尼采那句格言的真正意思剛好相反：提醒男人去女人那裏帶上鞭子，不是為了抽打女人，而是為了讓女人抽打自己。」「尼采聰明絕頂，而且預感極准，他感覺到，男人把鞭子給女人是自由民主現代性的必然結果。」

我以為，劉先生的分析頗有洞見。眾所周知，尼采區分過兩種道德：主人道德和末人道德。尼采提倡主人道德，這與尼采提倡的精英政治或貴族政治是分不開的。由精英統治群畜的政治，明顯不是一種民主政治，因為民主政治意味著平等。尼采感到民主必然來臨，這就會使男人失去統治地位，主人道德將不復存在。事實上，在尼采死後的20世紀裏，全球範圍內出現了幾次民主浪潮，也有幾次聲勢浩大的女權運動。在這種直覺下：「尼采同意照讓薩洛美拿鞭子的相，以身試法，讓現代性的殘酷本相儘早成為審美的反諷。」

反諷？這不是後現代的典型手法麼？喜歡拿鞭子抽女人的尼采，卻照了一張讓女人拿鞭子抽自己的相。若將此作為文本，且用後現代的視角來解讀，我們就會發現一點：尼采在「獻身說法」。他將自己置於女人的皮鞭之下，乃是對現代性進行的反諷。

後來，法國出了一個尼采的忠實信徒，他的名字叫福柯。在後文裏，我們還將看到，福柯死前也搞過一次反諷遊戲。

第二節　存在主義

導讀：

存在主義（Existentialism）存在主義又稱生存主義，當代西方哲學主要流派之一。一般認為，存在主義有兩個源頭，一個是克爾凱郭爾，另一個是尼采。我的朋友范美忠還認為，黑格爾哲學也是成為存在主義的一個源頭。存在主義以人為中心、尊重人的個性和自由，認為人是在無意義的宇宙中生活，人的存在本身也沒有意義，但人可以在存在的基礎上自我造就，活出自己的精彩。

存在主義哲學主要有兩個分支：法國存在主義和德國存在主義。前者以薩特、加謬等為代表，偏向于人生的行動，後者以海德格爾、雅斯貝爾斯為代表，偏向于存在的形而上學的思辨。

表面上看，存在主義似乎與教育無關。然而，只事實上，只要教育研究能從存在主義切入，或具備存在主義的視野，我們便可以創建出一門新的學科——存在主義教育學。因此，誰能說存在主義與教育無關呢？

薩特曾說：「人除了自己認為的那樣以外，什麼都不是，這就是存在主義的第一原則。」此話堪稱存存主義教育學的要義。讓學生能成為自己，這便是存在主義教育的目的。有興趣的讀者，不妨朝這個方向思考和研究。

一般來講，存在主義的主要思想表現在以下幾個方面：

一、存在先於本質

存在主義認為，本質先於存在不是一種絕對的、普遍的規定，它只適用於物，而不適用於人。人的存在先於他的本質，其意義就是說他必須先存在，然後才創造他自己。但是存在並不創造他，他是在存在的過程中創造他自己的。薩特說過：「說存在先於本質，這裏是指什麼呢？他的意思是：首先是人存在、出現、登場，然後才給自己下定義。按照存在主義者的看法，如果人是不能下定義的，那是因為在最初他什麼也不是，只是到後來他才是某種樣子的人，而且是他本人把自己造成了他所要造成的那樣的人……人不僅是他想把自己造成那樣的人，而且也是當他沖入存在以後，決心把自己造成那樣的人。」薩特用切紙機作過一個比喻。切紙機在生產出來之前，已是被人所設計好，因此是先有本質後有存在。然而，人卻不同。人在出生後並沒有本質，只是在成長過程中才逐漸有了本質。他認為，人的本質是人自己通過自己的選擇而創造的，不是預先被給定的。

值得注意的是，存在主義的「存在先於本質」思想可以為「內在論」的教育目的提供哲學基礎。關於「內在論」的教育目的，後文有較為詳細的論述。

二、存在是偶然的、荒誕的

存在主義認為，存在是偶然的，是偶然發生的事物。所謂偶然，是指物質世界的存在是沒有理由的，也不是根據某種絕對的觀念、思想或精神演繹出來預先具有一定意義的。既然所有的存在都不是決定的，而是偶然的，所以，存在是不確定的。由於缺乏自身的合理性，因此從根本上講，存在是荒誕的。

關於荒誕這個問題的解決，有神論的存在主義者提出的途徑是宗教信仰，而無神論的存在主義者則認為應該行動起來為自己爭得生命的意義，創造自己的價值。在這個意義上講，存在主義是一種宣導積極行動的人生哲學。薩特積極介入社會活動，用自己的一生撰寫了一部存在主義著作。

三、自由和選擇

存在是偶然的、荒誕的。對於人來說，人首先存在著，然後通過自己的選擇去決定自己的本質。所以，人有絕對的自由，人的存在同人的選擇以及為自己的選擇負責是分不開的。

薩特認為，人的自由是絕對的。人生活在一個孤立無援的世界上，人是被「拋」到世界上來的，上帝、科學、理性、道德等都不能告訴我們生活的真理、生活的方式，它們對人也沒有任何的控制和約束的作用。正因為如此，人有絕對的自由。

存在主義認識到，人的自由表現在選擇和行動兩個方面。只有通過自己所選擇的行動，人才能認識到自由，因為人的本質是由自己所選擇的行動來決定的。

存在主義認為，個人的自由首先表現在他認識到由於受傳統文化和習俗的束縛而缺乏自由。對於人來說，最重要的是認識選擇的重要性，並按照自己的選擇去行動和承擔生活的責任。一句話，真正的存在主義者總是會傾聽自己的聲音，並積極地擔當起自己的責任。

四、人與人之間的關係

人與人之間的關係是存在主義的一個重要問題。存在主義者對這個問題有著不同的看法，但是，他們都認為，我可以理解他人，他人也可以理解我。分歧在於：我將他人或他人將我當作物還是當作有主觀性的人。

在人與人的關係這點上，海德格爾認為，一個人在世界上必須同其他人打交道，他和其他人的關係是「麻煩」和「煩惱」。薩特認為：「他人就是地獄」。在薩特看來，他人的存在對我構成了威脅，而我的存在對他人同樣也有威脅。

在「我與你」關係中，每一個人都有他自己的內在的意義世界，「我與你」關係是發自兩個人內心的友誼。「我」和「你」兩個人都是主體，我們互相同情、互相信任、互相理解。

第三節　佛洛德

導讀：

西格蒙德・佛洛德（Sigmund Freud，1856.5.6～1939.9.23），猶太人，奧地利精神病醫生及精神分析學家。精神分析學派的創始人。他認為被壓抑的欲望絕大部分是屬於性的，性的擾亂是精神病的根本原因。主要著作有《性學三論》、《夢的解析》、《圖騰與禁忌》、《日常生活的心理病理學》、《精神分析引論》等。

佛洛德的最大貢獻是創建了精神分析學。他的精神分析學認為：人之為人，首先其是一個生物體，既然人首先是生物體，那麼，人的一切活動的根本動力必然是生物性的本能衝動，而本能衝動中最核心的衝動為生殖本能（即性本能或性欲本能）的衝動，而在社會法律、道德、文明、輿論的壓制下，人被迫將性本能壓抑進潛意識中，使之無法進入到人的意識層面上，而以社會允許的形式下發洩出來，如進行文學、藝術的創作上。

打個比方說，如果說意識是一座冰山露出海面的部分，那麼它也只是冰山的一小部分，而且是在不斷變動。前意識則是介於海面與淺層水域的部分，它隨著海水的漲落而露出或隱沒於海中。無意識則是這座冰山的深層部分，它是冰山的主體，深藏於海中，看不見摸不著，但實際上卻主宰著整個冰山。性本能是無意識中最強烈、最重要的部分，但卻遭到了很大的壓抑。

後來，佛洛德又提出了與「生殖本能」對應的「死亡本能」學說，認為人除了維護自身生命生長發展的能量（即求生本能，其中核心本能為性欲本能）之外，還有著將自身生物肌體帶入到無機狀態，即死亡狀態下的能量，即死亡本能。死亡本能在戰爭、仇視、殺害、自殘中得以非常明顯地表現。

佛洛德在精神層次、人格結構的層次和發展等方面都提出過重要的學說。下麵，我們分別進行簡要的介紹。

佛洛德的精神層次理論認為，意識層次包括意識、前意識和潛意識三個層次。

意識（conscious）即自覺，凡是自己能察覺的心理活動是意識，它屬於人的心理結構的表層，它感知著外界現實環境和刺激，用語言來反映和概括事物的理性內容。

前意識（preconscious）又稱下意識，是調節意識和無意識的仲介機制。前意識是一種可以被回憶起來的、能被召喚到清醒意識中的潛意識，因此，它既聯繫著意識，又聯繫著潛意識，使潛意識向意識轉化成為可能。它阻止潛意識進入意識，起著「檢查」作用，絕大部分充滿本能衝動的潛意識被它控制，不可能變成前意識，更不可能進入意識。

潛意識（unconscious）又稱無意識，則是在意識和前意識之下受到壓抑的沒有被意識到的心理活動，代表著人類更深層、更隱秘、更原始、更根本的心理能量。「潛意識」是人類一切行為的內驅力，它包括人的原始衝動和各種本能（主要是性本能）以及同本能有關的各種欲望。由於潛意識具有原始性、動物性和野蠻性，不見容於社會理性，所以被壓抑在意識閾下，但並未被消滅。它無時不在暗中活動，要求直接或間接的滿足。正是這些東西從深層支配著人的整個心理和行為，成為夢的根源，甚至是人的一切動機和意圖的源泉。

在人格結構的層次方面，他認為最基本的是本我（id），相當於他早期提出的潛意識。它處於心靈最底層，是一種與生俱來的動物性的本能衝動，特別是性衝動。它是混亂的、毫無理性的，只知按照快樂原則（pleasure principle）行事，盲目地追求滿足。

中間一層是自我（ego），它是從本我中分化出來受現實陶冶而漸識時務的一部分。自我充當本我與外部世界的聯絡者與仲裁者，並且在超我的指導下監管本我的活動，它是一種能根據周圍環境的實際條件來調節本我和超我的矛盾、決定自己行為方式的意識，代表的就是通常所說的理性或正確的判斷。它按照「現實原則」行動，既要獲得滿足，又要避免痛苦。

最上面一層是超我（superego），即能進行自我批判和道德控制的理想化了的自我，它是兒童在生長發育過程中社會尤其是父母給他的賞罰活動中形成的。換言之，是父母作為愛的角色和紀律的角色的賞罰權威的內化。它主要包括兩個方面：一方面是平常人們所說的良心，代表著社會道德對個人的懲罰和規範作用；另一方面是理想自我，確定道德行為的標準。超我的主要職責是以道德良心去限制、壓抑本我的本能衝動，使人的活動符合道德規範。

另外，佛洛德以身體不同部位獲得性衝動的滿足為標準，將人格發展劃分為5個階段：

口唇期（oral stage）：從出生到1歲半左右。此期嬰幼兒以吸吮、咬和吞咽等口腔活動為主滿足本能和性的需要。

肛門期（anal stage）：1－3歲左右。此期兒童性欲望的滿足主要來自於肛門或排便過程。

性器期（phallia stage）：3－7歲左右。此期兒童性生理的分化導致心理的分化，兒童表現出對生殖器的極大興趣，性需求集中於性器官本身。他們不僅通過玩弄性器官獲得滿足，而且通過想像獲得滿足。此期男孩會經歷「戀母情結」（Oedipus complx，俄底普斯情結），對於女孩，則經歷「戀父情結」（Electra complex，厄勒克特拉情結）。

潛伏期（latency stage）：7歲至青春期。在這一時期，兒童的興趣轉向外部世界，參加學校和團體的活動，與同伴娛樂、運動，發展同性的友誼，滿足來自於外界、好奇心和知識滿足，娛樂和運動等。

生殖期（genital stage）：青春期性器官成熟後即開始，性需求從兩性關係中獲得滿足，有導向地選擇配偶，成為較現實的和社會化的成人。

在佛洛德那裏，性欲成了一切的根源。性本能只可以壓抑，但由於生理的原因，它不可能被根除。壓抑也是暫時的，它會以某種方式發洩出來。弗氏認為，性欲的發洩有六種途徑：做夢、過失、自由聯想、移情、說笑話以及精神病。除此之外，還有一種更為高級的發展形式—藝術。看見了嗎？精神病與藝術竟是如此相近，弗氏已向我們提示了一點：性能量是一種激情。藝術家們即發洩了性能量，又創造出燦爛的文明。有一點似乎很明顯，即天才只是位於精神病和藝術創造之間。幸運的話，在他稍往一邊滑動時，他可能成為天才藝術家；如果不幸地滑向另一方，他則可能呆在精神病院裏了。

或許，教師們會說，精神分析心理學有什麼用？跟教育有什麼關係？下面，我試著用精神分析的方法來解讀一下少年的離家出走。

少年時期，人的自我意識開始了萌芽，但少年並不能完全擺脫父權的控制和束縛。事實上，少年有了一些自我意識，想去尋求自我，想擺脫父權而獲得自由。此時，少年可能開始跟父母之間發生一些衝突。父母越想控制他，他越是反叛。這就是典型的青少年逆反現象。在衝突之後，他可能會離家出走，去獲得自由，尋求自我。然而，不久之後，他又只得回來。面對外面的世界，他有一種恐懼和孤獨。此時，他會發現，儘管父權讓他反感，阻礙了他的自由成長，但他也會在父權的庇護下獲得一種安全感，生存問題也可以隨之得到解決。

少年離家出走，在學校裏基本上是一個普遍現象。那麼，少年是出於什麼樣的心理原因才離家出走的？在前面，我們對此作了簡明的分析。學生在學校的行為，跟他們的精神狀況是分不開的。因此，瞭解和掌握一點精神分析，有助於瞭解一個人的精神發育過程，有助於我們的教育工作。在本書後面，我們還將提到羅洛・梅和弗洛姆，他們都是精神分析領域的大師級人物。

此外，中國的學生天天被關在教室裏，無時不在為課業而疲於奔命。他們的天性受到壓制，生命能量受到抑制。可以說，中國教育扼殺了天才，而塑造出了庸才。中國學生中有天才嗎？若有，教師又何以發現這些天才，並積極地為其發展鋪路搭橋？

或許，佛洛德的理論可以給教師提供一些啟示。

第四節　柏格森

導讀：

柏格森（Henri Bergson，1859－1941）的思想是一種直覺主義，他的生命哲學是對現代科學主義文化思潮的反動。他認為，科學是不懂生命的，唯有直覺才能理解生命。當理性主義之網試圖禁錮生命時，柏格森試圖證明動態的流動的生命可以毫無阻礙地穿網而過。應該說，直覺主義跟胡塞爾的現象學有些相似。兩種思想用於教育評價時，都會極力反對科學主義的評價，而提倡用直覺評價——因為生命的現象，就是生命的本質。

理智的特徵在於它天生地不能理解生命。

——柏格森

柏格森提倡直覺，貶低理性，認為科學和理性只能把握相對的運動和實在的表皮，不能把握絕對的運動和實在本身，只有通過直覺才能體驗和把握到生命存在的「綿延」（duration），那唯一真正本體性的存在。「它使人置身於實在之內，也不是從外部的觀點來觀察實在，它借助於直覺，而非進行分析。」這種體認、領悟實在的方法，在哲學史上叫做直覺主義。在《創造的進化》中，他還提出和論證了生命的衝動。「生命衝動」即是主觀的非理性的心理體驗，又是創造萬物的宇宙意志。「生命衝動」的本能的向上噴發，產生精神性的事物，如人的自由意志、靈魂等；而「生命衝動」的向下墜落則產生無機界、惰性的物理的事物。在學術界，柏格森的這個觀點一般被稱為「創化論」，即創造與進化的理論。

柏格森的《創造的進化》宣稱，所有最能長存且最富成效的哲學體系是那些源於直覺的體系。柏格森的學位論文《試論意識的直接材料》提出，時間並非是某種抽象的或形式的表達，而是作為永恆地關涉生命和自我的實在。他稱這種時間為「持續時間」，即綿延。與生命力相類似，這種概念亦可闡述為「活時間」。這種時間是動態的流動，呈現出經常的和永恆增長的量變。它避開了反映，不能與任何固定點相聯繫，否則將受到限制並不復存在。這種時間可由一種趨向內在本源的內省、集中的意識所感知。活時間是自由選擇和全新創造的領地，在此什麼都只能產生一次，而絕不會以相同的方式重複。人格的歷史在此誕生。這是使精神和靈魂擺脫理智的形式和習慣，而能以內在視野感知自我本質和自我的普遍生命的真實。

在柏格森看來，生命的本質就是時間之流。時間常流，生命常新。他認為，直覺與生命本來就是同一的，因而它能深入生命內部，理解生命的綿延。直覺是生命當下的內心體驗，它使們能夠直接地置身於綿延，從事物的核心去直接把握事物。可見，在柏格森的生命哲學裏，直覺與綿延是兩個相關的概念。

柏格森的「創化論」，也運用在了「人文－社會」領域。在《道德與宗教的兩個來源》一中，他認為社會也是一個有機體，跟細胞組織或蟻群一樣，二者「異形同質」。在他看來，道德主要有兩部分：義務和抱負。前者主要維持社會的團結，後者則有助於打破趨於封閉的團結以實現進化。二者是「生命沖創力」的兩種互補形式，是創化所需要的兩種手段。他斷言：「全部道德，無論它是壓力還是抱負，在本質上都是生物學的。」[5]除此之外，他認為宗教在本質上也是生物學的。理性有追求個人利益而不顧群體的趨向，而這可能會防礙人類的進化。宗教的意義便在於，防範人類的理性帶來的危險，確保人類能夠進化。

既然社會是一個有機體，那麼，學校、班級、課堂是不是一個有機體？若是，它們是否也有進化的問題？當我們開始這些思考時，我們便已在慢慢地走向生物學世界觀了。

我們可以認為，柏格森的「生命沖創力」只是佛洛德的「裏比多」的變異而已。但對於教育而言，柏格森的理論跟佛洛德的理論具有不完全相同的意義。本書認為，柏格林哲學對生物學世界觀的形成有著更為重要的意義。在後面的章節裏，我們運用綿延的概念去解讀課堂和教師的人生。

第五節　皮亞傑

導讀：

讓・皮亞傑（Jean Piaget，1896～1980），瑞士生物學家，心理學家和哲學家，發生認識論和建構主義認識論的創始人。

皮亞傑心理學的理論核心是「發生認識論」。主要研究人類的認識（認知、智力、思維、心理的發生和結構）。兒童出生以後，認識是怎樣形成的，智力思維是怎樣發展的，它是受哪些因素所制約的，它的內在結構是什麼，各種不同水準的智力、思維結構是如何先後出現的等等，都是皮亞傑心理研究所企圖探討和解答的問題。皮亞傑解答這些問題的主要科學依據是生物學、邏輯學和心理學。他認為，生物學可以解釋兒童智力的起源和發展，而邏輯學則可以解釋思維的起源和發展。生物學、邏輯學和心理學一道，是皮亞傑發生認識論和智力（思維）心理學的理論基礎。

皮亞傑理論體系中的一個核心概念是圖式（schema）。圖式是指個體對世界的知覺、理解和思考的方式。我們可以把圖式看作是心理活動的框架或組織

[5] 引自柏格森《道德與宗教的兩個來源》，譯林出版社，2011，頁103

結構。圖式是認知結構的起點和核心，或者說是人類認識事物的基礎。因此圖式的形成和變化是認知發展的實質。

圖式是認知結構的起點和核心。有了圖式，主體才能夠對客體的刺激作出反應。

在生理水準上，圖式「絕大多數的程式是遺傳獲得的」。它們可以區別作用它的無數刺激和由之產生的感覺，並將其結合到某種結構中。在認識水準上，圖式可以代表一個分類系統，這一系統使它能夠對客體資訊進行整理、歸類、創造、改造。由於存在這樣一個富有創造性的圖式組織，認識主體才能有效地適應環境。正是在這一意義上，皮亞傑得出結論：適應是內部圖式與外部環境進行鬥爭的結果。它體現了環境的威力，也體現了圖式的能動作用。

皮亞傑認為：「任何圖式都沒有清晰的開端，它總是根據連續的分化，從較早的圖式系列中產生出來，而較早的圖式系列又可以在最初的反射或本能的運動中追溯它的淵源。」因此，人的認識圖式不是一成不變的，它有發生和發展的過程。主體所具有的第一個圖式是遺傳獲得的圖式。以這一圖式為依據，兒童不斷和客觀外界發生相互作用，在這種相互作用中，非遺傳的後天圖式逐漸從低級階段向高級階段發展，構成了圖式的建構過程。皮亞傑把認識圖式的發展過程稱為主體的建構（construction），「建構主義」一詞便由此而來。

皮亞傑認為，認知的發展有三個基本過程，即同化、順化和平衡。

（一）同化（assimilation）

同化原本是一個生物學的概念，它是指有機體把外部要素整合進自己結構中去的過程。在認知發展理論中，同化是指個體對刺激輸入的過濾或改變的過程。也就是說，個體在感受到刺激時，把它們納入頭腦中原有的圖式之內，使其成為自身的一部分，就像消化系統對營養物的吸收一樣。

（二）順化（accommodation）

順化是指有機體調節自己內部結構以適應特定刺激情境的過程。順化是與同化伴隨而行的。當個體不能用原有圖式來同化新的刺激時，便要對原有圖式加以修改或重建，以適應環境，這就是順化的過程。可見就本質而言，同化主要是指個體對環境的作用；順化主要是指環境對個體的作用。皮亞傑用同化和順化過程來說明認識，旨在表明這樣的觀點：一切認識都離不開認知圖式的同化與順化。認知既是認知圖式順化於外物，又是外物同化於認知圖式這兩個對立統一過程的產物。

此外，皮亞傑將兒童思維的發展劃分為四個大的年齡階段。這四個階段分別是：感知運動階段（0-2歲）、前運算階段（2-7歲）、具體運算階段（7-12歲）、形式運算階段（12歲至成人）。對此有興趣的讀者，尤其是幼兒園教師，可以自行查閱和參考其他相關書籍。

皮亞傑的理論可以用來解釋教育中的認知發展，跟系統論、「耗散結構」理論等結合後，也可以用來解釋任何一個系統組織，甚至是社會的變遷。比如，中國在封閉狀態下處於一個「平衡態」，在遭遇了鴉片戰爭後，國門才開始打開。在一度中斷後，改革開放又重新對外開放。內部圖式和外部環境開始不斷碰撞和調和，經過一系列的「順應」和「同化」後，中國開始適應外界的環境，在最近幾十年取得了巨大的社會進步。

另外，皮亞傑也是一位傑出的生物學家。生物學思想在本書中佔據著極其重要的地位，請讀者務必留意這點。

第六節　懷特海

導讀：

阿弗烈・諾夫・懷海德（Alfred North Whitehead，1861～1947）英國數學家、哲學家。「過程哲學」的創始人。大名鼎鼎的哲學家羅素，便是他的弟子。

懷特海是獨樹一幟的思想大師。他的學術研究價值舉世公認；無論人們用什麼樣的標準衡量，他都屬於20世紀最傑出的哲學家之列。懷特海的思想精微深邃，他的影響在他生前已超出了哲學領域，廣泛波及到生態學、管理學和宗教神學等多門學科，包括愛因斯坦在內的不少大科學家都對他青睞有加。

懷特海的過程哲學思想非常有名，它是本書關注的重點。

「變化」這個概念就是對進化著的宇宙之歷險的描述。

——懷特海[6]

懷特海把宇宙的事物分為「事件」的世界和「永恆客體」的世界。事件世界中的一切都處於變化的過程之中，各種事件的綜合統一體構成機體，從原

6　懷特海《過程與實在》，麥克米蘭出版公司，1929，頁92

子到星雲、從社會到人都是處於不同等級的機體。機體有自己的個性、結構、自我創造能力，機體的根本特徵是活動，活動表現為過程。過程就是機體各個因數之間有內在聯繫的、持續的創造活動，它表現為一機體可以轉化為另一機體，整個世界就表現為一種活動的過程。在過程的背後並不存在不變的物質實體，其唯一的持續性就是活動的結構。這種結構是進化的，自然界是活生生的、有生機的。從這裏可以看出，進化論深深嵌入了懷特海的思想中。

在懷特海看來，過程是生滅不已的進展（Progress）。學過英語的讀者應該知道，「progress」一詞的意思是「進步」，「進展」等。在《過程與實在》中，懷特海曾說，「我們要擴大一下古人的『無人能兩次涉過同一條河』的學說：無一思考者能兩次思考同一物。更廣義地說，無一主體能兩次經驗同一物。」[7]可見，萬物在變化中發展的思想是過程哲學的核心所在。

懷特海還認為，自然和生命的分開是不能被理解的，只有兩者的融合才構成真正的實在，亦即構成宇宙。所謂「永恆客體」，在懷特海那裏只是作為抽象的可能性而存在，並非人們意識之外的客觀實在，它能否轉變為現實，要受到實際存在客體的限制，並最終受上帝的限制。他認為，世界正是上帝從許多處於潛在可能狀態的世界中挑選出來的，因此上帝是現實世界的泉源，是具體實在的基礎。

簡而言之，「懷特海的思路是『以生生不息的創造活動去消融靜態的實體及其外在關係』。他以宇宙的創造性活動取代不變的實體的觀念，並且用經驗事件的內在關係，去克服傳統形而上學的超驗性，從而能夠符合現代哲學拒絕超驗提倡實證的精神。」[8]

無論我們幹什麼職業，哲學思想總會給我們很多啟迪。表面上，懷特海哲學跟教育無關，而實際上懷特海哲學也可以變成一種教育哲學，用以指導我們的教育工作。比如說，懷特海認為世界永遠處於變化的、活動的過程中，這種過程哲學可讓我們學會用發展的眼光看待學生。同時，它也為教育目的的「內在論」提供了一個哲學基礎。比如，人生目標不是既定不變的，人們往往會在環境下調整自己的人生目標。這就是說，人生目標是在人生的過程中，而不是預先設定的。相比之下，「外在論」將外在的教育目的強加給學生，不尊重學生個性，缺少生命倫理。

---

[7] 轉引自懷特海《觀念的冒險》，人民出版社，2011，頁9

[8] 黃銘《過程思想及其後現代效應》，宗教文化出版社，2010，頁28

哲學（philosophy）一詞，源于古希臘語中的philosophia。在古希臘語中，sophia的意思是「智慧」，詞頭Philo的意思是「愛」。因此，自誕生之日起，哲學便是愛智慧的代名詞。擁有無窮魅力的哲學，能讓你擁有智慧。懷特海的過程哲學也是如此，它能讓你擁有教育機智。

第七節　杜威

導讀：

約翰•杜威（John Dewey，1859～1952），美國著名哲學家、教育家，實用主義哲學的創始人之一，功能心理學的先驅，美國進步主義教育運動的代表。中國的教育家陶行知、著名學者胡適等都曾在美國師從過杜威。

本章中介紹的思想家中，唯有杜威是真正的教育家。作為一本教育書，本書自然無法回避杜威的教育思想。然而，這不是一本專門研究杜威的教育書，因而本書只對杜威的教育思想進行簡介。

下面，我們先看看杜威的教育思想，然後再分析杜威的哲學跟後現代世界觀之間的關係。

> 我們教育中將引起的改變是重心的轉移，這是一種變革，這是一種革命，這是和哥白尼把天文學的中心從地球轉到太陽一樣的那種革命。這裏，兒童變成了太陽，而教育的一切措施則圍繞著他們轉動；兒童是中心，教育措施便圍繞著他們而組織起來。
>
> ——杜威[9]

杜威的教育思想主要包括以下幾點：

（一）教育即「生活」、「生長」和「經驗改造」

教育能傳遞人類積累的經驗，豐富人類經驗的內容，增強經驗指導生活和適應社會的能力，從而把社會生活維繫起來和發展起來。廣義地講，個人

[9] 杜威《學校與社會•明日之學校》，人民教育出版社，2008，頁44

在社會生活中與人接觸、相互影響、逐步擴大和改進經驗，養成道德品質和習得知識技能，就是教育。由於改造經驗必須緊密地和生活結為一體，而且改造經驗能夠促使個人成長，杜威便總結說「教育即生活」、「教育即生長」，教育即為「經驗改造」。讀者應該注意：「教育即生活」、「教育即生長」、「教育即經驗改造」，都表明杜威的思想有著明顯的「進化論」思想的痕跡。

（二）教育無目的論

在極權專制社會裏，統治將教育通過外力強加於學生。杜威認為，民主社會應當奉行無目的論。實際上，杜威的「無目的論」不是真的說教育沒有目的，而應該是本書中後面將講到的「內在論」。在「內在論」看來，每個生命都有自己的目的，自己就是自己的目的，因而教育才會顯得沒有目的。

（三）學校即社會

杜威認為，積極參加真實的社會活動是身心成長和改造經驗的正當途徑。在教育裏，教師則應把課堂變成兒童活動的樂園，引導兒童積極自願地投入活動，從活動中不知不覺地養成品德和獲得知識，實現生活、生長和經驗的改造。

（四）教學論

杜威的教學論主要有兩個方面：

1、教材的選擇。杜威認為，學校科目的相互聯繫的真正中心，不是科學，而是兒童本身的社會活動。也就是說，學校應該把基本的人類事物引進學校裏來，作為學校的教材。

2、教學的方法。杜威主張「做中學」，認為從聽課和讀書中所獲得的知識是虛渺的，唯有通體親身體驗獲得的知識才是牢靠穩固的。

（五）兒童中心論

把教育的重心從教師、教材那裏轉移到兒童身上，即「以兒童為中心」，是杜威的「新教育」（或「進步教育」）的核心思想。

杜威的教育思想，我們簡單介紹到這裏。若要理解杜威的教育思想，讀者一定要懂得杜威的哲學思想。比如，杜威的教育思想中的「做中學」，可以追溯到他的實用主義哲學。在他的哲學裏，形而上學被取消了，剩下的便是行動與實踐[10]。如此一來，在科學的方法上，杜威也自然推崇歸綱法或實踐的方法。事實上，哲學是形而上的教育，教育是形而下的哲學。有什麼樣的哲學，必然會在教育中反映出來。正如杜威所說：「教育只是哲學的最一般的實驗場所。」

在杜威的哲學體系中，有著豐富的教育思想，然而我們卻不便深入探討下去。本書的主旨是通過考察生物學世界觀的形成，解讀當下中國的教育。因此，我們應該關注的是，在杜威的思想中，哪些東西與此相關。

在杜威的哲學中，「過程」（Process）是一個重要概念。前面講過，懷特海也很強調「過程」。那麼，杜威的「過程」又是指什麼呢？

從生物的演變來看，個體是在一個發展的歷程中。從自發展本身來看，生物個體之發展就是它自身的目的。過程是發展的各個階段之延續性的結合。生物自身發展以外，似乎是不應該再給它加上一個外在的目的。因為，不同的環境有不同的交互活動，經驗與生長的發展，不可能預立一個固定目的。

杜威認為，說到一個名詞，人們往往誤認為名詞自身是固定的。然而，從一個變動的歷程上來看，名詞實際上是一種活動的過程。例如，「健康」並不是一個靜態的、固定的名辭，而是具有發展與變動成分的名辭。要健康，就得從事各種的活動：健康檢查，熟讀有關健康的書籍，培養健康有關的各種習慣，實踐各種健康的活動，攝取營養的食物，選購食物等等，這些都是活動，是一個過程，而不只是一個靜止的、認知的健康名詞。它實際上是串連成一個發展的過程，我們對健康的認知與理解，實應掌握其動的歷程或各種活動，才更能落實而具體。從這裏可以發現，杜威的過程概念更強調實踐。那麼，學生的學習是個什麼概念呢？「做中學」的思想在這裏已是呼之欲出。

杜威還認為，目的就在變化的過程中。除了過程之外，並沒有預設的目的，這點跟懷特海的思想相近。我們不妨可以說，懷特海和杜威共同為後現代課堂中教學目的的「生成性」奠定了哲學基礎。

10　反形而上學，也就是反本質主義。我們將在後一章裏看到，反本質主義是後現代主義的重要特徵。因此，杜威反對形而上學，也表明了他有後現代主義的趨向。

第八節　熊彼特

導讀：

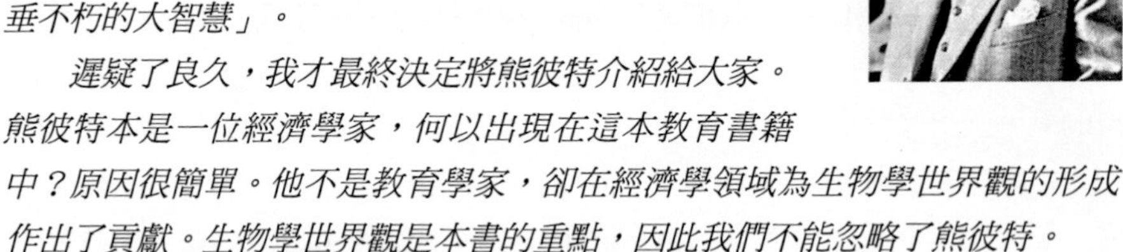

熊彼特（J.A.Joseph Alois Schumpeter，1883～1950），美籍奧國經濟學家，當代資產階級經濟學代表人物之一。20世紀最偉大的經濟學家之一。他的「創造性毀滅」的理論闡釋了經濟增長的真正根源在於創新。他的高徒，著名的管理學大師德魯克，曾稱他具備「永垂不朽的大智慧」。

遲疑了良久，我才最終決定將熊彼特介紹給大家。熊彼特本是一位經濟學家，何以出現在這本教育書籍中？原因很簡單。他不是教育學家，卻在經濟學領域為生物學世界觀的形成作出了貢獻。生物學世界觀是本書的重點，因此我們不能忽略了熊彼特。

對於熊彼特的經濟學理論，我們可以不作詳細介紹，有興趣的讀者可以自行閱讀其他書籍。然而，我們至少應該明白一點：熊彼特的經濟學是一種「創新經濟學」。「創新」一詞隱含著進化的思想，因為生物進化都是通過毀滅自己創造出新的自我，最終實現了進化。

資本主義本質上是一個過程，而全世界就是它的舞臺。

——熊彼特

從系統論來說，「自組織」是指一個系統在內在機制的驅動下，自行從簡單向複雜方向發展，不斷地提高自身的過程；從熱力學來說，「自組織」是指一個系統通過與外界交換物質、能量和資訊，不斷地降低自身的熵含量[11]，提高其有序度的過程；從進化論來說，「自組織」是指一個系統在「遺

[11] 熵（entropy）指的是體系的混亂的程度，它在控制論、概率論、數論、天體物理、生命科學等領域都有重要應用，在不同的學科中也有引申出的更為具體的定義，是各領域十分重要的參量。熵由魯道夫・克勞修斯（Rudolf Clausius）提出，並應用在熱力學中。後來在，克勞德・艾爾伍德・香農（Claude Elwood Shannon）第一次將熵的概念引入到資訊理論中來。在香農那裏，資訊和熵是一對相反的量，資訊就是負熵。他指出：「熵代表無知的程度，資訊代表知識的多少，它們兩者是互補的

傳」、「變異」和「優勝劣汰」機制的作用下，其組織結構和運行模式不斷自我完善，以提高對於環境的適應能力的過程。總的來看，我們可以得出這樣的結論：在一定條件下，自組織系統會自動地從有序轉化為無序的混沌狀態，然後再由無序走向有序。每完成一次這個過程，系統更走向了更高級的水準。

把資本主義經濟看作是生態系統時，我們就會明白資本主義經濟，以及經濟危機是怎麼回事了。要將這點說透徹，我還需要潑墨不少。因為經濟不是教育，教師們的經濟學知識可能顯得不足。

經濟危機爆發時，工廠倒閉，失業增加，整個社會便處於相對的混沌狀態之中。此時，整個經濟開始進行「自組織」——沒有競爭力的企業倒閉後，工人技術員往有競爭力的企業流動；原材料和各種社會資源經過重新分配後，整個社會經濟便開始進行重組。經過一段時間的自動調整，整個社會經濟便會開始復蘇起來。

跟生態系統一樣，每次經濟危機後，整個經濟更會朝向發展一步。在資本主義世界裏，雖然經濟危機會週期性地爆發，整個資本主義總的來說卻是發展的。在熊彼特看來，經濟危機「都是繁榮與蕭條交替變化時期的波浪式運動的需要，也都是有規律可循的，從資本主義時代開始這一類要素就存在於經濟生活中。」[12]也就是說，經濟危機的根本原因在於資本主義經濟的本身。經濟危機會帶來破壞，然而卻是資本主義實現「波浪式前進」的動因所在。「『創造性破壞的過程』，這就是資本主義的本質性的事實。」[13]一句話，經濟危機在破壞了舊秩序的同時，也在創造著一種新秩序。

熊彼特的「創造性毀壞」的核心思想，跟尼采、柏格森的哲學都很相近。比如，尼采說過，「人是一座橋」，柏格森則說過：「我們越是研究時間，就越是領悟到：綿延意味著創新，意味著新形式的創造，意味著不斷精心構成嶄新的東西。」[14]因此，熊彼特的世界觀也接近後現代世界觀，即一種生物學世界觀。

眾所周知，資本主義經濟是一種市場經濟，而市場經濟是人類社會進化的自然結果。與此相反，在共產主義的計劃經濟裏，一切經濟活動都是人為的。然而嚴格地講，計劃經濟裏沒有商品，沒有價值，甚至沒有經濟，因為，商品必須經過交換才有價值。計劃經濟禁止交換，也就「殺死」了經濟。當年，顧

關係。」關於「負熵」的概念，我們還將在後文中談到。

12　熊彼特《經濟發展理論》，北京出版社，2008，頁138

13　約瑟夫·熊彼特《資本主義、社會主義與民主》，商務印書館，2009，頁6

14　（法）亨利·柏格森《創造進化論》，華夏出版社，2003，頁16

准早就深刻地指出，社會主義必須要引入市場經濟。因為，要有核算單位，才可能有經濟。把整個社會作為核算單位，那是不可想像的。

沒有了交換，便沒有了經濟，那必定是貧困的國度。在這裏，人們天天從事著生產，好象有點產品，然而卻必然會「越生產越窮」的現象——因為每個工廠都在虧本運作，只不過國家承擔了損失而已。同時，當權力操控了一切時，極權主義便出現了。可以講，凡是搞計劃經濟的國家，也會同時出現極權主義政治。經濟與政治，本來就是相互關聯的。

作為一種自發秩序，市場經濟也是一種生態秩序。這個生態系統，具有一般生態系統的特徵。經濟危機會製造出混沌，然而這恰好是整個經濟發展的前提。一直處於平衡態的系統，是一個不發展的死系統[15]。只有開放的系統，才可能出現不平衡狀態[16]。在生態系統中，混沌和不平衡是發展的動因所在。「在蕭條時期，經濟體系自身為了趨向新的均衡狀態而努力，據經驗我們知道它是蕭條時期的真正意義，因此這種鬥爭必定導致越來越近均衡位置。」[17]可見，作為一個自發秩序，整個經濟體系會自動地進行調整。

我曾以女人的月經為例，說明經濟危機的必然性。作為一個生態系統，女人的週期性反應便是月經[18]。女人的月經來潮時，體內的汙血得以清除，保障了體內的清潔，有利於身體的新陳代謝和造血功能的保持。同樣，每次經濟危機爆發時，總會有些管理不善，缺乏競爭力的企業倒閉，然後像「汙血」一樣被清理出市場。整個市場中，剩下的便是有生命力的企業。之後，市場經濟開始「自組織」，為進入下一輪發展高峰作好準備。女人能夠長壽，資本主義越來越有活力，這說明什麼經濟危機對於資本主義是必要的，正如月經對於女人也是必要的。若沒有了月經，女人的身體會受害。熊彼特在論述經濟危機時說：「在私有制下的自由競爭占主導地位的市場中，它們是經濟發展機制的關鍵，一旦它們被消除，經濟發展就會遭受損害。」[19]可以講，沒有經濟危機，便沒有經濟發展。

---

[15] 作為一個封閉的系統，共產主義的計劃經濟處於平衡態，因此便不會有發展，甚至是系統的崩潰。前蘇聯政權的崩潰，為此提供了最佳注腳。

[16] 有人認為，一個國家的經濟處於開放狀態，可以將過剩的產品銷售到國外，這樣便有利於緩解經濟危機對國民經濟帶來的衝擊和壓力。我認為這個觀點有些道理。

[17] 熊彼特《經濟發展理論》，北京出版社，2008，頁151

[18] 據說，男人也有「月經」，一般的週期是兩個月。男人的「月經」主要不是生理問題，而是更多地表現為心理問題。我以為，男人的生理週期沒有解決生命問題，因此對於男人的壽命沒有直接好處。相比之下，女人的月經對身體更有好處。

[19] 熊彼特《經濟發展理論》，北京出版社，2008，頁156

對於經濟危機，政府可以採取措施加強防範，也可以在危機後幹預經濟。凱恩斯主義催生出「羅斯福新政」，這是有目共睹的。然而，市場經濟是一個生態，為了自己的利益，每個人都在自由和自發地行動。表面上看來，這似乎只是一種混沌狀態。然而，這種混沌卻會產生出協調和秩序，這是「看不見的手」在起作用的原因。

自由主義者們非常警惕國家權力，擔心國家權力的幹預，會對個體的自由帶威脅和危害。作為一個自由主義者，我也反對國家對經濟的幹預——即使國家非得「善意」地幹預，那也必須是有所限制。「幾乎所有對經濟領域的國家幹預都是通往『奴役之路』的第一步。一旦政府企圖計劃經濟活動，使增長達到最大化和進行收入再分配等，它們必然開始幹預私人生活領域的關鍵部分。經濟活動應當屬於私人領域，這是因為市場是一個強大的『發現系統』，它不需要通過強制和獲得有關經濟運行的知識就能實現協調和社會學習。」[20]可見，一旦承認國家有權幹預，這便是朝極權主義邁開了第一步。我以為，國家對於經濟的幹預，一是要規定幹預的領域，二是要規定幹預的界限，三是要規定幹預的時間。國家這頭猛獸，一旦從籠中跑出來，便可能對人民的自由帶來危害。

凱恩斯的幹預主義，主要流行於兩次世界大戰期間。「二戰」之後，熊彼特的經濟學思想開始受到關注，這有個時代大背景的問題。自從上個世紀五六十年代開始，整個世界進入了「全球化」時代。很多企業的生產運營，都跟國際上的資本、市場和市場有關，一個國家要想完全控制經濟，已是不可能的事了。同時，「全球化」時代已是一個後現代時代，生物／態世界觀佔據了主導地位。由於這些諸多原因，人們便紛紛把目光轉向了熊彼特。他的光輝開始超過了凱恩斯，成為了經濟學領域中的一顆明珠。

對於凱恩斯的國家幹預理論，熊彼特一直有點嗤之以鼻。他曾評論道：「凱恩斯無處不在提出一個確實的政策，在每一頁，政策的幽靈俯視著他的分析，規定著他的假設，引導著他的筆。在這個意義上，他簡直是李嘉圖的再世。」[21]前面說過，國家幹預是人為指導和控制，而市場經濟是自發的生態環境。這兩種觀念之間的衝突，決定了熊彼特必然會批判凱恩斯。

對於熊彼特和凱恩斯，很多人都有過評論。哈耶克的評論是：「倘若你問我，最家與哪些有趣的人再共度一個黃昏，我的答案是熊彼特和凱恩斯。他們都讓世人震撼。熊彼特是一位比凱恩斯偉大的學者，也是更優秀的知識份

20　（英）派翠克・鄧利維　布倫登・奧利裏《國家理論：自由民主的政治學》，浙江人民出版社，2007，頁131

21　袁輝《約瑟夫・阿洛伊斯・熊彼特》，人民郵電出版社，2009，頁36

子。」彼得・德魯克的評論是：「在某種方式上，凱恩斯和熊彼特重演了西方傳統中最著名的哲學家的對抗——最有光彩、最聰明、最難以擊敗的詭辯者巴門尼德和反應緩慢、醜陋但卻富有智慧的蘇格拉底之間的柏拉圖式的辯論。在兩次世界大戰期間，沒有人比凱恩斯更有光彩、更聰明。而熊彼特相反，似乎平平常常——但他有智慧。聰明贏得一時，而智慧天長地久。」

有一個現象很有趣。哈耶克跟熊彼特都是出自奧地利學派，而奧地利學派的世界觀就是生物／態世界觀，因此哈耶克跟熊彼特之間有著天然的「血緣」關係。同時，作為熊彼特的弟子，德魯克的管理學思想也滲入了生物／態學世界觀，這點在本書後面關於管理的章節中將會詳細闡述。對于米塞斯、熊彼特、哈耶克、德魯克、皮亞傑、貝塔朗菲等，以及所有秉持生物／態學世界觀的人，我都油然生起一份敬意，一種親切感。

生物／態學世界觀認為，這個世界是一個生態的自發秩序。每個生命都在追求著自己的自由。自由不僅是每個生命的尊嚴，也是每個生命的精彩。無論是市場經濟，還是課堂教學，本質上都是一種生態環境。尊重每個生命的個性，讓每個生命能夠自由成長，而不是用權力去控制，甚至是消滅生命，這是我們對待生態環境應有的態度。

1998年獲諾貝爾經濟學獎的美國經濟學家阿馬蒂亞・森提出過一個「以自由看發展」的理論。他認為，所有的社會發展，只有一個標準衡量它的進步，衡量它的意義——那就是自由。對於森的「以自由看發展」的理論，我本人深以為然。我深知，個人自由跟國家自由成反比。「政府的權威的樹立，全仗個人自由的割讓；政府的權威大，個人自由便要小，政府的權威小，個人的自由方能大。」[22]在極權主義社會，國家拿走掉所有的個人自由，成為了無所不能的「利維坦」。我對凱恩斯主義（代表著國家權力）保持警惕，在思想上偏向熊彼特主義（代表自發的進化），並認為經濟危機很「可愛」，其背後的真正原因便在於此。

熊彼特曾說：「經濟學越來越好，但經濟學家越來越差勁。」僅僅懂經濟學的人，是不能成為經濟學家的。經濟政策關乎國家權力的使用，經濟本來就是政治的一部分。這就可以讓我們明白一個現象：現代的自由主義者，很多都是經濟學家出身。

尼采的思想對熊彼特有強烈而深刻的影響。比如，尼采把人區分為兩類：「超人」和「末人」[23]。同樣，熊彼特也區分了兩類人：作為社會精英的企業

---

[22] 張佛泉《自由與權利：憲政的中國言說》，清華大學出版社，頁256

[23] 從「超人」和「末人」出發，尼采還提出了「超人道德」和「末人道德」的概念。

家和對其英雄行為進行模仿的芸芸眾生。另外，熊彼特的創新經濟學的思想，也明顯有尼采思想的痕跡。從這裏，我們可以再次領略到尼采對世界的影響。德國經濟學家吉爾施曾說：「如果20世紀的第三個25年可稱為凱恩斯時代，那麼，20世紀的第四個25年也許可以稱為熊彼特時代。」實際上，20世紀的第四個25年正是人類進入完全的後現代社會的時代。在這個時代裏，生物學世界觀毫無疑問地成為了世界的主流思想。

最後一點。熊彼特本人對社會主義是情有獨鐘的，他相信社會主義必然會取代資本主義。不過，他不主張通過暴力來實現社會主義。他認為，社會主義的實現是得益於某些少數的大企業家，因為資本主義經濟越發展便越會出現大企業。

第九節　海森堡和愛因斯坦

導讀：

韋納·海森堡（Werner Heisenberg，1901～1976），德國理論物理和原子物理學家、量子力學的創立者，1932年諾貝爾物理學獎獲得者，「哥本哈根學派」代表性人物。

愛因斯坦（Albert Einstein，1879～1955），美籍德國猶太裔，理論物理學家，相對論的創立者，現代物理學奠基人。1921年獲諾貝爾物理學獎，1999年被美國《時代週刊》評選為「世紀偉人」。

作為世界的頂級物理學家，海森堡和愛因斯坦都有非常深邃的物理學思想。然而，在某種意義上講，他們兩人卻是一對「冤家」。說他們是「冤家」，不是指海森堡在德國主持原子彈的研發工作，愛因斯坦則在美國給羅斯福上書，建議美國開始原子彈的研發，而主要是指二者的觀念有著明顯的衝突——海森堡是一個後現代主義者，而愛因斯坦是最後一位現代主義者。

尼采認為，價值應由超人設定，末人只能接受超人設定的價值。尼采將一切柔弱都視為一種惡，對中國人和女人有過猛烈的抨擊。在尼采眼裏，中國人和女人都只配稱為「群畜」。

關於二人之間的衝突，有一個物理學史上的知名故事。

十九世紀二十年代，海森堡和愛因斯坦之間爆發了物理學歷史上一場著名的「歷史之爭」。以玻爾和海森堡為代表的「哥本哈根學派」（玻爾是丹麥人，在哥本哈根領導了一個物理研究所。大凡贊同玻爾的人，便統稱為「哥本哈根學派」了），與愛因斯坦和薛定諤之間，曾發生過一場激烈爭論。要知道，這些人個個都非常了得，都曾獲得過諾貝爾物理學獎！那麼，他們為何爭論了起來呢？

這場史無前例的爭論，其焦點問題是，世界是否是確定的。愛坦斯坦有句名言說：「上帝不擲骰子。」意思是說，世界不是隨機的，而是有規律的，可預測的。可見，愛因斯坦認為世界是確定的，一切都是可以預測的。

在爭論中，愛因斯坦對玻爾說：「親愛的玻爾，上帝不擲骰子。」玻爾卻針鋒相對，毫不退讓地說：「親愛的愛因斯坦，別去指揮上帝應該怎麼做！」他的意思是說，這個世界是隨機的，上帝想做什麼就可以做什麼，不是由你愛因斯坦說了算，別用你的確定論去要求上帝怎麼做。

爭論到最後，愛因斯坦不得不宣佈失敗。後來，愛因斯坦公開聲明，他同意海森堡關於不確定性的物理實驗的結果，但反對哲學上的不確定。這是什麼意思呢？他的意思是說，對於物理實驗的結果，我承認是客觀和正確的，但若從哲學上認定世界是不確定的，那就會完全顛覆了科學和知識論——既然世界是不確定的，那麼人類的知識還有什麼用呢？在虛無感的影響下，人類會對一切產生懷疑。一生都致力於科學發現的愛因斯坦，終究不願意放棄他一生恪守的信念。

你若對後現代主義有所瞭解，便會明白這場爭論的重要性。愛因斯坦輸掉了辯論，意味著一種新的世界觀已經產生——世界是複雜的，不確定的，不可預測的。這種世界觀，便是以生物學為主導的後現代世界觀。

後現代主義的「不確定性」觀念，除了尼采哲學這個源頭外，另外一個便是海森堡的「不確定」的思想。

把海森堡的思想運用到教育中，我們就會明白一點：課堂是不確定的，無法預設的。對課堂預設的強調，不過只是現代主義思想在教育中的殘留觀念。

最後一點。關於愛因斯坦，我不得不提及波普爾。愛因斯坦生前公開說過，儘管他的理論論取代了牛頓的理論，但是他的理論也終將被他人的理論取代，這是他的必然宿命。愛因斯坦的這個觀點，對波普爾產生了巨大的影響。波普爾認為，真理只是相對的，「猜想與反駁」便是探索真理的過程和方法。波普爾甚至認為，他的觀點只是對愛因斯坦的科學思想的哲學表達。

波普爾一生中論敵無數，但一直對愛因斯坦卻情有獨鐘。二人都認為真理是相對的，需要不斷發展的。他們共有的這個後現代主義的特徵，便決定了他們生前的親密關係。

第十節　貝塔朗菲

導讀：

貝塔朗菲（Bertalanffy Ludwigvon，1901～1972），美籍奧地利理論生物學家。一般系統論的創始人，從物理學、生物學與心理學探討同型性的系統論原理，1952年發表抗體系統論，60年代提出應用開放系統論於生物學研究的概念、方法與數學模型等，奠基了系統生物學，並導致了系統生態學、系統生理學的學科體系發展。

系統論的思想，是本書的重要基石。跟皮亞傑一樣，貝塔朗菲也本是生物學家。生命的差異性及其價值和意義，受到了生物學家的承認、尊重和關注。生物學世界觀的雛形，已逐漸開始浮出水面。

貝塔朗菲的重要貢獻之一是建立關於生命組織的機體論，並由此發展成一般系統論。1937年，提出了一般系統論的初步框架，1945年在《德國哲學週刊》18期上發表《關於一般系統論》的文章，但不久毀於戰火，未被人們注意。1947年在美國講學時再次提出系統論思想。1950年發表《物理學和生物學中的開放系統理論》。1955年專著《一般系統論》，成為該領域的奠基性著作。60～70年代，他的系統理論開始受到人們重視，並在全球風行起來。1972年，他發表了《一般系統論的歷史和現狀》，把一般系統論擴展到系統科學範疇，也提及生物技術。1973年，他的修訂版《一般系統論：基礎、發展與應用》再次闡述了機體生物學的系統與整合概念，提出開放系統論用於生物學研究，以及採用電腦方法與數學模型建立，提出幾個典型數學方程式。

值得一提的是，貝塔朗菲對行為主義心理學一直都持批評態度。行為主義心理學否認自由意志的存在，把一切行為歸咎於環境的控制[24]。在教學中，行為主義演化成了「刺激—反應」的教學模式——教師把知識硬塞到學生的腦袋中，仿佛學生是一個空的容器，被動地等著裝填。本應是一個過程的課程，在這裏被變成了包裹。相比之下，建構主義強調學生是知識的構建主體，因而能體現出更多的人本主義精神[25]。

「刺激—反應」具有濃厚的極權主義色彩，必然會窒息學生的自發創造能力，把下一代培養成機器人似的消費者和無靈魂的科學家。斯金納曾說：「一切控制都是由環境實施的，因此我們要為之努力的是設計更好的環境而非更好的人。」與此針鋒相對，貝塔朗菲站在開放系統的立場上，以生命體的主動性來論證自由意志的存在，並將此看作是人的最高特徵。他指出：「個體的不可預言性會隨著系統複雜性的增加而增加，人類作為生命系統中最複雜的事物，充滿著最高的個體自由。」自由對於生命的意義，在貝塔朗菲這裏已達到無以復加的程度。

對於以「刺激—反應」為基礎的教學模式，我也在《瘋人教育日記》中毫不留情地進行了尖銳的批評：

> 長期以來，中國教育一直把蘇聯的凱洛夫理論奉為圭臬。凱洛夫的思想是基於巴甫洛夫的「經典條件反射」理論，歸屬行為主義心理學的窠臼。目前，中國教師們普遍推崇「題海戰術」的目標，就是通過大量機械的、重複的練習來使學生在題目與答案之間建立起條件反射，如同巴甫洛夫的實驗中狗聽見鈴聲分泌唾液的條件反射一樣。然而，教師們應

---

[24] 行為主義心理學的創始人是美國心理學家華生。1919年，他的代表作《行為主義觀點的心理學》一書出版問世。在這部書內，他採用了巴甫洛夫的條件反射的概念，並且系統地表述了他的行為主義心理學的理論體系。斯金納是新行為主義陣營裏的代表人物，以其那只「斯金納箱」著稱。無論是從時間或思想特點來劃分，我們可以把行為主義心理學視為現代主義在心理學領域中的投射——或者說，行為主義心理學是一種現代主義思想。不過，我要提醒讀者注意一點：極權主義正是現代主義思想的產物。由是觀之，行為主義和極權主義之間存在著千絲萬縷的關係。

[25] 建構主義（constructivism）是當今學習理論中的「顯學」，其最早提出者可追溯至皮亞傑。此外，杜威等人對建構主義也有不同的貢獻。在學術界，皮亞傑所創立的關於兒童認知發展的學派被人們稱為日內瓦學派。他堅持從內因和外因相互作用的觀點來研究兒童的認知發展。他認為，兒童是在與周圍環境相互作用的過程中，逐步建構起關於外部世界的知識，從而使自身認知結構得到發展。可見，他將認識作為一個系統，已有了系統論思想的萌芽。

> 該好好想想，這種「訓狗教學法」除了把學生愈教愈傻，讓學生變成「狗」以外，還能為學生帶來什麼？[26]

忽視生命體的自發性，也就是忽視人的創造性潛能。貝塔朗菲大聲呼籲，教師要致力於培養每一個學生的「自然的好奇心和創造力，對於探索的欲望及其對成功的內在愉悅。」他強調說：「合格的教育總是並且總將是在揭示人類潛能的意義上進行，純粹功利性的教育最終是與人類的目標背道而馳的。」

貝塔朗菲極其重視個人創造力的重要性，珍視個人的獨特價值。他指出，大多數的科學發現，都是被傑出的個人所取得的，所以人類個體這個系統在所有其他系統中擁有獨特的重要價值。請讀者注意，後現代主義思潮強調每個生命都是一個獨特的個體，擁有自己的世界，這一觀點正與貝塔朗菲的核心思想相吻合——或者更直接地說，貝塔朗菲是後現代主義的奠基人之一。

貝塔朗菲反對「所有人都擁有相同的能力和智力」的平等意義，目的僅是保護每個人的創造潛能。對於教育中的假民主，他指出：「當我攻擊平等主義原理時，請不要認為我站在精英主義、種族主義或社會達爾文主義的立場上，如果我強調這一科學事實，個體之間具有差異性，並不意味著我把這些差異看作具有優劣之分，我僅是不要個體的潛能被平等主義的風暴所碾碎，因為它把各個層次上的人都拉到了最低的起跑線上，作為一名生物學家，我認為這種平等主義是荒謬的，巴甫洛夫意識到他的實驗狗顯示出大量的個體差異，同樣的情況也可見於人類。中國文化、東方印度文化、非洲文化深深地不同于西方文化，我絕不認為我們的文明要比他們的更好，但假裝我們都是相同的這卻毫無意義。」這段話表明，貝塔朗菲反對整齊劃一的教育思想，認為個體之間有差異的。西方文化和中國文化有高低之分嗎？須知，文化的精彩恰好在於差異性。抹殺了差異性，便抹殺了文化本身。假如每個學生都有自己獨特的個體文化，我們區分優生和差生又有何意義？中國教育中的極權專制恰恰抹殺了這種差異性，從而製造出一個整齊劃一的「美麗景象」。同時，我們也知道，只有保持生態系統較高的生物多樣性，才能保證生態系統的穩定和平衡。中國教育將學生整齊劃一，顯然缺乏了一種生態意識。中國的經濟發展，為環境帶來了巨大的破壞。目前，中國政府已有了環境意識，也在採取措施保護環境。然而，長期以來的極權專制的政治也對社會生態造成了巨大破壞，嚴重地影響了

---

[26] 鄭偉《瘋人教育日記》，臺灣秀威文化公司，2011，頁253。

中國人的生命的生長。樹立社會生態意識，實行政治改革，這是中國政府必須做到的，否則，中國社會這個生態系統無法保持長期的穩定和平衡。

總之，作為一個生物學家，貝塔朗菲提出的系統論思想，具有濃厚的生物學世界觀的色彩。貝塔朗菲的系統論思想，對我有著深刻的影響。事實上，本書中提到的系統概念，也是直接受益於貝塔朗菲。

系統論的標誌性著作《一般系統論》出版於1955年，即愛因斯坦去世的那年。從時間上來劃分，貝塔朗菲應該算是一位後現代主義思想家。

第十一節　普利高津

導讀：

普利高津主要研究非平衡態的不可逆過程熱力學，提出了「耗散結構」理論，並因此於1977年獲得諾貝爾化學獎。

普利高津（Ilya Prigogine，1917～2003）認為，只有在非平衡系統中，在與外界有著物質與能量的交換的情況下，系統內各要素存在複雜的非線性相干效應時才可能產生自組織現象，並且把這種條件下生成的自組織有序態稱之為耗散結構。從熱力學的觀點看，耗散結構是指在遠離平衡態的非平衡態下，熱力學系統可能出現的一種穩定化的有序結構。所謂耗散，指系統與外界有能量的交換；而結構則說明並非混沌一片，而是在時間與空間上相對有序。

普利高津認為，只有在非平衡系統中，在與外界有著物質與能量的交換的情況下，系統內各要素存在複雜的非線性相干效應時才可能產生自組織現象，並且把這種條件下生成的自組織有序態稱為耗散結構。

從熱力學的觀點看，耗散結構是指在遠離平衡態的非平衡態下，熱力學系統可能出現的一種穩定化的有序結構。所謂耗散，指系統與外界有能量的交換；而結構則說明並非混沌一片，而是在時間與空間上相對有序。事實上，耗散結構理論就是研究系統怎樣從混沌無序的初始狀態向穩定有序的組織結構進行演化的過程和規律，並且試圖描述系統在變化的臨界點附近的相變條件和行為。

耗散結構是在遠離平衡區的非線性系統中所產生的一種穩定化的自組織結構。在一個非平衡系統內有許多變化著的因素，它們相互聯繫、相互制約，並決定著系統的可能狀態和可能的演變方向。一個典型的耗散結構的形成與維持至少需要具備三個基本條件：一是系統必須是開放系統，孤立系統和封閉系統都不可能產生耗散結構；二是系統必須處於遠離平衡的非線性區，在平衡區或近平衡區都不可能從一種有序走向另一種更為高級的有序；三是系統中必須有某些非線性動力學過程，如正負反饋機制等，正是這種非線性相互作用使得系統內各要素之間產生協同動作和相干效應，從而使得系統從雜亂無章變為井然有序。也就是說，系統的發展過程完全可以經過突變，通過能量的耗散與系統內非線性動力學機制來形成、維持與平衡結構完全不同的時空有序結構。這就是耗散結構理論的精髓之所在。一個系統要想在實踐中獲得存在與發展，必須不斷地從外界引入負熵，以抵消系統內部正熵的增加，從而確保系統不斷地走向更高層次的穩定有序結構。

在前面，我們已介紹過熵的概念。事實上，在耗散結構理論或一般系統論中，熵與負熵是兩個非常重要的概念。關於這兩個概念，薛定諤在《生命是什麼》中有過精闢論述：

自然界中正在進行著的每一件事，都是意味著它在其中進行的那部分世界的熵的增加。因此，一個生命有機體在不斷地增加它的熵——你或者可以說是在增加正熵——並趨於接近最大值的熵的危險狀態，那就是死亡。要擺脫死亡，就是說要活著，唯一的辦法就是從環境裏不斷地汲取負熵，我們馬上就會明白負熵是十分積極的東西。有機體就是賴負熵為生的。或者，更確切地說，新陳代謝中的本質的東西，乃是使有機體成功地消除了它自身活著的時候不得不產生的全部的熵。

可見，「以負熵為生」的意思就是，有機體吸引一串負熵去抵消它產生的熵的增加，使其自身維持在一個很低的熵的水準上。這個水準，是一種維持有機體存活的穩定狀態。在這裏，「負」具有是積極的而不是消極的意義。

打個通俗易懂（可能還有點庸俗）的比方來說吧。人體系統每天都會產生出糞便，並排泄（即正熵）出體外。若不及時進食（即負熵），人體系統就會死亡。在這裏，食物對於身體的積極意義自不待言。

要能排泄出糞便，便要求人體必須是開放的——嘴巴和肛門的功能，便是保證人體系統的開放性。開放能使系統所產生的熵可以輸送到外界，使系統處於低熵的有序狀態。在生物界，生物不僅可以從外界獲取能量以維持自己的生存，而且還能根據從環境中獲取的資訊來調整自己，發展出適應環境的新功能。又比如，在吸毒過程中，人體會根據毒品產生出新功能，使人體依賴於毒品。若是停止吸毒（來自外界的資訊被切斷），吸毒者便會感到非常不適應，從而出現各種症狀。戒毒之所以很困難，一般需要很長時間才能恢復過來，其原因便在於此。由於生物可以自行根據外界資訊來調整自己，因此，普利高津的理論又可稱為「非平衡系統的自組織理論」。

通過考察西方的時間觀，普利高津在《確定性的終結》中向我們顯示，只要遵循現實世界的概率過程，我們就將遠離僵化的決定論力學。他指出，量子力學可以推廣到用來證明時間的天然不可逆性；時間先於大爆炸。普利高津解構了確定性世界觀，認為人類生活在一個不確定的世界裏，生命和物質在這個世界裏沿時間方向不斷演化，確定性本身是一個錯覺。

《確定性的終結》表明，普利高津是一位徹底的後現代主義者。如同海森堡的「不確定原則」一樣，《確定性的終結》也顛覆了傳統的真理觀和知識觀——當真理不再擁有絕對性時，教師通過控制話語權為學生灌輸絕對真理便開始遭到質疑了。在後文中，我們還將繼續探討這點。

需要說明一點。我們的立場應該處於在確定性與不確定性之間，因為任何偏向一極的思想都會有失偏頗。不確定性只是表明，這個世界具有不確定的一面，我們不能陷入「世界不可認識」的徹底的虛無主義。正如普利高津在《確定性的終結》中所說：「我們努力要走的是一條窄道，它介於皆導致異化的兩個概念之間：一個是確定性定律支配的世界，它沒有給新奇性留有位置；另一個則是由擲骰子的上帝所支配的世界，在這個世界裏，一切都是荒誕的，非因果的，無法理喻的。」

不確定性顛覆和取代了確定性，開創出了一個嶄新的世界觀。然而，正如前面所說，不確定性同樣也可能帶來異化，請讀者準確把握和理解這點。

好了，到此為止，我們已介紹完了十二位思想家。在結束本章之前，我想繼續再跟讀者談談讀書的話題，講講我的讀書經歷。我希望，我的經歷對讀者有些啟發。

在我看來，讀書最好先有個「點」，然後以此來帶動「面」。我將這個讀書過程稱之為「以點帶面」。

我相信，很多讀書人經歷了一個「以點帶面」的過程。沒有一個座標，在浩繁卷帙中就難以找到自己的位置。此時讀任何書，你都無法真正的融入，體驗到與作者共鳴為心靈帶來的愉悅。功底不夠或沒有興趣而強迫自己讀書，這恐怕是世界上最讓人痛苦的事了。這樣「苦讀」一番，你斷然不會有多大任何收益的，唯一的好處就是多了一句談資——當別人問及時，你可以說「我讀過」，僅此而已。功底不夠而瞎啃一些鴻篇巨制，你會讀得一頭霧水；對書中內容毫無興趣而讀，只會讓你愈來愈厭惡讀書。

找一個點好比找一個知己。天下名家之多，定有一個性情、趣味或經歷與你相近者。一旦找到這個名家，你就不妨將他請回自己的書房，與其好好地暢談一下。林語堂說，一個人若沒有心愛的作家，那就只是「未受胎的卵」和「未得花粉的雌蕊」——也就是說，你的生命仍處於混沌未開的狀態，新的生命胚胎還沒有發育出來。新的自我的出現，即思想的啟蒙或生命的覺解，需要一位名家來引導。

這種現象，在尼采身上發生過。尼采在舊書攤上發現了叔本華的《作為意志和表像的世界》後，興奮得花了連續兩周的時間一氣讀完，尼采的思想自此深受叔本華的影響。後來，尼采不僅將叔本華視為知己，而且還將其稱為「父親」。

若能找到靈魂與你相近的名家，你在閱讀中才能產生共鳴，也才可能越讀越想讀。我最初無意中讀了尼采的書時，感覺到他說的某些話好像出自我的口中，便情不自禁地「墮入情網」喜歡上他了。接著，我便如饑似渴地閱讀他的著作。隨著閱讀的深入，我發現尼采的思想中有很多前人的影子。不過，有了尼采這個座標後，我便有了一點基礎，也很樂意讀叔本華的著作，以及其他非理性主義哲學家的著作。之後，我的閱讀面一點點擴展開來，直到擴大到理性主義乃至整個西方哲學領域。

在前面介紹的十二位思想家中，你若發現你在思想或精神上跟某位有些契合，我便建議你讀完本書後，再去書店買幾本他的書，繼續與他對話。他會帶你走進一座宏偉的思想殿堂，去出席一個思想盛宴。在那裏，他還會把更多的大師級思想家介紹給你，讓你在思想領域日益長大和成熟。

維爾納・叔斯勒曾說，「一位思想家的哲學想必是永遠無法脫離他的生平的，因為一個人是如何首次接觸哲學思想的、是何時接觸哲學思想的，這並非無關緊要的事情。」[27]對於你喜歡的名家，你也不妨讀點他的軼聞趣事，瞭解一下他的生平。瞭解一個人的生平，有助於理解他的思想，多維度地認識他。

以薩特為例簡單說說。薩特自幼喪父，一直生活在「一個老人（外祖父）和兩個女人（母親和外祖母）之間」。由於從未沒有人真正地管教過他，他

[27] （德）維爾納・叔斯勒《雅斯貝爾斯》，中國人民大學出版社，2008，頁5

從未體驗到父親的威嚴，也就沒有覺到要服從誰的概念。正如他說的：「我不是任何人的兒子，我是我自身」。我們知道，存在主義與自我中心主義之間，僅是一步之遙。薩特的這種「我行我素」性格，跟他後來的哲學思想有很大關係。

第三章　後現代主義及其課程觀

在前面一章，我們考察了從現代主義到後現代主義的演化過程。那麼，什麼是後現代主義呢？

我們經常談到後現代主義，卻無法為後現代主義給出一個精准的定義。實際上，後現代主義（Postmodernism），包括了很多分支流派，如解構主義、後殖民主義、女權主義、後工業主義等等，很難有一個精准的定義。不過，後現代主義各流派的共同特點是，均反對以各種約定成俗的形式，來界定或者規範其主義。其中，解構主義是對結構主義的挑戰[1]，女權主義是對男權主義的瓦解，後工業主義是對工業主義的反動。

目前，在建築學、文學批評、社會學、政治學等諸多領域，都提出了自成體系的論述，反對以特定方式來繼承固有或者既定的理念。普遍認為，若以單純的歷史發展角度來說，最早出現後現代主義的是哲學和建築學。當中領先其他範疇的，當屬60年代以來的建築師。他們反對全球性風格採用標準化的預製件，追求建築的容量，缺乏對個性的關注，從而進行大膽的創作，發展出既獨特又多元化的後現代式建築方案。在哲學界，先後出現不同學者就相類似的人文境況進行解說，其中解構主義成為了後現代主義大略性表述的哲學文本。

後現代主義以相對主義為價值尺度。它不是不講道德，而是反對統一的道德；不是否認真理，而是設定有許多真理的可能性，從個人的角度、情境的、文化的、政治的，甚至是性的角度。後現代主義反對連貫的、權威的、確定的解釋，即所謂的「宏大敘事」。個人的經驗、背景、意願和喜好在知識、生活、文化和性上占優先地位。

[1] 一般認為，結構主義起源於瑞士語言學家索緒爾的作品。結構主義一詞，由人類學家施特勞斯造出。該詞用以描述一種方法，即將語言學的結構模型運用到對整體社會的研究，尤其是針對風俗與神話。解構主義，即後結構主義，是指結構主義之後的一套思想，它試圖去瞭解這個無法挽回地被分割成數個體系的世界。解構主義是針對歷史相對論、意義與後文藝復興的理性哲學批判的批判性理論，但反對結構性語言學為理論基礎，強調片斷不連續性，不相信歷史進化和知識累積論。

後現代主義解構文本、意義、表徵和符號。後現代主義認為對給定的一個文本、表徵和符號有無限多層面的解釋可能性。這樣，字面意思和傳統解釋就要讓位給作者意圖和讀者反映。這樣，男性傳統的解釋就被女權主義者和被邊緣化了的解釋者解構了。

在教育領域，現在興起了寫教育「箚記」或「反思」的潮流。其實，這也是後現代主義在教育裏的表現而已。簡單地說，教育反思的寫作是一種女權主義思想，它力圖解構傳統的，以男性的理性化為特徵的學術論文，用缺乏理論的文字而又飽含生命體驗的「膚淺」文字來取而代之。關於這點，本書後面還有更為詳盡的論述。

後現代主義是人類歷史上一次最偉大的革新，是人類文明的最高峰，對人類認識世界和自我有十分積極的意義。後現代主義的反「元解釋」和「文本意義」也為其本身帶來了巨大的力量。

由於後現代主義的無中心意識和多元價值取向，由此帶來的一個直接的後果就是評判價值的標準不甚清楚或全然模糊，使人們的思想不再拘泥於社會理想、人生意義、國家前途、傳統道德等等。人的思想得到了徹底解放，使人對自我有了更深刻的瞭解。

同時，後現代主義對真理、進步等價值的否定，導致了價值相對主義、懷疑主義和價值虛無主義的產生，使人們認識到了價值的相對性和多元性。

後現代主義對宏大敘事進行解構的方法主要有戲謔、反諷、調侃、惡搞等。比如，周星馳的無厘頭電影《大話西遊》對《西遊記》進行惡搞，將教授這個「人類靈魂的工程師」變成一隻「叫獸」來調侃，等等。

從本質上講，2008年轟動一時的「範跑跑事件」也是一個後現代事件。範美忠老師在地震時丟下學生跑出教室，運用後現代的手法嘲諷了「師道」。隨即，他的名字被弄進了網路視頻《跑跑之歌》加以惡搞，使他以「範跑跑」的「藝名」進入了娛樂圈。結果，他本人也被國人以相同的方式進行了嘲諷，而「範跑跑」不知讓國人獲得了多少快感和樂趣，連地震災害帶來的痛苦也給忘了。整個事件中，思想變成唾液，思辯變成娛樂，連抗震也變成了狂歡。

在各個方面，現代主義和後現代主義之間都存在差異。關於這些差異，我們可用表格列舉出來[2]：

---

2 此表取自于王晴佳、古偉瀛《後現代與歷史學：中西比較》，山東大學出版社，2009，頁24

現代主義	後現代主義
浪漫主義／象徵主義	「達達主義」[3]
講究形式	反對形式
目的明確	隨心所欲
刻意規劃	隨遇而安
等級森嚴	無法無天
藝術對象／作品完整	臨場發揮／隨時創造
冷漠客觀	參與其間
一統天下	四分五裂
中心突出	漫無中心
類別清楚／界限分明	皆是文本／文本交叉
因果關係	文本不同
閱讀理解	邊讀邊解
敘述清晰	有頭無尾／有尾無頭
深入透徹	膚淺表面
上帝之父	鬼魂之靈
鐵的規律	隨時變化
超越經驗	暫態即逝

從表中可以看出，後現代主義有一些消極的元素，但對於民主而言，後現代主義卻包含了一些積極的元素。這些積極元素可被用作思想武器，對現代極權主義及其教育發起攻擊，用以爭取自由和民主。比如，現代主義的「刻意規劃」運用到社會中，便可能會演變為極權主義——偉大領袖設計出一個宏偉藍圖後，便「以善的名義」剝奪人民的生命和自由。然而，「隨遇而安」則暗含有進化論的思想。後現代主義認為，歷史充滿著偶然性和不確定性，一切都是進化的結果，不是個別人可以規劃的，因此每個人都應該「隨遇而安」。

後現代主義是現代主義的延續，既有繼承也有反動。後現代主義的「反動性」主要表現在如下幾個方面：[4]

（1）反表像主義，就是消解主體與客體的認識二元對立。傳統哲學哲學追求的「思想客觀性」，然而後現代主義對其卻不予承認。從這點，人們可以引出真理的相對性。

關於真理的相對性，美國哲學家桑塔亞納（George Santayana,1863～1952）曾說：「人類不可能找到絕對真理，因為它是超越每個人具

3　1916年至1923年間出現於法國、德國和瑞士的一種藝術流派。「達達主義」是一種無政府主義的藝術運動，它試圖通過廢除傳統的文化和美學形式發現真正的現實。

4　參見孫正聿《哲學通論》，復旦大學出版社，2010，頁33

體的思維的；它與活著不相容，因為它排除了所有個別的情境、機構、利益乃至探索的日期；絕對真理之所以不可能被發現，正因為它根本不構成一種視角。」美國作家湯瑪斯・默頓（Thomas Merton，1915～1968年）則說得更直接：「假如我把我的真理給了你，而沒有從你身上得到真理的回報，那麼，我們之間並沒有真理可言。」有了「我的」或「你的」之分時，真理還會客觀、中立、絕對嗎？

（2）反本質主義，就是消解現象與本質的邏輯二元對立。從這點出發，我們可以發現現象學與後現代主義的某些關聯，因為現象學有個基本觀點：現象即本質。其實，現象學出現於百年過渡期間，這絕非偶然現象。

（3）反中心主義，就是消解中心與邊緣的結構二元對立。現代社會中的所有中心，都受到了挑戰。比如，後現代社會裏邊緣文化開始出現，少數人的群體開始發出自己的聲音，顛覆了傳統的中心地位。

（4）反根源主義，就是消解本源與派生的歷史二元對立。這個觀點可以引發出後現代主義歷史觀，即歷史是相對的，不存在作為絕對事實的歷史。尼采曾說：「不存在事實即不存在現象，有的只是解釋。我們無法確立任何『自在』的事實：試圖那麼做可以說是荒唐的。」在這種背景下，伽達默爾解釋學中的「視域融合」的概念開始大行其道。[5]

（5）反基礎主義，就是消解深層與表層的文化二元對立。在宗教裏，基礎主義（fundamentalism）一詞也時常譯作「原教旨主義」。以宗教為例。在後現代社會裏，從前的正宗教派被打倒或顛覆，某些不正宗或人數很少的教派開始取而代之。這樣，正宗與非正宗的界限被取消，二元對立也消失了。

---

[5] 解釋學（Hermeneutics），又稱詮釋學、解釋學美學，是在現象學與存在主義的基礎上發展起來的一個美學流派，由19世紀德國哲學家 F.E.D.施賴爾馬赫（1768～1834）和W.狄爾泰在前人研究的基礎上所開創。「解釋學」的詞根hermes來自古希臘語，意為「神之消息」。從詞源角度來看，解釋學最初是用來解釋神的旨意的一門學問。

所謂「視域融合」，是指解釋者在進行解釋時，都帶著自己的前見從自己的當下情景出發，去和文本的「視域」相接觸，把握文本所揭示的意義，從而出現瞭解釋者的視域、文本的視域和當下情景的視域的融合現象。「視域融合」不僅是歷史與現實的融合，也是解釋者與被解釋者之間的匯合。

在後現代社會裏，生物學世界觀使人們的生命意識開始凸顯了出來，生命倫理開始受到重視，生命也一舉上升到了本體論的地位。「在確立了生命的本體論地位以後，認識論也隨之發生重大變化。這就是生命歷史相對主義的出現。真理、價值、意義都是根據生命的活動來設定的，沒有絕對的形而上學根據。」[6]可見，相對主義的盛行跟生命的本體論地位密切相關。

相對主義跟後現代文化也有著緊密有關係。在後現代社會中，精英開始式微，不再引導社會。在庸眾的噪音的陪伴下，民主不可逆轉地來到了，並成為世界的主流和普適價值。在社會生活的舞臺上，民眾已將精英趕下臺，開始了雜亂無章的大合唱。大眾文化成為主流，便使後現代時代成為了「庸眾時代」。

臺灣學者杭之認為，大眾文化是「一種都市工業社會或大眾消費社會的特殊產物，是大眾消費社會中透過印刷媒介和電子媒介等大眾傳播媒介所承載、傳遞的文化產品，這是一種合成的、加工的文化產品，其明顯的特徵是它主要是為大眾消費而製造出來的，因而它有著非標準化和擬個性化的特色。」顯然，文化在傳統意義上的「載道與言志」功能，逐漸變成了「消費與娛樂」，文化也隨之成為了「文化工業」或「第三產業」。

大眾文化是一種速食文化，其本質是追求速成、通俗和短期流行，是一種不注重深厚積累和內在價值的文化現象。教師們可以認為，餘秋雨的散文華麗優美，可朱大可卻從中嗅出了後現代氣息。他認為，餘的散文只是一個複製與拷貝的過程——「從歷史和當下生活中拷貝一些感覺和話語碎片，然後把它們拼貼到『散文』文本裏」。餘秋雨寫散文都是如此，讓我們不禁聯想教師們寫論文時便把網路文章進行複製粘貼的現象。照理說，教師們應該在飽讀群書的基礎上寫出屬於自己的作品，而後現代卻把教師「庸俗化」了。我們認為，教師們應該注意辯認和抵制後現代主義中的消極元素，不應該將自己降低到庸眾的地位，讓大眾文化中的庸俗裹挾了自己。教育工作關乎文化傳承，應該傳承文化中的積極元素。

關於後現代主義，我們就介紹到這裏。後現代主義哲學有很多大師級的哲學家，不過我們現在只將目光只鎖定在兩位後現代主義大師——德里達和福柯——的身上。對兩位哲學家作些簡單介紹後，我們將把後現代主義的某些思想運用到教育。

目前，中國正在進行新一輪的課程改革。這次改革的理念是什麼？為什麼提出這些理念？……本章也會試著從課程觀的角度來回答這些問題。

6　劉小楓《詩化哲學》，華東師範大學出版社，2007，頁190

第一節　福柯

導讀：

蜜雪兒・福柯（Michel Foucault，1926－1984），法國哲學家和「思想系統的歷史學家」，有「20世紀法蘭西的尼采」之稱。他對文學評論及其理論、哲學（尤其在法語國家中）、批評理論、歷史學、科學史（尤其醫學史）、批評教育學和知識社會學有很大的影響，是舉世公認的後現代思想大師。

福柯的主要工作總是圍繞幾個共同的組成部分和題目，他最主要的題目是權力和它與知識的關係（知識的社會學），以及這個關係在不同的歷史環境中的表現。他將歷史分化為一系列「認識」，福柯將這個認識定義為一個文化內一定形式的權力分佈。

對福柯來說，權力不只是物質上的或軍事上的威力，當然它們是權力的一個元素。權力不是一種固定不變的，可以掌握的位置，而是一種貫穿整個社會的「能量流」。福柯說，能夠表現出來有知識是權力的一種來源。你若有權力，便可說出別人是什麼樣的和他們為什麼是這樣的。福柯不將權力看做一種形式，而將它看做使用社會機構來表現一種真理而來將自己的目的施加於社會的不同的方式。

比如，在研究監獄的歷史時，福柯不只探討看守的物理權力是怎樣的，他還研究他們是怎樣從社會上得到這個權力的——監獄是怎樣設計的，來使囚犯認識到他們到底是誰，來讓他們銘記住一定的行動規範。他還研究了「罪犯」及其定義的變化，由此推導出權力的變換。

對于福柯來說，「真理」（其實是在某一歷史環境中被當作真理的事物）是運用權力的結果，而人只不過是使用權力的工具。他認為，依靠一個真理系統建立的權力可以通過討論、知識、歷史等來被質疑。

在中國教育裏，教師長期享有言語霸權，並通過權力運作來將「真理」傳遞給學生。這種「權力與真理的交媾」，剝奪了學生與教師進行對話的權力，使學生失去了作為學習主體的地位和身份。福柯的理論可以解構教師的霸權地位，為民主課堂提供理論基礎。

可以說，電影《飛越瘋人院》是福柯《規訓與懲罰》的電影版[7]。在福柯看來，現實生活中的學校、監獄、機關等，每個地方都上演著「規訓與懲罰」的一幕，即都是某種意義上的瘋人院。什麼是瘋人院？那些通過扼殺人性來使人不正常的地方都是瘋人院。

在電影中，瑞秋代表著醫院裏正統的威權統治，她總是冷漠地板著面孔。在她眼裏，病人都是不正常的。憑藉著她的權威，她認為她應該糾正他們的行為，以此達到「矯正病人」的目的。也就是說，她的醫學知識賦予了她以權力，她說怎麼樣，那就必須怎麼樣。她認墨菲是瘋人，墨菲便是瘋人。

墨菲則不同，他與瑞秋恰好相反。他視病人為朋友，深得大家的喜愛。他誘導瘋人表現出自己的人性，這恰好說明病人在某種程度上本身就是正常人。大家偷跑出去尋樂，結巴與女人做愛，深夜狂歡開派對，甚至是保鏢加入他們狂歡，這些都表現出了人的正常需求。結巴與女人做愛後的自殺，象徵著人性的反抗，而瘋人院在這裏，只不過是扼殺人性的機構的象徵。墨菲，這位被院方認為「不正常」的病人，實際上是一個再正常不過的人。在被關進精神病院後，他只是做了一個正常人做的事，而他的正常行為卻則被視為不正常，並受到院方的監視和敵視。

正常人被置於瘋人院中後，結果只會有兩個：要麼他自己變得不正常，要麼瘋人在他的影響下變得正常。《飛越瘋人院》的結果，是瘋人們開始正常起來了。在這個意義上講，最優秀的醫生不是瑞秋，而是墨菲。墨菲對人性的尊重，成為了療效最好的良方。在墨菲的影響下，病人們開始表達不滿，對院方提出合理要求。一個瘋人病院，逐漸變成了正常的醫院。

在瘋狂世界中，瘋子才是正常人。瘋子，只會出現在正常世界中。在一個失去理智的時代裏，正常人也會成為不正常的人。在中國的「文革」期間，一個撒謊的人是正常的人，說真話的人卻成了不正常的人。一個理性的人被置於一個狂熱的民族中時，他便會被視為不正常的人。當人人都高呼愛國，呼籲熱情時，有人若呼籲理性，他便會成了叛國者。因此可以說，在狂熱的群體中，不會有正常的個體，因為他們都被群體裏挾了。

在福柯那裏，整個社會分明就是「監獄群島」。在一個社會裏，每個單位就是一座監獄，無不充滿著對人性的扼殺。每一次對人性的扼殺，都是把人們朝瘋

---

[7] 《飛越瘋人院》的英文片名為「One Flew Over the Cuckoo's Nest」，又譯作《飛躍喜鵲巢》或《飛躍杜鵑窩》。

人院推進了一步。整個社會，本來就是一座巨型的瘋人院，整個社會的運轉都是通過懲罰和規訓，以及道德約束來實現的。在這個瘋人院裏，人類如何學會拒斥成為「單面人」，保證自己不被異化，這仍然是個人類面臨的意義重大的課題。

如果再說教育，我們的教室，何嘗不是一座瘋人院？我們教師，何嘗又不是那個代表權威的瑞秋？那麼，當教師意識到這點時，又該如何對待每個教室裏的墨菲？對於教室這座瘋人院，教師又該如何讓學生飛越？……這些問題，值得每位教師去深思和探索。

作為一個「尼采主義」者，福柯深受尼采思想的影響。無論是對於存在主義，還是對於後現代主義，尼采哲學都是至關重要的。存在主義和後現代主義在教育生態學佔據著重要地位，福柯的價值便可由此可見。

福柯也是一位性學大師，他的《性史》是性學名著。國內性學專家李銀河將福柯視為自己的精神導師。我比較關注性學，這跟福柯有很大關係。福柯本人是一位同性戀者，喜歡在性虐活動中體驗那種「高峰體驗」。作為一個邊緣分子，福柯為世界範圍內的邊緣文化提供了一套話語體系。

關於福柯，還有一個小插曲。福柯在醫院的醫療監控下死於愛滋病，而這家醫院正是他研究《癲狂與文明》的場所。眾所周知，反諷是後現代主義在進行解構時的典型手法。然而，福柯死前似乎沒有忘記這點。他親自導演並主演了一幕後現代戲劇，對自己進行了反諷。

通過反諷解構了宏大敘事後，後現代主義卻拒絕成為新的宏大敘事，於是，便會出現「去中心化」的現象。在這裏，相對主義開始盛行起來，沒有了絕對的真理或權威。福柯在死前將自己也解構了，其用意可能正是在於此。從這點來說，福柯不愧是尼采的高徒，也無愧於後現代主義大師的稱號。

第二節　德里達

導讀：

德里達（Derrida，1930—2004），當代法國哲學家、符號學家、文藝理論家和美學家，解構主義思潮創始人，就讀於巴黎高等師範學校時曾是福柯的學生。德里達以其「去中心」觀念，反對西方哲學史上自柏拉圖以來的「邏各斯中心主義」傳統，認為文本（作品）是分延的，永遠在撒播。[8]

[8] 顧名思義，邏各斯中心主義就是一種以邏各斯為中心的結構。「邏各斯」出自古

德里達的解構主義哲學，使他成為了後現代主義的主要旗手之一。他提出瞭「解構閱讀」的概念，即將文本的解構閱讀與其傳統閱讀進行比較，以顯示出這當中的許多觀點是被壓抑與忽視的。

德里達否定任何意義上的中心的存在，只有「活動」存在，存在不斷被否定，中心不斷轉移。這便是他所說的「解構閱讀」。在他看來，解構就是通過重新闡釋來檢測發現文本系統內的「功能失調」，而這恰恰是這個系統獲得新的生機的地方。

儘管對解釋學有異議，德里達還是秉承瞭解釋學的觀點，認為作品永遠開放，讀者的閱讀也是創造過程，因此讀者對文本的解讀總是未完成的、不確定的。[9]

在這個「解構不離手，顛覆不離口」的後現代社會裏，德里達的解構主義哲學對於宏大敘事的解構有著重要的意義。下面，我將小試牛刀一番，演示一下如何用解構主義哲學來瓦解中國傳統教育中的師生關係。

傳統的師生關係即為一種主客體關係，二元對立的特點非常突出。作為中心的教師和作為邊緣的學生具有不可通約性。德里達說：「在傳統的二元對立的哲學觀念中，對立面的平行並置是不存在的，在強暴的等級關係中，對立雙方中的一方總是統治著另一方。要解構這一對立面，首先就要在特定的情況下將這種等級關係加以顛覆。」德里達的解構運思主要有兩點：第一、從結構內部的二元對立來顛覆結構，這有賴於一個增補性邏輯；第二、為了完成解構，我們就得從處於邊緣地位的客體入手，來提示原有結構的邏輯體系是如何矛盾的。

師生的主客體關係，其合法性並不能由結構自身加以說明。為了證明教師主體地位的合法性，我們不能說：「因為師生關係是主客體關係，所以它就是主客體關係。」那麼，教師的主體地位由何而來？如果說「那是學生的客體地位造成的」，那麼學生的客體地位由何而來？難道我們又說「那是教師的主體地位造成的」嗎？顯然，這種邏輯並不成立。

希臘語，為λόγος（logos）的音譯，意即「語言」、「定義」，其別稱是存在、本質、本源、真理、絕對等等，它們都是關於每件事物是什麼的本真說明，也是全部思想和語言系統的基礎所在。

[9] 對於德里達來說，解釋說聲稱的「基本共識」是不存在的。對於理解來說，誤解才是基礎性的。「從施賴爾馬赫到伽達默爾的哲學詮釋學宣稱：一切理解可能總是一種誤解，或者說，不同的理解。而解構主義則宣稱：一切理解必然是一種誤解。」（烏多・蒂茨《伽達默爾》，中國人民大學出版社出版，2010，頁183）

欲從結構自身內部來對結構進行解構，看來是無法自圓其說了。於是，我們就需要德里達的「增補性邏輯」了。師生的等級關係的成立，必須有賴於對學生身份的認同，即先有學生，後才有教師（當然，二者的關係是相輔相成、互為條件的。如果學生處於主體地位，而且要解構之，我們也可以說「先有教師，後才有學生」）。這樣一來，這個增補性邏輯就對教師的主體地位構成了威脅——既然教師身份的成立，要以學生身份的存在為前提，那麼教師憑什麼還要處於中心地位呢？於是，我們就從結構內部來動搖和瓦解了教師的中心地位。

師生之間那種曾經被認為是理所當然的「主體—客體」的結構，現在受到了衝擊和挑戰。德里達認為，一個看似穩定、有明確的中心的結構之中，有一種力量可以破壞結構的等級秩序。他也就運用增補性邏輯這把「解構之刀」，把傳統哲學淋漓盡致地解構了一番，也使得師生之間的主客體結構無法生根。運用這種邏輯，我們可以看到，教育中讓主體「返魅」，提倡「師生平等」、「師生雙主體」的新型師生關係已經呼之欲出了。

我一直有個觀點，師道尊嚴就是「三綱」在教育中的延續，其本質還是講尊卑與秩序。師道被解構後，如果按同樣的邏輯：「孝道」中「父子」，甚至整個「三綱」，也會被同樣地解構，這裏不再贅述。可以看出，中國一直是一個專制國家，整個文化傳統就是一種等級秩序。在這種等級秩序中，沒有平等的民主，因此我們解構的意義，就在於為民主提供邏輯基點。

德里達曾說：「美國，就是解構。」在美國，一切權威都被解構，不存在什麼「宏大敘事」。因此，在這個意義上講，解構有助於民主的產生。

另外，德里達的增補邏輯也可解釋真理與謬誤的關係。下麵，我將就此進行簡要論述。

謬誤出身寒門，飽受非議和攻訐，卻能總是輔佐真理繼續前行。真理的發現，從來不是一帆風順的，而總是在謬誤的攙扶下磕磕絆絆。正如熊彼特曾說：「真理沒有謬誤的幫助，不可能比沒有拐杖的瘸子走得更遠。」

真理外表華麗富貴，謬誤醜惡寒酸，二者卻切不可割裂開來，否則，便會出現極權主義。那麼，教師若在課堂上將自己打扮成真理的化身，便有了獨斷論的極權主義趨向。此時，教師不會允許學生的質疑或反詰，而是運用權力將真理灌輸給學生。

如前面所說，教師身份的合法性，必須以學生的存在為前提。教師若消解了學生，也會將自己消解。同時，教師拒斥了謬誤，也會把真理扔掉了。真理的顯現，必須以謬誤的在場為前提。這種真理觀使人堅信一點：營建一種民主的課堂，通過民主的對話，在謬誤的幫助下，共同去探索真理，這才是最好的課堂。進化是無止境的，教師便應該保持課堂生態的開放。唯有如此，教師才能保持自己向真理開放。探索真理之路，是一條無盡之路。總之，德里達為我們解構了宏大敘事的真理，使真理觀產生了變化，最終影響到了課堂觀。

德里達的解構哲學若應用到教育，是大有作為的。其實，哲學是一種思辨能力和智慧。只要具有了這種智慧，人的思想水準高了，任何領域都不是問題。

鑒於篇幅有限，關於福柯和德里達，我們就介紹到這裏。實際上，除了他們兩位外，後現代主義哲學家還有很多，有興趣的讀者可以自行找書閱讀。不過，這兒有個致命誤區。很多教師可能認為，讀那些哲學沒多大意義。於是，他們寧可會直接讀點教育書，希望自己能更懂教育。然而我要告訴讀者，你越是這樣，便越不懂教育。要真正懂教育，必須廣泛涉獵，視野要開闊才行。

要做到視野開闊，便必須有哲學素養。這是為什麼呢？哲學宛如眾覽群山的一個山峰，而又與群山中的任何一個山峰都相連。博士是個學位，它的英語叫「PH.D」，PH代表philosophy（哲學），D就是doctor（博士）之意。一個化學博士，實際上應該叫化學哲學博士，一個歷史博士，也應該叫歷史哲學博士。這是什麼意思呢？也就是說，博士必須學到哲學高度，以哲學眼光看待該門學科和世界上的一切。所以，哲學博士也不是簡單地指哲學系的博士。既然所有博士都叫哲學博士，這就意味著所有學科在哲學高度上都可以彙集或通約。

總之，哲學意味著高度，它能給你「一覽眾山小」的感覺。此時，與哲學相連的教育那座小山峰，你難道還看不清楚嗎？

第三節　多爾「5C」後現代課程觀

導讀：

目前，中國正在進行第八次課程改革。在這之前的每一次改革，僅是停留在教材內容的變更的層面，因而不能從根本上改變教育。

從20世紀以來，隨著知識爆炸和資訊社會的到來，整個世界開始進入後現代社會，使知識觀、世界觀等都發生了巨大變化。此次國內的課程改革，吸收了世界上先進的教育理念和課程思想，在課程開發、實施和評價等各個維度都有所突破。這是中國教育的一次真正的「哥白尼革命」。

課程改革專家小組中的鐘啟泉和張華主編的《世界課程與教學新理論文庫》，對世界的最新課程思想作了很好的譯介，是一套教育工作者不可多得的好書。此套叢書中的《後現代課程》，在我看來更是教育論著中的精品。

提出旨在取代泰勒原理的「4R」課程原理之後，世界著名課程專家多爾教授又提出了「5C」後現代課程觀。在多爾的《後現代課程觀》中，「5C」課程觀僅是散見於書中。鑒於此，本節擬對「5C」後現代課程觀作一次嘗試性的介紹。

20世紀五六十年代，西方世界開始進入後工業社會。在文化藝術領域，後工業社會又稱為後現代社會。20世紀70年代，「課程概念重建運動」開始，課程領域開始由「開發範式」進入「理解範式」，課程被置入更為廣泛的政治、經濟、文化背景之下，作為文本被各種話語體系解讀。多爾在《後現代課程觀》中提出了「4R」原理以取代「泰勒原理」，繼又提出了「5C」的後現代課程觀——過程性（currene）、複雜性（complexity）、宇觀性（cosmology）、會話性（conversation）和社區性（commnunity）。本節擬對「5C」後現代課程觀作一次嘗試性的說明。

一、「5C」課程觀

（一）過程性（currene）

課程不是一種自然的事物，而是一種文化創造的過程。

——派納

1949年，阿爾夫・泰勒寫成《課程與教學的基本原理》。泰勒所處的時代背景是一個追求「效率」與「控制」的工業化時代，儘管此書被看作是傳統課程的「聖經」，但其課程思想是基於舍恩稱作的「技術理性」，有著濃厚的行為主義色彩。在泰勒的目標模式中，課程只是作為「跑道」，有著很強的「規定性」和「預設性」的性格，使教學成為灌輸知識的「銀行儲蓄式」教學過程。在這個過程中，教師是知識的擁有者，學生的角色是知識的接受者，教學評價也僅是停留在檢測學生對知識的接受程度的層面上。這種性格也使傳統課程有了明顯的「線性化」的結構主義的特徵，使傳統課程成了「流水線化」的課程。這種封閉的課程的框架下，教師只是按照教學大綱或教參「忠實地」操作，喪失了在課程中應該具有的創造性，被這種課程塑造成了教書匠。在後現代課程思想框架下，課程不僅是跑道，它還指向「跑步的過程，以及跑步過程中形成的模式。」學生與自己對話，與文本對話，與教師對話和與同伴對話，通過探究、討論和反思，使自己的經驗得以轉換，意義就被創造出來了。事實上，正因為有了過程性，課程才具有了開放性、轉變性和創造性。「課程將不再被看作是一種凝固的（set）、先驗的（priori）跑道，而是個人轉變的軌道。」[10]

（二）複雜性（complexity）

上帝不玩骰子。

——愛因斯坦

亞裏斯多德通過為宇宙論中的數學體系引入物理學證論，從而開闢了宇宙論中的物理學研究，建立了完備的物理學宇宙論。這種以物理學為導向的宇宙觀視太陽為宇宙的中心，太陽系是由齒輪和滑輪組成的「一架機器」。假如將這種宇宙觀作為傳統課程的隱喻，傳統課程就如同一架機器，具有機械性、簡單性、序列性的特點。這就意味著，教師以「直線的」方式從起點跑到終點。從達爾文到皮亞傑的生物學宇宙觀認為，生命體系本質上是開放的、進化的系統。如果將生物學宇宙觀作為隱喻，課程就具有複雜性、不確定性、轉換性、開放性等特點。同時，大腦具有非常複雜的結構，如同一個複雜的互聯網路，依靠節點來傳遞資訊，而不是像現代主義認為的「機械裝置」一樣。那麼，與大腦複雜性的結構化一致的課程，也就應該包括一種複雜性。對於教師而言，就需要洞察學生的「潛在發展區」，並將其轉變為「最近發展區」。後結構主義則努力尋求分解、揭示變化和偶然性，因而在後現代課程中，課程不是靜止的，而是轉化性的，變成了「隨我們注意力的轉移而不斷變換中心的複雜的馬賽克。」[11]

後現代主義還認為，秩序和混沌不是對立的[12]，而是彼此相互聯繫的。混沌這種「起伏的、複雜的、多層面的秩序」，被看作是秩序的先兆和夥伴。而

---

[10] 威廉　F・派納《理解課程》（上），教育科學出版社，2004，頁519

[11] 小威廉姆　E・多爾《後現代課程觀》，教育科學出版社，2004，頁52

[12] 混沌不是一種完全的無序態，而只是缺乏週期性和其他明顯對稱特徵的有序態。或

且，混沌意味著發展，混沌與複雜是必不可少的「驅動力」。後現代課程的這種開放性、轉換性使得現代主義的控制消失了，正如多爾所說：「控制是課程鐘錶運轉的魔鬼，是該讓這一魔鬼休息的時候了。」[13]

（三）宇觀性（cosmology）

宇宙學是涉及科學、哲學、神學和文學等四個領域的大概念。

——多爾

從詞源角度來看，cosmology是從cosmos演變而來的。Cosmos一詞最早由畢達哥拉斯學派使用。畢達哥拉斯學派從數的和諧中領悟到宇宙的和諧，第一次用代表和諧與秩序的希臘詞cosmos來指稱宇宙。宇宙觀除了描述現象和建立宇宙的實在結構理論外，還反映著人類的意識形態或形而上學的思維方式。假如傳統哲學被視為「科學的科學」，那麼多爾告訴我們宇宙學是「哲學的哲學」。這樣，宇宙學就可以看作是處於人們的形而上學的最能上最上層。因此，當我們用宇宙學的觀點看待宇宙（這裏，世界只是宇宙的一部分）時，也就有了我們的宇宙觀。西方的宇宙論的發展，曾經歷過三個時期。第一是柏拉圖的「宇宙有限論」，第二是哥白尼的「宇宙無限論」，第三是愛因斯坦以來的「大爆炸宇宙論」。其中，「大爆炸宇宙論」把有限與無限留待進一步的觀測和探究上，體現出有限與無限的深化和發展。

將現代宇宙觀作為一種隱喻，課程就是有限與無限的有機統一。課程的有限性表現為：課程在知識內容的數量、價值承載等方面是有限的，即通過一定數量的知識內容，使其承載的一定的價值觀念在一定程度上成為現實，使學生無論在知識與技能，過程與方法，還是在情感、態度、價值觀等方面在一定程度上實現課程的目標。課程的無限性表現在，課程處於不斷轉換和生成的過程中。它沒有起點和終點——因為，每個終點都會變成起點，重新納入到課程的無限發展之中。與封閉的傳統課程框架不一樣，後現代的課程框架是開放的，這使後現代課程具有無限性的基礎。

者說，混沌狀本身就包含著一種有序。

[13] 威廉　F・派納《理解課程》（上），教育科學出版社，2004，頁523

（四）會話性（conversation）

沒有人擁有真理，而每個人都有權利要求被理解。

——多爾

眾所周知，笛卡爾為近代哲學奠定了「二分法」或「二元論」的基礎。這種認識論統治人類的思維長達幾百年，成為現代主義的典型思維。這種思維折射在課程領域中，我們就可以看到傳統教學中師生的關係是主客體對立的關係——教師是知識的絕對權威，享受著「話語霸權」，而「失語」的學生只是被灌輸的對象。解構主義哲學力圖廢除傳統哲學中的主體與客體絕對對立的「二元論」，動搖笛卡爾為近代哲學奠定的基礎。解構主義思想反映在課程領域中，就是要解構教師的「話語霸權」。同時，哈貝馬斯的交往行為理論建立交往理性的概念，強調相互理解和溝通，宣導批判和反思。這樣，會話性也可理解為一種交互理性，這是技術理性課程所不具備的一個重要特徵。當我們將解釋學引入課程領域時，會話已經遠遠超出了師生之間的對話，會話成為了經驗的轉化和意義的創造，從而將會話的內涵大大地擴展了。多爾也提出過「舞蹈課程」的概念——學生與其他舞伴，包括文本、教師、同伴和自己，進行合作、互動的活動。「舞姿」在學習過程中反映出來，就是表現為「討論」（與同伴跳舞）、「探究」（與文本跳舞）、「質疑」（與教師跳舞）和「反思」（與自己跳舞）。

（五）社區性（community）

學校即社區。

——杜威

後現代課程中的「社區性」，最早可以追溯到杜威那裏。杜威早就設想過一個具有批判性和支援經驗構建的社區。社區概念應用到教育，就是指課堂社區。懷特海認為：「自然的最終構成不是固體粒子，而是進化過程的結構。」而且，「實在自身是處於過程之中——形成和滅亡的過程。」既然經驗是我們存在於其中的實在，那麼經驗也就成為了一個開放的生命系統，也就具有了形成和滅亡的過程。學生在一個社區裏，將自己的經驗與同伴交流和會話，進行民主的、批判性的討論，將自己原來的經驗與同伴和教師的經驗進行聯繫、比較，在結合自己的「履歷情境」的基礎上，通過「視界融合」來摒棄自己原來的經驗，並形成新的經驗。這個經驗既是自己反思的成果，也是將來反思的對象或被拷問的對象。在這樣一個社區裏，教師的知識權威也會接受挑戰，教師的地位僅是作為「平等中的首席」，跟學生享有同樣的「話語權」。在後現代課程觀中，課程文化是由師生共同創造出來的。這個課堂社區裏的師生，享有一種民主的生活，創造出一種民主的文化。

二、結束語

多爾提出的「5C」後現代課程觀，從多維角度考察了後現代課程。不難發現，「5C」之間互為聯繫，互為補充，互為因果，渾然一體地構成了後現代課程的立體畫面。

值得一提的，基礎教育改革所宣導的新課程，也明顯體現出了許多後現代課程的特徵。譬如，新課程旨在用「用教材教」取代「教教材」，體現出了後現代課程中以「混沌」為特點的複雜性。「用教材教」意味著創造，師生的創造性和主體性人格獲得解放，而「創造性是指由混沌與秩序之間的相互作用而產生的，是在自由的想像與受過訓練的技能之間產生的。」[14]

新課程改革也對教師提出了更高的要求。在線性的傳統課程中，教師只知道進行照本宣科地教學。假如將教師比作駕駛員，這類教師也只是低級駕駛員。一個高級駕駛員必須能夠在「非線性」的跑道上作出判斷和選擇，他還必須懂得汽車的工作原理，以便在出故障時自己能夠進行修理；同時，他也應該懂得急救知識，以便在事故後能進行救治或自救。那麼，在一個後現代的開放性的課堂上，教師必須具備足夠的素質來適當處理可能出現的「混沌和幹擾」。作為課程這一開放性「跑道」上的駕駛員，教師當然應該考慮乘客（學生）的舒適與安全，還要懂點急救知識，以便在事故後還有能力進行救治。因此，後現代課程的特點，要求教師不斷提高自己的專業化發展水準，使自己具有智慧和創造力。這種專業發展，是通過持續不斷地改造自己來實現自我成長的過程，而這個過程是一個開放的和終身的過程，正如鐘啟泉教授所說：「教師即課程」。[15]

杜威曾意味深長地說過：「我們已經習慣了我們所戴的鎖鏈，一旦被拿去時我們還會想念它。」[16]那麼在後現代課程中，當我們沒有了那走著「精確控

14　小威廉姆　E·多爾《後現代課程觀》，教育科學出版社，2004，頁88

15　關於這句話，後面第八章第五節有專門論述。

16　威廉　F·派納《理解課程》（上），教育科學出版社，2004，頁102

制」作用的鎖鏈時，當我們獲得了自由人格來發揮我們的創造性時，我們還會懷念那個被奴役的時代嗎？

（發表於《基礎教育改革論壇》2005年第三輯　總第十九輯）

第四節　後現代教學範式

導讀：

如果教師沒有教育哲學，成天只是思考如何提高效率，那麼還只是一個教書匠——或者說，你還只是「經師」，而不是「人師」。一個真正意義上的教師，不僅有紮實的專業基礎和廣博的知識，還應該有自己的教育哲學。

如果讀者只想從威爾遜的文章中找到一些具體的操作方法，那你可就想錯了。作為一位知名教授，威爾遜不會教人做教書匠的。在文章中，他先簡潔地比較了現代主義和後現代主義的差異後，對後現代教學範式提出自己的見解，給讀者了一些指導性意見。

我一直以為，教師不能只是模仿別人的方法，而應該先更新理念。在新理念的指導下，針對自己的具體情況去進行操作，即使你的操作方法跟別人有點差異，但你絲毫不比別人差，因為你跟別人有著相同的指導思想。操作上的不同是必然的，它說明瞭因地制宜的科學性。

後現代主義宣導質疑權威，原文作者也特別提醒讀者不要盲從文中觀點。對文中觀點進行質疑，這本來就是後現代主義思想的表現。若沒做到這點，原文便不是後現代文本。

建構主義正在改變著我們許多人對教學設計（ID）的認識方式。然而，對教育技術的後現代批判經常被視為過於激進或過於反傳統。例如，斯特貝爾（Streibel, 1986）對教育中電腦的使用進行了毀滅性的批判，使許多教育技術人員感到不舒服。畢竟，電腦是教育行業所必需的手段。其他後現代作者對教育實踐進行了批判，但很少有人是直接針對教學設計者的興趣。本節提出：1）建構主義文獻中隱含著後現代主義思想；2）後現代主義思想可以對教學設計實踐進行積極的、建設性的批判。簡要介紹後現代觀點之後，本節為改變教學設計實踐提出了一系列建議。

後現代思想簡介

我認為，要得到後現代的一個概念化的總體認識，最好的方法就是講一個故事。這個故事不是真實的，但有一些真實成分。它有助於對「後現代」一詞的理解。

一個關於世界觀的故事

古代的世界觀。古代的希臘人和羅馬人在許多方面都很像我們。他們面對著我們現在同樣面對的一些問題，即，我們是如何認識事物的？我們如何能發現真理？世界是如何組成的？古人認識到表像可能是欺騙性的外表看起來可靠的或表像上穩定的，實際上則可能是變化的。我們如何才能認識到事物的本質？為瞭解決這個問題，古人區別了我們的眼睛所見的世界與「真正的」世界之間的區別。事實上，神聖才是使我們可能看見的「真正的」、理想化的世界成為可能。我們有各自的意向，所以我們看見了不完美、弱點和許多鋸齒形的邊緣。在神聖的邏輯和數學的幫助下，鋸齒形的邊緣變得平滑，事物背後的東西對於我們明晰起來。概念就是關於世界本質的神聖關係，我們對「觀念」（ideas）的日常使用來自于古人所尋求的理想形式。

現代世界觀。古代的物質觀統治了我們的思維許多年，也包括了中世紀。然而，從文藝復興開始，我們逐漸地改變了我們的焦點。許多有智慧的思想家沒有向上帝，或在所承認的文本中尋求真理，而是開始相信他們自己的眼睛和能力。人類沒有要上帝成為宇宙的中心角色，而是自己變成了判斷真理的標準。人類的智慧能夠區分真理與謬誤。某些被確定來發現真理和評價證據的方法，被認為是可靠的並足以獲得真理。迷信和傳統被理性和科學的方法代替了。技術和科學的進步會帶來相應的社會進步，這種進步一直要到人類完善了他自己並通過知識和工具來控制大自然。然而，困擾哲學家們的問題同樣是，我們如何知道真理？康得意識到，我們永遠不可能理解客觀世界的本質，但是我們卻能接近它。因為在大腦中，我們產生與客觀世界大致匹配的圖式。「現象」一詞來自康得，它的意思「本質」。

但是數年來，哲學家清楚地認識到，在我們自己和真理之間有著一個不可逾越的鴻溝。我們居住在一種特定的時空，受到特定文化和經驗的限制。沒有上帝把我們和真理連結，我們能如何到達那裏？我們如何能超越限制，超越我們自己，到達事物的本質？多年來，這些棘手的問題一直沒有解決。

後現代世界觀。「後現代主義」，顧名思義，主要是現代性主義的一個對應。現代主義相信科學帶領我們走上了進步之路，而後現代主義卻質疑，把我們帶到那兒的僅有科學嗎？現代主義愉快地用發明和技術來改善了我們的生活，而後現代主義卻懷疑，我們的生活是否真的因為那些小玩意和玩具而變得更好了。後現代主義目睹了20世紀中現代主義的頂峰一即一些力量的結果，像是民族主義、極權主義、專家政治、消費主義和現代戰爭，而且說，我們看見了效率和進步，但是我們也看見了給我們的生活帶來的非人性化、機械化的影響。這種大破壞是有效的、技術上的和冰冷理性的。一定有個更好的方法來思考世界。

那麼，真理和知識這個古老的問題又怎麼樣呢？一個後現代主義者可能說，「真理是人們所決定的」，或「真理是有效用的」，或「嗨，沒有真理，只有許多『小真理』在那兒附近出沒！」後現代主義者容易拒絕從古代沿襲下來的真理的理念化的觀點，而用動態的、變化的、有時空和視角限制的真理來代替它。後現代主義者並非尋求一個不變的觀念，而是趨向於讚美生活的動態的多樣性。

在他們的《艾力克文摘》中，Hlynka和Yeaman（1992）概括了一些後現代思維的主要特徵：（為簡便起見，僅用文字說明大意）：

1、視角、意義、方法、價值……一切的多元化！

2、尋求和接受雙重意義和多樣解釋，其中包括許多嘲諷和無意識的東西。

3、對宏大敘事的批判或不信任，意味著解釋一切。這包括宏大的科學理論，以及在宗教、民族、文化和職業中有助於解釋事物本質的謎團，

4、承認一由於觀點和認知方式的多元化——真理也是多樣化的。

在一個有趣的段落中，Hlynka和Yeaman（1992）（戲謔地！）說，欲成為後現代主義者，需要做到下列四個步驟：

1、把概念、觀念和對象視為文本。文本的意義對解釋開放。

2、尋求文本中的二元對立。一些常見的二元對立是好／壞，進步／傳統，科學／神話，愛／憎恨，男人／女人和事實／虛構。

3、通過證明對立面不一定真實的辦法來「解構」文本。

4、確認不在場的文本，沒有呈現的和遺漏的東西，無論是不是有意義的，它們都是重要的。

後現代思維產生於人文傳統，即哲學，文學批評和藝術。這有助於解釋一些可能發生在指導設計者（ID）和後現代批評家之間的誤會。如C. P.斯諾在《二元文化》（1969）中所說，科學界的人與人文界的人看事物的方式不同。指導設計的領域，從行為心理學、系統技術和管理理論演化而來，通過「科學的」透鏡看世界，然而，後現代主義者趨向於通過批判的、人文的透鏡來看事物。藝術家或批評家的目標不是預測和控制，而是創造、欣賞和解釋意義。近年來，後現代方法已經擴大到涵蓋科學、女權主義、教育和社會科學領域，但其取向仍然是解釋性的，並非是預測和控制的。

建構主義的後現代主義根基

建構主義是一個在文獻中確實比較常見的術語，對於後現代主義如何不同於建構主義，可能會有一些混淆。「對於這兩個詞語，我自己都承認有點混淆」（Wilson，Osmon-Jouchoux & Teslow, 1995）。我認為，把後現代主義看作是關於世界的底層的哲學，把建構主義看作是認知——表明大腦如何工作和我們如何認知的——的一般理論，這樣有助於澄清問題。許多建構主義者關於認知的信念，其根源可追溯到從理性主義、客觀主義和「現代」社會的技術統治趨向於分離出來的後現代哲學。下表列舉了建構主義及其底層的後現代哲學之間的關係。

哲學基礎：後現代主義	認知建構主義的理論（情境化的認知）
後現代哲學強調的文本建構和多元視角的有效性。 主要的觀點包括： ——知識是由人建構的 ——真理實性是多元視角的 ——真理植根於日常生活和社會生活 ——生活是文本；思維是解釋的行為 ——事實和價值不可分離 ——科學和所有其他人類活動是「價值負載」的	——頭腦是真實的，大腦活動值得研究 ——知識是動態的 ——意義是建構的 ——學習是行為的自然結果 ——對於專家行為和成為專家而言，反思是關鍵的 ——教學是意義的協商建構 ——思維和感覺是不可分離的 ——問題解決是情境的中心 ——感覺和理解也是情境的中心

事實上，不是所有的建構主義在取向上都是後現代主義的。在心理學領域中，建構主義最初只是反映人的思維，如皮亞傑和維果茨基，他們基本上都是現代主義的取向。斯皮羅（Spiro）、喬納森（Jonassen）、貝魯特（Bereiter）、瑞斯尼克（Resnick）和勒斯哥（Lesgold）等的現代教學模式體現出不同程度的後現代主義的影響（一些可能是後現代的，但他們還沒有意識到！）。對科學、方法和技術保持非常傳統的、現代的觀點，對認知可能持有建構主義的觀點。

也應該注意到，後現代思維可能導致積極的或消極的生活態度。從負面來看，一些後現代主義理論可能導致絕望、犬儒主義、道德忽視、懦弱和一種自我中心。同時，「其他的理論家正在使用後現代思想，形成非常積極的、滿懷希望的生活方式」（Spretnak, 1991；Tarnas, 1991）。這篇論文中我的後現代主義傾向是明顯的，因為我相信它對教學設計肯定有影響。

後現代教學設計指導

本著隱蔽地改變傳統詞語的意義的精神，我在下列清單中，提供了加入後現代思想的教學設計提示。該清單可以提供一個更清楚的概念，表明後現代概念如何能浸潤和改變設計者的觀念。

一般的方法

準備創新。理論和模式是用以服務於人類的需要的。對這些模式的明智使用，意味著清楚何時和何地使用它們，以及何處改變規則或甚至將它們統統忘掉。原則置於過程之上，人置於原則之上。熟練的設計者會找到辦法，遵循隱藏在過程之中的原則。教學設計的過程模式被看作是靈活的和可變的，甚至主要原則也是根據人的真正需要來不斷受到檢測的。

在設計和開發中包括所有感興趣的人。應該整合所有參與方的設計技術，設計活動也應該從「實驗室」走出來。終端用戶（老師和學生）應該被視為設計小組的一部分。確保所有感興趣的人都有發言的機會，這樣可以對項目的最終結果有所助益。

不要相信你自己的隱喻。要意識到標籤和隱喻對我們思維所產生的普遍影響，例如，教學「傳遞」，記憶「儲藏」，學習「前提」，「系統」設計，策略「選擇」，教學「回饋」和學習「環境」。當這類隱喻對我們的思維有必要時，它們每個都可能讓我們盲目起來，從而喪失看問題的多樣方式。

對需要的評估

除了差距定向的策略外，利用一致性需要的評估策略。用評估的差距模式來反對描述「理想」情形，將它與現在狀態比較，在差距中保留需要。需要評估的差距模式所表明的技術處理，可能適合於某種工作環境。然而，不是所有的教學都被設計來改善特定工作環境中的行為。學校可以開發出基於不同對象中的一致性的課程；「理想」情境可能是一個政治妥協。

進行「環境影響」的分析。差距分析總是需要以「環境影響」的考慮來補充。解決了目標需要後，還可能想到什麼出乎意料之外的結果？

不要用容易測量和操縱的內容。許多重要的學習結果是不能夠被容易地測量出來的。將價值降到某個數字是可能的，也是不太可能的。後現代設計者對那些微妙的然而價值卻是很高的結果和影響是敏感的。

問：誰決定需要有哪些方面？有其他方面要考慮嗎？誰或誰的需要被疏忽了？這些問題產生於人類活動是基於思想的這一個後現代觀念。我們的行動在政治上和社會上可能產生的後果需要在我們作出決定時考慮。

目標／工作分析

允許教學和學習目標在教學過程中出現。內容不能夠完全被確定，所以除了實際學習的文本之外，學習目標是不能完全預設的。

不要為技術訓練而犧牲教育目標。應該承認教育和訓練目標會出現在每個環境中。學校既要訓練還要教育，工人也必須受教育——並不僅在技術上——以在工作更有效地工作。教育目標加強了概念理解和在某個領域中問題解決的技術，所以後現代設計者尤其看重這些教育目標的需要。

使用啟發式來指導設計。對所預料的學習結果的操作描述沒有特別的價值；事實上，這些可能會限制學習者的目標和成就。把目標陳述推進到行為設定，可能會浪費掉我們的工作——或更壞的是，導致錯誤方向的努力。教學「內容」可以通過檢查目標陳述、學習活動和評估方法推理出來。目標應該足夠明晰，以作為對評估標準的設計和教學策略的依據。

不要指望在目標或任務分析中「確定」內容。在一個從業者的頭腦中，紙上的內容不是鑒定（即使你相信鑒定在某人的頭腦中有）。最好的分析總是達不到這個標準。唯一的補救就是設計豐富的學習經驗和互動，學習者可以自行找回差距分析中丟失的內容。

考慮鑒定的多樣性。通常認為鑒定有兩個水準：專家或精通的表現和新手或起始表現。當然，一個二級水準的模式對一段時間內學生的成長來說是不夠的。「可能需要一系列的高品質的鑒定模式，以規範學生在學習關鍵任務時的進展」（Dreyfus & Dreyfus, Drefus；White & Frederiksen, 1986）。後現代理論家會提出一個更為激進的想法：鑒定不根據階段的線性進展，而是根據不同的人而採用不同的形式。教學需要回答學習者「在」哪兒，且要支持他們的成長，而不要管他們的鑒定的水準。

優先考慮情境化的問題解決和建構意義的學習目標。應該強調解決問題，而不是規則的遵循（問題解決包括了規則的遵循，但不僅局限於此）。規則隨情境而改變。但是問題解決不是全部，「認知—感覺」也是中心。讓學習者從材料中練習「看一做」感覺，並展示他們的理解情況，而不是簡單地回憶和記憶任務（Prawat, 1993）。

以多種方式定義內容。除了規則、原則和過程外，使用案例、故事和模式。根據一些理論家的觀點，人類記憶很大程度上是基於故事或敘述的（Schank, 1991）。其他的理論家，如情境認知領域（Brown，Collins & Duguid, 1989；Clancey, 1992, 1993）和連結主義（Marshall,1991）的，強調模式開發和真實案例中的學習。豐富的案例、故事和表現模式，可能成為發現和表現內容的可能的隱喻。這些呈現方式的多樣化，可以在教學中找到，它們為學生提供著更豐富的，更有意義的經驗。

理解所有的價值負載性。為學習定義內容和目標是一個政治的和觀念的事情。評價一種視角意味其他視角將會被貶損。一種方式就是褒揚一個，疏忽另一個。一人是贏家，而其他所有人就是輸家。應該對你的決定中的價值含義要敏感一點。

問：誰制定了關於一個合理的學習目標由什麼組成的規則？什麼學習目標沒有分析到？專案服務於誰的興趣？二十五年前，設計者在學習目標中把「理解」作為動詞使用，會被嘲笑得達到逃出辦公室的程度。「理解」是模糊的；它是被禁止使用的。還有其他的學習結果的表達方式仍然是禁忌語嗎？還有人類表現的其他方面仍然在教學設計中貶損的嗎？文化的？精神的？一個優秀的後現代教學設計會追求這些問題的答案，不會害怕重新檢查當前的實踐活動。

教學策略開發

區分教學目標和學習目標；支援學生追求他們自己的目標。Ng和Bereiter（1991）發現學生有三種類型的目標：（1）學生的「工作一完成」目標；（2）系統設定教學目標；（3）學生自己設定的個人知識建構目標。三者並非總難以區分的。一位被「工作一完成」目標所驅動的學生甚至沒有考慮學習，然而學校裏許多學生的行為僅僅是被表現需要所驅使。後現代教學會鼓勵追求個人的知識建構目標，同時對教學目標仍有效用。如馬克・吐溫所說：「我從不讓學校教育幹擾我的教育」。

接受內容和方法的相互依賴性。傳統的設計理論將內容及教授內容的方法視為互為獨立的因素。後現代主義的教學設計認為，你不能完全地將二者分開。當你使用「蘇格拉底法」的時候，你的教學便與使用表單和測驗有所不同了。由某個規則而來的教學觀念與由豐富案例和班級討論而來的教學觀念是不同的。正如Mcluhan澄清了「媒體」和「資訊」之間的混淆，設計者必須明白學習目標是如何不能由可變的教學策略來統一實現的。

容許「教學時機」。當學生在指導之下準備好了學習新知識時，新的情境就產生了。優秀教師會創造產生這種時機的條件，然後抓住時機進行教學。這種靈活性需要某種水準的自發性和隨機應變，而這在教學設計界中尚未論及過。

對教育和教學的新思考保持開放。在運用一個特定的模式或更進步的模式，如認知學徒、最小化訓練、有意義的學習環境，或進行基礎性案例的教學或故事教學的時候，後現代設計者將會覺得不適應。設計者應該不斷研究教學模式，嘗試新東西，修改教學模式以適合新的情況。

思考對設計學習環境和經驗的設計而不是「選擇」教學策略。隱喻是很重要的[17]。設計者「選擇」一個策略或「安排」一種學習經驗嗎？後現代設計者

---

[17] 隨著後現代主義的到來，複雜科學也開始悄然興起。複雜科學認為，世界是複雜的。這種複雜性，讓我們在描述世界時會遇到某些困難，因而往往會採用隱喻的方式。比如，當我們要描述「自組織」的概念時，可以用游泳池裏的游泳者為隱喻。

會通常以交談式、經驗式的方式來思考教學，而不是將教學作為一個產品或一種展示作品。

把教學看作是師生用來教學的工具；使這些工具對用戶友好點。這個意識框架事實上是對「防教師」[18]的教學材料的反動，而「防教師」的教學材料體現出了設計者對材料使用的預計。教師和學生被鼓勵創造性地和明智地使用教學工具和資源。在一些方面，設計者正放棄對產品的使用控制，使參與者更有意義地參與到經驗的總體設計中。

鼓勵學習者履行職責，考慮能提供多樣觀點的策略。抵制對每樣東西進行「預包裝」的誘惑。讓學習者生成他們自己的問題和目標，然後尋求資料和經驗來解決那些問題。當然，這樣會帶來給予學習者的指導不夠充分，或會有暴露太多混亂的危險性。當然，也有可能使複雜性簡單化或減少的時候；設計者需要運用最佳的判斷，在複雜之中找到支援的方法。

理解教學策略的價值負載性。開一次教學董事會，就足以讓人任何人相信這點。教學策略來自於我們的哲學和價值系統。不僅是內容，策略也可以成為某種思想或學習動機的威脅。優秀設計者對設計和情境之間的「適宜」是非常敏感的。

媒體選擇

在媒體使用的決定中考慮媒體的特點。不同的媒體給聽眾發出不同的「資訊」，這是獨立於教學內容之外的。正如對於孩子來說，一個電視節目意味著與工作表單不同的東西。在不同的媒體選擇中，找出任何「隱性課程」的元素。避免消極的老套和文化的偏見。媒體選擇和教學總目標之間相適應的問題應該得到考慮。

考慮聽眾的媒體素養。設計者應該對聽眾的媒體熟悉程度是敏感的，對幽默、媒體使用慣例和產品價值要特別注意。

若干游泳者同時下水後，我們發現混亂的現象，人人都在「搶道」。然而，馬上我們又會開始發現某種秩序。因為，一個人若發現別人擋道，便會游向另外一個方向，這樣便會自發出現某種秩序。

[18] 「防教師」的教學材料只准教師嚴格按照教材進行教學（即「教教材」），不允許教師創造課程（即「用教材教」）。「防教師」是現代主義語境下產生的，它旨在要求教師對課堂進行嚴格的控制，以追求效率最大化。譯者注。

學生評價

將評價盡可能地整合到學習經驗中去。有經驗的教師會始終對學生進行非正式的評估。「也需要技術來把連續的、動態的評價整合到學習材料中」（Lajoie & Lesgold, 1992）。評價應該「無縫」地整合到有意義的學習經驗中去，而不是在學習結束時才來進行。

評價和討論基於真實情境中的作品和表現，包括檔案袋、專案、作文和各類表現。「作品和表現評論可以作為對知識的獲得和理解的補充」（Cates, 1992）。在評價過程中要包容不同觀點。

在教學和學習環境裏使用非正式的評價。非正式評價主要指教師對學生的眼睛、身體語言、面部表情和作業表現的觀察。這些觀察可以作為對正式評價的補充，作為對教學進行調整的基礎。

結論

如果我的目的已經達到，你應該已經理解了後現代主義思想，以及它們如何與教學實踐相關。我們提高專業化程度的時候，同樣的舊詞語開始呈現不同的意義。同時，我希望你在對待這些觀點時要謹慎和持批判態度。應該避免任何的「樂隊彩車」[19]現象。在實踐中檢驗你從此節中得到的觀點。所有理論和觀點都應該服務於真實世界的實踐和實用性。記住後現代主義的一句口號：「質疑權威（在他們質問你之前！）」

（原著：Brent.G..Wilson　翻譯：鄭偉）

（原文地址：http://carbon.cudenver.edu/~bwilson/postmodern.html）

原文參考文獻：（略）

---

[19] 熱鬧一陣就算了，比喻場面大，而實效小。類似於中國諺語：雷聲大，雨點小。譯者注。

第四章　課堂與生態

第一節　「水」課堂：教學的最高境界

導讀：

我曾研究過教材、教師和學生「課堂三元素」之間的關係，卻苦於沒有紮實的教學功底，最終只得忍痛放棄。我後來才知道，有三個元素的課堂已具有複雜性，不能簡單地用建模的方式，而必須用複雜科學來描述。

在我看來，「水」課堂才是課堂教學的最高境界。對於「水課堂」，我相信很多教師都能體會到，或者是有相同感受——事實上，凡是其生命還沒有被完全扼殺，基本功比較好的教師都會有類似的感受——儘管他們難以從理論上論述清楚這種課堂的合理性。

從系統科學和複雜科學的角度，本節試圖為「水課堂」奠定堅實的理論基礎。

一位非常優秀的教師，他的專業基本功必然紮實，知識視野也廣闊。在課堂上，他會與學生打「太極推手」——學生「推」來問題，他將其「推」給學生，學生反過來「推」向他，如此迴圈，構成了「教學推手」。這種教學可謂「風生水起」或「行雲流水」，算是課堂教學的最高境界。

眾所周知，太極拳的理論基礎是《易經》。但是，我認為太極拳也從道家思想那兒汲取了豐富的思想資源。比如，太極拳講究「以柔克剛」或「四兩撥千斤」，讓人想到「水利萬物而不爭」和「攻堅強者莫之能勝」。太極拳動作看起來行雲流水，連綿不斷，呈現出水的特徵。太極拳主張一切從客觀出發，「隨人則活，由己則滯」。太極拳中有「聽勁」之說，即準確判斷對方來勢，據此作出相應的反應。想像一下，這是不是課堂的最高境界呢？

「水」課堂只是率性而為的結果嗎？其背後有沒有科學依據呢？其實，「水」課堂有著複雜而深刻的科學依據。下面，我們就來討論這種「水」課堂的合理性，探索其背後的思想基礎吧。

20世紀70年代，課程領域的「概念重建運動」開始，課程由「開發範式」開始進入「理解範式」。在課程被置入更為廣泛的政治、經濟、文化的背景之下，課程作為文本被各種話語體系解讀。作為一種思潮和話語體系，後現代主義彙集了後現代主義、解構主義和後結構主義等哲學流派。根據後現代課程觀，課堂不再是一個封閉的死系統，而是一個開放進化的生命系統，具有複雜性、不確定性、轉換性等特點。

眾所周知，課堂教學主要包括三個要素：教師、學生和教材。傳統課堂是以行為主義心理學為基礎，強調「刺激－反應」，必然走向教師「一言堂」或「滿堂灌」的教學模式。這種課堂忽略學生作為主體的存在，不允許學生解讀文本，阻斷了師生之間的互動。學生這個元素「死」去後，課堂上便只剩下兩個元素：教師和教材——教師將教材原封不動地「搬運」給學生，或是「儲存」在學生大腦裏。同時，教參禁止教師作為主體來解讀和闡釋文本，牢牢地束縛著教師。從這個意義上講，教師與教材之間也沒有互動關係。

具有兩個元素的系統，只是一個平衡系統。三個以上的元素進行互動的系統，才可能成為開放和進化的系統，即所謂的「週期三產生混沌」。「在數學上，兩個要素的作用是一種線性作用。線性作用在原則上是無法產生放大、漲落和湧現現象的。……換句話說，『二』不能生萬物。……在這裏，『三』聯繫宇宙之初和萬物之始的演化含義頓時躍然紙上。」[1]這是什麼原因呢？

老子說：「道生一，一生二，二生三，三生萬物」。為何「三」能生萬物，而「二」卻不能？原來，複雜系統的複雜性是從「三」開始。漢語中很多字都包含「三」的複雜性：三人為眾，三木為森，三日為晶等等，這些包含「三」的字，比「一」要複雜。三個臭皮匠組織起來，其智力比一個要複雜得多，可以跟諸葛亮媲美；陽光從三面照射到晶體上，晶體看起來才會晶瑩剔透。

牛頓定律很好解決了兩體之間的引力問題，卻沒有涉及三體之間的引力問題。19世紀，法國數學家彭加勒發現，在三體問題中，方程的解的狀況非常複雜，以至於在給定的初始條件下，沒有辦法預測時間趨於無限時物體的運行軌道。彭加勒的這一理論，被普遍視為混沌理論的起源。可見，「三」是混沌現象的根源，它決定了宇宙的複雜性和萬物的生長演化。

---

[1] 吳彤、黃欣榮《複雜性：從「三」說起》，《系統辯證學學報》，2005年第1期，頁7-8

什麼是系統的複雜性？在《複雜性科學探索》中，成思危對系統的複雜性作過很好的描述。他認為，系統的複雜性主要表現為：系統各單元聯繫廣泛而且密切，構成網路；系統具有多層次、多功能的結構；系統在發展過程中能夠不斷學習並對其層次結構和功能進行重組及完善；系統是開放的，與環境聯繫緊密，並能向更好適應環境方向發展；系統是動態的，處於不斷發展變化之中。一個複雜性系統，應該包含三個以上的元素。傳統課堂喪失學生要素後，便沒有了系統的複雜性，只能是一種簡單機械的系統。

相比之下，後現代課堂是一個複雜性系統。在這裏，不僅教師和學生互動，教師也能與教材互動，即教師享有解讀教材的空間，是「用教材教」，而不是傳統課堂的「教教材」。

教學三個要素之間的互動，使課堂教學具有了生命系統的特點。生命的生長需要不斷地進行新陳代謝，穩定地從外界獲取物質和能量並將體內產生的廢物和多餘的熱量排放到外界，還必須能根據外界刺激來進行自組織，實現自我調整和演化。「生命極為脆弱：自出生之日起，開放的存在或生命就與死亡近在咫尺，只能靠不間斷地積極主動的經常性重組和外界補給的支持來避免或逃脫死亡。它是一個不確實的過渡性存在，時刻需要重塑自己，一旦它不能再重組和被重組，一旦失去了外界的給養和維護，它就支援不住了……。它的生命只能在平衡與不平衡之間搖擺，二者都在對它進行瓦解工作。」[2]

根據外界的刺激，生命系統會自動做出反應。這種反應，是一種回饋。眾所周知，回饋有兩類：正回饋和負反饋。鄧尼斯・米都斯指出：「正反饋回路產生失去控制的增長，而負反饋回路則有助於調節增長，並使這一系統保持在某種穩定狀態之中。……在負反饋回路中，一個因素的變化是環繞著這個圓圈傳播的，直到這個因素回到與最初的變化相反的方向為止。」[3]正回饋會產生失控。在我們的生活中，最為典型的現象就是麥克風離喇叭太近而產生嘯叫——喇叭裏的聲音進入麥克風，被放大後進入喇叭，從喇叭又進入麥克風，如此迴圈，最終我們就會聽見喇叭的嘯叫。此時，我們一般會將麥克風遠離喇叭，或不正對著喇叭。所以，正回饋不利於系統的發展，而負反饋卻像一個恒溫器，有穩定系統的作用。簡單地說，系統的生長需要的是負反饋，而不是正回饋。

在系統論中，有個「漲落」的概念。從自然界到人類社會，所有看起來恒定不變的量實際上都是在隨機變化著，這種變化就叫「漲落」。普利高津有過

---

[2] 愛德格・莫蘭《方法：天然之天性》，頁212-213

[3] 鄧尼斯・米都斯等著《增長的極限——羅馬俱樂部關於人類困境的報告》，頁6-10

「長距關聯」的概念，意指漲落的放大。系統中的漲落經逐級放大，能夠成為改變系統的決定性力量，這便是洛倫茲提出過著名的「蝴蝶效應」。南美的蝴蝶的翅膀扇動，經各種條件的放大，完全可能成為美國佛羅裏達的風暴。負反饋的作用在於控制漲落，使系統的變化維持在一定水準上，不致於被無限放大後而造成無法控制的局面。

漲落是對系統的穩定的平均狀態的偏離，可以在破壞系統的穩定性後，使系統獲得新的穩定性。可見，漲落是系統發展的有利因素，它使系統得以從無序發展到有序，從低級有序向高級有序進化。按照協同學的觀點，系統要發展，必須有隨機的漲落。

在心電圖中，心臟的上下跳動顯得雜亂無章，呈現出一種非線性特徵。然而，這正好表明了人還活著。與此形成對照的是，一條直線的心電圖表明人已經死了。如圖一所示。可見，「活課堂」必然要有振盪和起伏，「死課堂」就是學生失去了發言權，只能任由教師強行灌輸。

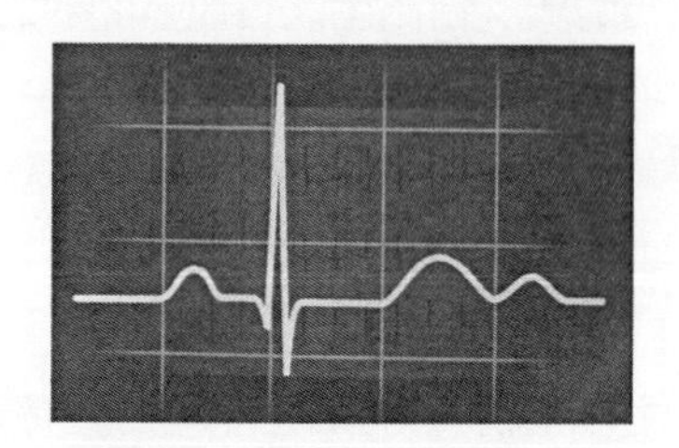

（圖一　活人的心電圖）

通過不斷地與外界交換物質和能量，一個遠離平衡態的開放系統可能通過「漲落」發生突變，由原來的混沌無序狀態轉變為有序狀態。課堂上有無漲落，是區分現代課堂和後現代課堂的典型標誌。如圖二所示：

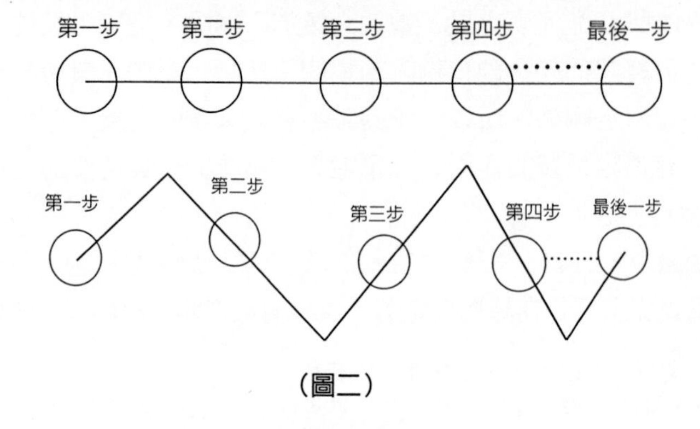

（圖二）

圖一中的課堂完全是預設性的，是現代主義的課堂。在這裏沒有師生的互動，教師沿著預設好的教學目標，從第一步一直「滿堂灌」到最後一步，整個課堂會成為具有線性特徵的「死課堂」。圖二中，由於有大量的師生互動，學生通過「幹擾」造成「漲落」，迫使教師不斷調整教學目標，處理「漲落」後才回到自己的教學目標上來。這種課堂是非線性的，學生的「幹擾」是「活」課堂進化的條件。

為了便於理解，我從拙著中擷取一段略加說明。

……

教師：3×2=？

學生：不知道。

教師（心裏想）：不懂？這可怎麼辦？

此處，便是一個非線性的無序混沌狀態。如果教師不知所措傻了眼，整個課堂系統便會到此停頓，出現無序的不平衡狀態。在這個轉捩點上，有智慧的教師會靈機一動，繼續推動系統的生長。

教師：1×3＝？

學生：3

教師：2×3＝？

學生：6

教師：3×2＝？

學生：6

教師：這就對了。

這樣，經過無序的不平衡後，通過自組織的漲落，課堂系統又恢復到有序的平衡態，得以繼續發展下去。

課堂中，還可能出現下面這類情況：

教師：咱們用圓周率來解這道題吧。

學生（好奇）：老師，圓周率是誰最先發明的？

教師：祖沖之。

學生：祖沖之是誰啊？你能講講嗎？

教師（心裏想）：這不是今天的內容啊！

在這個案例中，祖沖之不是教學內容。然而，在這個無序的轉捩點上，教師完全可以動態地生成教學內容，給學生講講祖沖之的好學精神，鼓勵學生將來為科學做出貢獻。若能這樣，教學的「情感、價值和態度」的維度不僅得以實現，而且非常好地體現了後現代課堂的生成性。

與傳統課堂強調「預設性」相反，複雜的和非線性的後現代課堂有著無數的轉捩點。這些轉捩點，使後現代課堂有了動態性和生成性的特點。這種生成性自身就是教學目的，正如杜威所說：「在過程之外沒有目的，過程就是目的。」杜威還將課堂中的轉捩點稱為「圖景中的目的」，用以指教學圖景是不斷生成目的。[4]

「自組織的非平衡系統可以是不穩定的，但通過進化卻可生存下去。只要子系統間的種種過程充分快，足以抑制較小的和中等的漲落，並將系統維持在過穩態上，那就足夠了。……沒有一個複雜系統真正地處於穩定狀態之下：只要它維持著其結構，它就總是穩定的。這種方式的存在，使得複雜性的大大增加成為可能。隨著結構的永久穩定性的消失，進化變得開放，變得沒有限制，從而看不見終極，沒有永恆性，也沒有盡頭。」[5]

在一個自組織課堂中，時刻都充滿著不確定性。這些不確定性，在系統論中就表現為「漲落」或「突變」。教師的作用遠不是機械地傳遞知識，而是審時度勢地選擇生成點，使課堂得以不斷地進化。「沒有限制，看不見終極，沒有永恆性，也沒有盡頭」。這是怎樣的教學啊？課堂上沒有了「一言堂」的教授，教師的教案也被廢棄，一切都取決於教師的智慧和學識了。

系統論的另一個原理，是「總體大於個體之和」。一個自組織的開放系統，還有「湧現」特性。所謂「湧現」，是指系統內部各要素的相互作用，賦予了系統以新的特徵。傳統課堂中，各要素不能互動，系統只是各要素的簡單相加。在後現代課堂中，各要素的互動使課堂系統不斷產生新問題，從而出現「湧現」。後現代課堂強調的生成性，便是課堂作為生態系統的一種「湧現」特性。

這裏有必要說一句，傳統課堂和後現代課堂的政治蘊義是不同的。在傳統課堂上，教師完全享有「話語霸權」，成為了獨裁者。學生只能接受，不能反詰或質疑，從而失去了主體性。這種傳統課堂，在政治上是一種極權主義。在

---

4 鄭偉《教育苦思》，遠方出版社，2006，頁46

5 埃裏克・詹奇《自組織的宇宙觀》，頁287-288

後現代課堂中，學生的主休被重新確立起來，有資格與教師與教材互動，課堂上也體現出民主趨向。系統論的創始人貝塔朗菲深諳這點。論及組織理論時，他曾說道：「我認為組織理論所給出的最高格言只能是：不要給任何派別的獨裁者以指南，使他們能科學地利用『鐵的紀律』去更有效地征服人類，而要警告他們，極權主義的組織怪獸要是吞沒了個體就必定自判死刑。」[6]在一個封閉系統裏，必然會出現獨裁和奴役。只有在開放狀態下，系統才得以發展，生命才能獲得解放。在我看來，教育與課堂本來就蘊含著政治意義——或者說，本來就是一個政治文本。

可以發現，後現代主義視野下的系統具有一定的結構主義特徵，卻是一種流變的結構主義。整個系統富有彈性和靈活性，能根據環境進行自組織和演化。這種特徵，讓人聯想到水，因為水的本質特徵是流動性。無論是遇到高山峽穀，都不能改變水終歸大海的命運。水可能改變形態，卻只是臨時性的。它服務於整個過程，不會影響水的最終歸宿。這就是說，水有很強的適應性和流動性。在「水」課堂上，儘管課程的內容可能是無限的，課程形成也可能是多樣化的，然而課程的方向卻始終不會變。也就是說，「水」課堂也有很強的適應性和流動性。

老子說：「上善若水，水善利萬物而不爭。」蘇軾在《畫水記》也說：「畫奔湍巨浪，與山石曲折，隨物賦形，盡水之變，號稱神逸。」如此看來，課堂教學形態的最高境界便是水的形態。

「水流碰到障礙會產生旋渦，也就是一種穩定的被組織的形式，它本身會不斷地自我建構。」[7]河道中湍流是無組織的秩序，看似一片混亂。然而，當湍流遇到障礙（如橋拱）時，就會產生一種有組織的秩序——旋渦。複雜性系統的一個重要特徵是「兩重性原則」，即有序性和無序性共同產生了複雜系統。作為一種複雜系統，「水」課堂是「湍流」和「旋渦」的統一，也是有序性與無序性的統一。

最後還有一點要說明。在新課程改革的背景下，課堂的開放性和生成性將對教師的專業化發展提出更高的要求。幾天前，教育部專家、湖北省教科所研究員史紹典先生主持了本市語文年會。在會上，史先生說：「範美忠就是最優秀的語文教師嘛。」這句話沒有言過其實。範從不寫備課本（他在用一生備課），課堂上使用蘇格拉底的「助產術」，充分體現出了後現代課堂的特點。

---

[6] 貝塔朗菲《一般系統論》，頁49

[7] 愛德格・莫蘭《複雜性思想導論》，華東師範大學出版社，2008，頁62

朝菌不知晦朔，蟪蛄不知春秋。你若追求教學的最高境界，那就不妨從現在開始讀書。假如傳統課堂是一種奴役，後現代課堂則是一種解放。在解放的課堂裏，你會擁有一片自由的天空。你若是一隻鯤鵬，那就去「水擊三千里，摶扶搖而上者九萬裏」吧。

第二節　突變：課堂的精彩

導讀：

應該說，前面的內容跟下面的內容保持著高度一致。二者都反對傳統的「死課堂」，強調在課堂這個生態系統裏，混沌有著特殊的價值和意義。相比之下，這裏更強調成功課堂需要「高潮」，而這只能通過突變的產生來實現。或者說，這裏探討的課堂，不是「死水微瀾」的課堂，而是有波濤洶湧（高潮）的課堂。

現在，你對課堂生態已有了一個思想基礎或初步認識。然而，為了有利於理解下面的內容，你還需要瞭解更多的知識背景。

達爾文結束「貝格爾」號之旅後，便開始整理收集的資料並寫作航海經歷。此時，達爾文已經開始思考物種演化，尋找「必定改變生物種類來適應不斷變化的世界的某種自然法則或力量」。1838年秋，他讀到了馬爾薩斯的《人口論》，從中得到了啟發。那麼，馬爾薩斯的《人口論》講了些什麼？給了達爾文什麼啟發呢？

在《人口論》中，馬爾薩斯認為，人口增殖力比土地生產人類生活資料力更為強大，人口以1、2、4、8、16、32、……的幾何級數率增長，而生活資料則以1、2、3、4、5、6……的算術級數率增長。如果生活資料的生產趕不上人口的增長，馬氏斷言人類便將會遭遇前所未有的麻煩。

目前，人類人口急劇增加，而人類還沒有掉進馬氏的「陷阱」。不過，這不是本節討論的重點所在。我想說的是，馬氏的理論暗含了一種「突變論」思想。眾所周知，在生物的進化過程中，會發生突變現象。達氏的進化論，應該接受和包含了「突變論」思想。否則，達氏能從《人口論》中得到什麼啟發呢？

在這裏，我簡要說明一下突變論的思想。

1969年，法國數學家雷內・托姆提出了突變論，並因此獲得了數學界的最高獎——菲爾茲獎。從I.牛頓和G.W.萊布尼茲時代以來得到很大發展的微積分學，一般只考慮光滑的連續變化的過程，而突變論則專門研究跳躍式轉變、不連續過程和突發的質變。

在自然界和人類社會活動中，除了漸變的和連續光滑的變化現象外，還存在著大量的突然變化和躍遷現象，如地震、細胞的分裂、生物的變異、人的休克、情緒的波動、經濟危機等等。簡單地說，突變論的研究內容就是數學方程描述從一種穩定組態躍遷到另一種穩定組態的現象和規律。

當系統處於穩定態時，標誌該系統狀態的某個函數就取唯一的值。當參數在某個範圍內變化，該函數值有不止一個極值時，系統必然處於不穩定狀態。雷內・托姆指出：系統從一種穩定狀態進入不穩定狀態，隨參數的再變化，又使不穩定狀態進入另一種穩定狀態，那麼，系統狀態就在這一剎那間發生了突變。

關於突變現象，我們可以列舉很多事例。

以人口爆炸為例。從1830年到1930年的100年間，世界總人口只增長10億，1930年到1960年的30年間，世界總人口增長10億，1960年到1976年的16年間，增長10億，1976年到1987年的11年間，增長10億，1987年到1998年間，增長9億多。另一組資料顯示：世界人口70年增加了2倍：1930年全球人口大約為20億，1960年上升到30億，1974年達到40億，1987年突破50億，1999年達到60億。今年5月，聯合國發佈《世界人口展望2010修訂版》，稱全世界人口將在2050年前超過90億，並將於本世紀末超過100億大關。所有這些資料顯示，世界人口的呈現出越來越快的趨勢。

再以知識爆炸為例。在《科學學教程》一書中，田夫等人曾說：「從本世紀開始，科學知識在短時間內發生了急劇的增長。國際上把這種情況形象地稱之為知識爆炸。……當今世界平均每天發表1萬餘篇論文，平均35秒有一篇問世。各種書籍每年增加25萬種。……1976年的大學畢業生到1980年已有50%的知識陳舊了。」美國學者普萊斯（Price）進一步研究了科學文獻的增長趨勢，並根據自己對大約30種科學文獻的統計分析結果，得出結論：「看起來沒有理由懷疑日益增長的科學文獻是按指數增長的，大約10到15年增長一倍。」我相信，一個世紀以來人類的知識，超過了人類幾千年來積累的知識總和。

科學家們還作過一個非常有趣的統計：過去300年間人們對宇宙年齡的估計是按指數增長的！19世紀，人們用收縮理論推算宇宙年齡；20世紀初，人們根據放射性資料推算宇宙年齡；20世紀中葉，人們開始根據球狀星團裏恒星演化來估算宇宙年齡。3個世紀以來，宇宙年齡的估計值是按照每個世紀1.9倍對數增長率而作均勻的指數增長。也就是說，每16年增加一倍，而這正是突變產生的結果。

可見，進化的真正原因是數量的指數增長。當指數增長達到一定程度時，就會出現突變現象。從這點來看，人口增長和知識爆炸都是突變現象。然而，指數增長的原因是自複製，而自複製是一種正回饋。在這裏，我們要區分一下系統論中的兩種回饋。

所謂負反饋，是指回饋資訊與控制資訊的作用方向相反，因而可以糾正控制資訊的效應。負反饋調節的主要意義在於維持機體內環境的穩態，在負反饋情況時，回饋控制系統平時處於穩定狀態。所謂正回饋，是指回饋資訊不是制約控制部分的活動，而是促進與加強控制部分的活動。

前文說過，生活中最為典型的正回饋現象就是麥克風離喇叭太近而產生嘯叫——喇叭裏的聲音進入麥克風，被放大後進入喇叭，從喇叭又進入麥克風，如此迴圈，最終我們就會聽見喇叭的嘯叫。此時，我們一般會將麥克風遠離喇叭，或不正對著喇叭。簡單地說，正回饋便是產生嘯叫的原因。

所謂混沌現象，是指不規則運動的行為表現為不可重複、不可預測。進一步的研究表明，混沌是非線性動力系統的固有特性，是非線性系統普遍存在的現象。牛頓確定性理論能夠充美處理的多為線性系統，而線性系統大多是由非線性系統簡化來的。

1972年，美國麻省理工學院教授、混沌學開創人之一E.N.洛倫茲提出一個貌似荒謬的論斷：在巴西一隻蝴蝶翅膀的拍打能在美國德克薩斯州產生一個陸龍卷，並由此提出了天氣的不可準確預報性。這就是著名的「蝴蝶效應」的由來。

然而，蝴蝶導致的混沌只能改變龍捲風的參數性質，尚不能引發一場龍捲風。要想引發一場龍捲風，必須要依靠正回饋。作為一種自複製，正回饋可以讓龍捲風的能量呈現指數增加，從而產生真正的龍捲風。所以，混沌可以維持系統的生存，但要產生突變，則必須要有正回饋。

作為一種生態系統，課堂需要一定的混沌，以維持系統的穩定和平衡。「水課堂」看似「行雲流水」，但教師只是運用了負反饋來進行調控。這種課堂顯得四平八穩，但是缺少了畫龍點睛之筆。以前在寫作《水課堂》時，我承認，我有點傾心於負反饋。在該文中，我甚至稱「正回饋不利於系統的發展，而負反饋卻像一個恒溫器，有穩定系統的作用。」然而，經過一段時間的思考，我目前開始認同了正回饋。我現在認為，成功的課堂需要一個高潮，或叫

「興奮點」。正回饋帶來的突變，正是課堂的戲劇和藝術效果所在，也是高潮的起因。

在後現代課程觀的視野下，課堂是一種開放的生態系統。這種系統的維持，需要一些混沌。教師恰當地製造和運用一些混沌，可以保持課堂系統的生命力。然而，教師這樣做只是利用了系統的負反饋，忽視了正回饋才是課堂產生突變的真正動因。

為了便於說明，我最好能舉例說明。下麵是幾年前我在課堂上的實例。

教師：你們知道羅素嗎？

學生：知道。

教師：你們知道他什麼？

學生：羅素說：「對愛情的渴望，對知識的追求，對人類苦難不可遏制的同情心，這三種純潔而無比強烈的激情支配著我的一生。」

教師：很好。我也喜歡他的這句名言。好了，羅素還有一故事。他跟愛因斯坦發表過一個《聯合聲明》，反對美蘇的核軍備競賽。核擴散後，世界將面臨一場災難。這就是課本上講的「環境污染」的一個重要方面。下面，同學們知道環境污染還有哪些方面嗎？

在此，教師可以不用深入說下去，把混沌控制在一定水準上。然而，教師也可以適時地繼續深化和拓展。下麵是我的即興處理。

教師：不過在我看來，這三方面是有內在聯繫的，順序不能打亂。愛情是一種非理性的激情。當這種激情用於學問時，羅素會有一種熾熱的求知欲。當你獲得的知識越來越多時，便會有一種人文精神。你的文化關懷會讓你情不自禁地同情人類的苦難。

學生：哦，我們沒有淵博的知識，沒有對人類苦難的同情。那麼，羅素對愛情的渴望是不是超過平常人？

教師：是的。據說，羅素至少有過九個情人。還有人說，是情人培育出了他那些絕妙的哲學思想。

學生：哇，真厲害。

教師：情人屬於精神世界，夫妻屬於世俗世界。情人關係能產生一種激情。藝術作品都是精神產品。因此，對於藝術創作來言，這種激情是有積極意義的。也正因為如此，從邏輯上來講，很多從事藝術創作的人，更可能想擁有情人。

女學生：我也希望有一個情人。

（此時，全班轟堂大笑，課堂像炸開了鍋。高潮時刻。）

教師：情人需要有一個定義。我們此時說的情人，是指婚外情人。你要想有情人，那就等以後先結婚再說吧。當然，東西方的文化背景不一樣。在中國，情人不僅會受到道德的考量，而且也會影響到家庭的穩定。同學們已經成人，希望同學們能理性地認識這種關係。

剛才我們講了羅素的名言，希望同學們能理解名言的內在邏輯，這有助於大家準確無誤地記住這句名言。

好了，關於羅素還有一個故事。他跟愛因斯坦發表過一個《聯合聲明》，反對美蘇的核軍備競賽。核擴散後，世界將面臨一場災難。這就是課本上講的「環境污染」的一個重要方面。下面，同學們知道環境污染還有哪些方面嗎？

至此，我才最終把混沌引回到教學內容。相比之下，這種處理要深入一步。我希望借此跟學生探討一些社會現象，讓他們學會思考和判斷。當然，這樣冒的風險更大一些。教師若沒有足夠的素質，便會出現課堂的崩潰，即在學生的步步追問下，教師可能會不知所措。

總之，我以為，對於課堂上出現的混沌，教師不必將其控制在一個低水準上。混沌出現時，教師不必在第一時間便將混沌化解了。適度讓混沌「存活」一段時間，可能出現無法預料的戲劇效果。這種戲劇效果，會給師生留下深刻的印象，產生良好的教育教學效果。當然，教師需要有很高的綜合素質，才能判斷出哪些混沌有「存活」價值，並讓其進行自複製，最終出現課堂的高潮。經過高潮之後的自組織，課堂又開始新一輪的進化。

第三節　課堂教學：留一半清醒留一半醉

導讀：

在現代主義看來，知識具有客觀性、普遍性和中立性。與這種知識觀相適應的教學，必然會強調課堂的預設性和控制性。

後現代主義知識觀卻認為，知識具有相對性、境域性和價值性。用這種知識觀來指導教學，課堂便必然會呈現出開放性和生成性的特徵。那麼，課堂教學也就應該「留一半醉」。

醉是什麼？醉不是指人處於酩酊大醉不省人事，而是指人憑藉狄奧尼索斯的酒神精神進行創造的狀態，是馬斯洛的「高峰時刻」。作為一種藝術創造，課堂教學也需要這種酒神精神。

首先，讓我們討論一個問題：什麼是知識？

根據《現代漢語詞典》（P1481）的解釋，知識是「人們在改革世界的實踐中所獲得的認識和經驗的總和。」社會學家孔德則把知識分為三類：宗教知識、形而上學知識和實證知識。由於中國傳統文化追求「大一統」的和諧，懼怕由於宗教信仰的差異帶來的爭鬥，所以中國沒有嚴格的宗教。同時，以馬克思主義為繩墨的共產黨也將宗教與迷信等同起來，使宗教在中國長期受到不合理的對待。中國長期以來將哲學視為「無用之學」，所以有了「思想不能當飯吃」的觀念，這無疑也使哲學知識得不到長足發展或受到冷遇。事實上，中國的哲學只是一種倫理學。由於實證知識的「有用性」，中國人追求實用理性，所以長期以來中國人只將實證知識視為正規的知識。除此之外，那些沒有經過實證的知識，包括形而上學知識和宗教知識，均沒有受到重視，這點在教材裏反映得一清二楚。

人類進入現代社會後，文藝復興運動和啟蒙運動解放了人類思想，使工業革命的到來成為必然。在培根「知識就是力量」的現代主義旗幟下，生產力得到了不斷的提高，知識的客觀性、普遍性和中立性的特點開始被確立起來。

所謂知識的客觀性，是指知識是客觀存在的真理，不容個人的理解而變化，不隨時間的變化而變化。在這種知識觀的指導下，教師的責任只是照本宣科，在解釋課程時不能加入自己的理解，不能滲入自己的個體文化。由於忽視真理的相對性，所以教師在教學中若講授與教材不符合的知識，就會被視為是謬誤，教師就被指責為「誤人子弟」。在這種邏輯下，一切教學都成為了機械的操作，以保證與教材最為徹底的吻合。應該說，教師成為了追求教學技術的教書匠，一個非常重要的原因即在於此。

知識的普遍性是指知識具有宏大敘事的特性，它可以「放之四海而皆準」，一切地方性、個人性的知識均被視為謬誤。這種知識觀指導的教學，只教授「世界性」知識，或者說「西方中心主義」宣稱的西方知識。這種知識觀忽視了知識是分層次、分類別、分民族、分地區的，因而是一種殘缺的知識觀。

知識的中立性是指知識是「價值無涉」或「文化無涉」的，它不以任何人的意志為轉移，與任何人的個人因素無關。這種知識觀忘了既然知識屬於人類，那麼知識就必定與人的性別、種族，以及主體的意識形態等等有著密切的聯繫。很明顯，價值無涉的知識觀，是一種遊離於人類社會以外的、存在於真空裏的知識觀。

在後現代主義的語境中，知識觀發生了根本性的變化。「絕對主義」、「客觀主義」的知識觀開始成為歷史，一種新的知識觀——「歷史主義」、「相對主義」的知識觀，開始凸現出來。知識社會學的創始人和主要代表人物之一的德國社會學家曼海姆就認為，沒有任何一件人類文化產品能夠在永恆的範式中加以分析和理解，即所謂真理都具有相對性，它不是上帝創造的知識，不是萬能的，而是受到時間與空間上的局限的。

知識的普遍性也開始隱退，取而代之的是知識的境域性。所謂知識的境域性是指知識都是存在於一定的境域之中的，所以知識的學習不應離開特定的境域，而抽象孤立地學習知識。從另一角度來講，知識的建構與形成，始終是與主觀經驗分不開的。每個主體都有自己的「視界」，各自形成了自己的境域性。

人們還開始認識到，知識並無中立性，它有的僅是價值性，即知識本身體現著一定的價值，因為知識對像是主體認識的，自然反映出主體和社會的價值取向或文化偏好。哲學家羅蒂還認為，不存在一種大寫的、超越所有文化界限的「理性」，換句話說，沒有什麼知識可以超越所有文化界限，而成為一種游離于人類文化之外的知識。

由於受工業主義與效率主義的影響，傳統課程的編制與實施，集中體現出知識的客觀性、普遍性與中立性，其本質上表達了現代主義的思想。自從人類進入後現代社會以來，知識觀的變化促進了教學思想的變化，教材不再被看作是知識的唯一管道，學生是多途徑自主地獲取知識開始受到鼓勵。在相對性的知識觀的指導下，師生的地位開始拉平，教師不再被看作是知識的唯一擁有者，而只是與學生一道發現知識的「促進者」，或叫「平等中的首席」。

前面筆者長篇累牘地講述知識與知識觀的演變，只是想說明一點：知識觀的變化要求我們以新的知識觀指導自己的教學。目前，國內的新課程改革搞得轟轟烈烈，欲與世界範圍內發生的知識觀的變化接軌。儘管如此，各地學校的思想理念卻沒有更新，教學管理辦法仍是老一套，甚至是變本加厲的老一套，比如說，各地學校對教師備課的要求愈來愈高，還聲稱這種管理是「精、細、化」管理。這種做法表面上是冠冕堂皇，其背後的原因除了它是當下官僚體制的延續與體現外，它在本質上卻仍然是效率主義的思想，突出的仍然是控制與效率的課程觀，知識的客觀性、普遍性和中立性仍受到高度提倡。一個簡單明瞭的原因是，一旦教師在備課時預設了教學的每一步，這種教學就忽視了後現代主義視野下的教學生成的即時性和混沌性。這種教學只會塑造庸才，中國缺乏英才這一事實也可部分地歸咎於此。顯然，這種教學下還想妄談什麼創造性，那只是「天方夜譚」罷了。

讓我們作個極端的假設：如果課堂教學沒有預設性，一切都隨機生成，那會是什麼樣的教學呢？也許，我們難以想像這種教學，我們甚至可能會指責這是一團糟的教學，或者是對學生不負責任的教學。可是，事實上真是如此嗎？

著名經濟學家張五常就讀於加州大學時曾旁聽過艾智仁教授的課。據他回憶說，艾智仁在第一節課時就說：「我從來不備課，沒有講義。從早到晚都在想的問題，天天想，想了那麼多年，是不用準備的吧。」儘管這樣，艾智仁卻是張五常最敬佩的老師，他也直接造就了張五常這樣的經濟學大師。

維特根斯坦也是一樣。他上課與做研究沒有兩樣，因為他總是在上課時研究，或者說，創造。他的一位學生這樣回憶他上課的情形：「維特根斯坦講課沒有筆記……他經常完全'憋住了，徒然地要求聽眾幫他擺脫困境。」對於他而言，上課不是當眾背書，而是真正的哲學創造。維氏生前並無多少著述，他死後的著述也都是他的學生把聽課筆記整理而來的。無疑，他的這種教學方式最適合造就出思想大家。

可見，課堂教學若沒預設性，那未必是壞事。既然知識是相對的，是個人的，也有一定的價值承載，那麼何不如讓教師自由地創造知識，自由地與學生一道發現知識呢？何不讓教師帶領學生一道，與自己共同經歷一次思維之旅呢？艾智仁和維特根斯坦不就是這樣做的嗎？我想，即使是教師上課「卡殼」，或是維特根斯坦那樣「愍住」，這其實也並無大礙，因為課堂教學具有非線性的特點，其生成的契機恰好就在於此。況且，這也說明，在知識面前師生都是平等的，一種民主的教育觀在這裏也不言自明。

所以，筆者在此甘願「冒天下之大不韙」，鬥膽提出一個觀點：教師不必有備課本。沒有備課本，並不是指不備課，而只是說在備課時不必太清晰，做到「留一半清醒留一半醉」即可。教師可以憑著自己的智慧，在課堂上即時生成教學。當然，教師也需要不斷提高自己的專業水準和綜合素養，不斷增加自己的教育智慧——教師若沒有智慧，那還站在講臺上做什麼呢？

第四節　為什麼好課不能複製？

導讀：

好課是不能複製的，因為好課必須具有開放性和生成性，充滿著偶然性和不確定性。教師在班裏上了一節好課，即使他用同樣的方式再重新上一次，效果也會跟剛才的課有所不同。

然而，有一種課是可以複製的。這種課如同機器生產，每一次都可以生產出型號規格相同的產品。這就是強調預計和控制的課堂。

在課堂觀念上，有現代主義和後現代主義之分。通俗地講，現代主義課堂觀就是以「控制性」和「預設性」為特徵，強調教學技術，追求灌輸效率的課堂；後現代主義課堂則是以「開放性」和「生成性」為特徵，強調師生的對話，追求真理的探索。在政治維度上來講，現代主義課堂顯然體現了極權專制，而後現代主義課堂則體現了自由民主。

教師在平時評課時，總是會評出一節好課。對於一節好課，很多教師便會嘗試著模仿複製，希望自己也能上出同樣的課。然而，有一點教師們可能不明白，不是所有的課都能進行複製。簡單地說，可以模仿的主要是現代主義課堂，而無法複製的便主要是後現代主義課堂。

後現代主義課堂以「開放性」和「生成性」為特徵。這便意味著，這種課堂跟教師自己的知識結構、情感意向、課程觀念、教學經驗等有著密切關係。換言之，這種課堂完全是「私人化的」。換個人來上課，可能無法在特定的語境中「生成」一樣的教學。相比之下，現代主義課堂強調控制技術和預設性，只要採用相同的控制方法，預設相同的教學步驟，任何教師都可以上出大致相同的課。現代主義課堂有可複製性，其原因就在於此。

後現代主義課堂採用的是生物學世界觀，將課堂視為一種不斷進化的生態系統。課堂的推進，本來就是一種進化。根據進化論的觀點，進化不是可以預測的和控制的，而是充滿著偶然性和不確定性。人類本身，就是進化的偶然結果。如果回到遠古，讓世界的進化重演一次，或許便沒有人類出現了。

根據上述觀點，即使一位教師上出好課，他若再上一次相同的課，結果卻可能是另一個味，甚至可能是很差的課。因為，他的學生可能不一樣，他的心境也可能不一樣，激情釋放的程度也不樣，另一間教室的環境讓他壓抑……有太多的偶然因素，可能會使第二次授課的效果跟第一次有很大不同。換另一位教師來上，情況更是如此。我們常說，好課是可遇不可求的，其實此話的背後體現出了進化的偶然性。好課可遇不可求，不僅是針對他人，也是針對教師自己。

最近幾天，我公佈了範美忠老師的一堂公開課視頻。有教師可能覺得不錯，也想模仿著上出同樣的課。然而，你不是範老師。這堂課只屬於範，因為那是他的生命體現。或許，你可以領會後現代課程觀，以自己的知識結構、性格特徵等為基礎，上出一堂屬於你的課。若能這樣，我不認為你的課跟範的課有什麼本質的不同。每一個生命都值得尊重，這是生命倫理要求我們做到的。

有一點很重要。後現代主義課堂對教師的專業化發展水準提出了要求。若沒有紮實的知識功底，對民主自由的執著追求，或先進的課程理念，教師是無法應對，甚至是懼怕後現代主義課堂的。

教師的專業化發展，意味著教師對自我的尋求。羅洛·梅認為，人的存在的焦慮有兩種：一種是對不確定性的焦慮，另一種是自己的生命成長與環境的遏制之間的衝突帶來的神經質焦慮。後現代主義課堂充滿著不確定性，那麼便會讓教師感覺到焦慮。只要教師追求專業化發展，尋求更高層次的自我，便可逐漸適應和克服這種焦慮。只是，這需要教師勇敢去面對不確定性的勇氣。[8]

總之，「好課是不能複製的」，這個說法本身就體現了後現代主義的觀念。以灌輸和分數為目的傳統課堂，因強調技術而可以複製。然而，複製的過程帶來的必定會千篇一律，致使教師作為個體生命的個性的喪失。專制社會抹殺個性，這在教育中也能體現出來。

---

[8] 派克·帕爾默的《教學勇氣——漫步教師心靈》及其姊妹篇——山姆·英特拉托的《我的教學勇氣》兩本書對教師的心靈進行了探索，對教師的生命存在表示了深切的關注。這兩本教育書值得一讀，在此推薦給讀者。

教師沒有了個體生命，必然會使課堂具有現代主義的特徵。此時，在精密的控制和嚴格的預設之下，作為生態系統的課堂便死了。在這樣的課堂裏，師生都只是陳列在教室裏的僵屍而已。

第五節　課件的神話

導讀：

學校要求所有的新教師都要上一節公開課。教研組長把公開課的時間安排通知了我，要求我必須在公開課上使用課件。

課件？曾經，我是多麼喜愛製作課件，還差一點誤入IT行業，跟人開辦公司，從事多媒體開發，亦可為教師製作課件。然而，如今我不再迷信課件。在繼續使用課件的同時，我還對其多了一種批判態度。

上了公開課後，我不得不想就課件說幾句了。

把一種事物確定的普遍方法應用到每個頭上只能創就庸才。

——杜威

（一）神話時代

古代時候，人類對世界的認識非常模糊。人類只有靠神話來解釋世界，以慰籍惶恐不安和好奇的心靈。神話只是人類處於幼兒時期的產物。

人類早過了神話時代，而我們的教育還處在神話時代。這個神話，便是課件。對課件的頂禮膜拜，使課件成為了我們的偶像。對課堂教學認識不夠深刻，而我們的心靈卻又需要慰籍。此時，多媒體課件的出現，恰好迎合了我們的心理。心中擁有一個神話，我們便能繼續自我陶醉，讓心靈在蒙昧和恐懼中得到幾許慰籍。

對課件的強調，不是一個簡單的事件，背後有著獨特的思想根源。對此作個疏理，有助於加深我們對新課程改革的理解，使我們對課件有比較正確的認識。

（二）思想根源

回顧世界思想史，哲學曾被幾門學科主導過。17世紀時，數學統治著哲學，出現了笛卡爾和斯賓諾沙。前者以數學方法得出「我思故我在」，後者則用幾何方式論證了上帝的存在。之後，牛頓開創了現代科學的先河，讓物理成為了哲學的主導學科。

現代科學認為，知識具有確定性，於是將不確定的知識趕出了知識大門。在牛頓那裏，整個宇宙也就只是一架巨型機器。這架機器有規律地運轉著，其運動是可以預測的。根據慧星運行的軌跡，人類可以清楚地預測出慧星下次光臨地球的準確時間。在歷史上，人們也依據知識的確定性發展了現代科學。比如說，一些科學家在宇宙中找到天王星後，發現它在運行到某處時軌跡有些不正常。英國的亞當斯和法國的勒威耶根據萬有引力，斷定在它偏離軌道處的附近還有一顆行星。經過一些觀察研究，他們在其附近果然發現了另一顆行星——海王星。現代科學認為，宇宙背後隱藏著某些規律。只要掌握了這些規律，人們便能夠更好地瞭解和認識宇宙。

確定性是牛頓之後現代科學的重要特徵。這種世界觀思想擴展開來，影響到整個社會生活中的各個領域。在管理上，強調精確管理的泰勒的科學管理理論問世。隨著班級教學的出現，在授課方式上，教師主導教學的「一言堂」模式逐漸成為主流，教師成了一種「機械操作師」。當然，在這種模式後面還有追求效率的目的——當時資本主義在世界範圍內開始興起，對效率的追求已成必然。

到了19世紀，世界思想史在經濟學中找到了變化的契機。亞當・斯密認為，自然的經濟秩序是自發的，逐漸演進的。達爾文接受了斯密的這個觀點，進而認為世界也是這樣進化而來的。1831年，達爾文搭乘「貝格爾」號帆船環遊世界，考察全球的物種，檢測觀點的正確性，並出版了《物種起源》。達爾文《物種起源》是跨時代的，具有「哥白尼革命」的意義。在他之後，生物學開始代替物理學，成為哲學的主導學科。生物學開始進入各個領域，有力地推動了科學研究的發展。比如，20世紀初，瑞士生物學家皮亞傑提出的圖式概念——「同化」與「適應」，為認知心理學提供了理論基礎；哈耶克以生物學意義上的「自發秩序」解釋了市場經濟，並預言社會主義的計劃經濟必將失敗；在其創新經濟學中，熊彼特指出只有不斷創新才能實現經濟發展，有著明顯的「進化論」的思想痕跡。

值得一提的是，德國物理學家海森堡於1927年提出了「不確定原理」。「不確定原理」又名「測不准原理」、「不確定關係」，它反映的是微觀粒子運動的基本規律，是物理學中的一條重要原理。只要我們對那個時期作個疏理，我們就會發現一點：19世紀下半葉和20世紀上半葉的世界思想中，已經埋下了一個變化的種子，預示著一個新時代的即將來臨。

這個種子，便是後現代主義。無論思想家們是否已經見證，人類確實在20世紀五六十年代左右進入了後現代社會。後現代科學具有反基礎、反本質、反中心、反表像、反理性和反價值中立等特徵，這就決定了後現代主義有「解構」、「斷裂」、「多元」、「不確定」等特徵。其中，不確定性特徵已為19世紀和20世紀的思想家們早已所預言和揭示。

根據現代科學，課堂教學必須是封閉的、線性的框架，這樣才能保證教師傳授知識的確定性。現代主義的課堂教學，強調課堂教學的預設性，其目的是實現教師所傳遞的知識的確定性和高效性。在後現代主義那裏，「知識」不再僅是確定性的知識，也包括了「不確定知識」。比如，後現代知識觀把個人的難以言喻的經驗也納入到了知識的框架內，將其叫做「緘默知識」。在福柯那裏，知識甚至成了權力的附庸品。當話語權被某種霸權控制後，知識就會被「生產」出來。當知識變得不確定，甚至成了話語權的產物時，強調知識傳授的確定性和高效性也就失去了意義的根基。

20世紀後期，普利高津在研究偏離平衡態熱力學系統時發現，當系統離開平衡態的參數達到一定閾值時，系統將會出現「行為臨界點」，在越過這種臨界點後系統將發生突變，進入到一個全新的穩定有序狀態；若將系統推向離平衡態更遠的地方，系統可能演化出更多新的穩定有序結構。普利高津將這類穩定的有序結構稱作「耗散結構」，並因此獲得了諾貝爾化學獎。

普利高津的「耗散結構」理論指出，系統從無序狀態過渡到「耗散結構」有幾個必要條件，一是系統必須是開放的，即系統必須與外界進行物質、能量的交換；二是系統必須是遠離平衡狀態的，系統中物質、能量流和熱力學力的關係是非線性的；三是系統內部不同元素之間存在著非線性相互作用，並且需要不斷輸入能量來維持。

以生物學的視野透視課堂，課堂就是開放的框架，師生之間通過不斷對話來「交換能量」。它要求課堂應是這樣一種迴圈：平衡—不平衡—平衡。它並非總是線性的，而是要遠離平衡狀態，進入一種非線性，然後再回到線性，以維持一種耗散結構。同時，師生之間、生生之間都需要對話來生成生長點，維持課堂的動態平衡。總之一句話，有生命的課堂，應該是一種「耗散結構」。通過不斷經歷突變、混沌和自組織，課堂才得以持續生長。

所以，後現代的課堂是一個開放的、非線性的和混沌的框架。一個生態的課堂，它具有很強的動態性。這種動態性，賦予了課堂的生成性。生成性所引發的混沌，這個在現代主義竭力規避和反對的洪水猛獸，在後現代課堂中卻成了最受歡迎的，甚至是力求創造出來的「生命線」。對於後現代主義來說，混沌隱藏著生長點，決定著課堂的生成性。

（三）課堂關鍵

新一輪的課程改革，吸收了世界思想的先進觀念。只要稍加分析研究，我們就會發現一個事實：新課改主張的背後，無不折射出後現代主義的影子。新課改強調課堂的生成性、非線性和耗散性，降低課堂的線性、預設性和封閉性，對教師必然提出了更高的要求，使教師的專業發展成為了後現代課堂的關鍵所在。

目前，各校在大力開展公開課活動時，均要求教師使用課件授課。然而，這種要求仍是對課堂的預設性的強化。課件作為一個程式，將教師要講的內容納入進去，並以一定順序編排起來。一堂使用課件的公開課，其效果仍然只是表面的，沒有體現教師素養及其專業化水準對於課堂教學的至關重要性——教師不需要什麼素養，只需要下載課件，授課時按滑鼠，運用大量的「聲光電」，把課堂弄得鬧熱非凡就可算是「優質課」了。須知，這種評選優質課的方法，很難說是符合了評選優質課的精神。在這種評選機制下，能不能下載到好的課件，竟然成了能不能評上優質課的關鍵所在。此時，教師的專業化從何體現呢？一個課件可以承載很多資訊，卻難以承載教師的專業化水準和教學機智。所以，在很大程度上講，過分強調課件的使用是對教師的一種誤導。

（四）雜感隨想

我曾寫過一篇《課堂教學：留一半清醒留一半醉》。文中講道，在後現代的語境下，知識觀發生了很大變化，給課堂教學帶來了衝擊。此時，生成性成為了課堂的生命線，也使教師「不必備課」更有必要。一字不漏地備課，認認真真地上課，強調備課的預設性和教師一言堂的權威性，這只是現代主義的做法。在後現代主義語境中，這種做法受到了質疑和批判。在文中，我甚至「大逆不道」地提出，教師不必有備課本。當然，我的觀點不是反對備課，而只是作為對這種官僚作風的反動，即對每天檢查教師的備課本，逼著教師在網路中抄襲教案。我想表達的僅是，備課要預留一點空白，為課堂的生成性預留一點空間，更不應用形式主義來「規訓」教師。那些「備課不認真」的教師，恰好可能是專業化發展水準最高的教師。那些兢兢業業備課上課的教師，恰好可能是專業化發展最差的教師。

課堂的生成性的凸現，對教師的專業化發展水準和教育智慧提出了更高的要求。用一生備課，這是優秀教師必須做到的。範美忠老師從不備課，他的課堂主要是生成性，而沒有多少預設性。他多年來堅持讀書學習，已有足夠的學養和智慧應對各種臨時生成的內容。只有範老師這樣的教師，才配稱為最優秀的教師。那些只能照本宣科，不能靈活處理生長點，將課堂教學視為機器操作的教師，只能是教書匠，甚至是一架機器而已。

當然，我不是說絕對不可使用課件。多媒體課件在直觀性、生動性等方面確有優勢，只要能恰到好處地利用課件的這些特點，使用課件也未嘗不可。不過，強迫教師使用課件教學，確有過頭之虞。依看我，不必每一科都使用課件，也不是每一堂課都必使用課件。只有教師正確認識課件和課堂，對新課程改革有較深入的理解後，課件使用才可能恰如其分。

要求教師必須使用課件，這給人以隔靴搔癢的感覺。它不能解決課堂教學的根本問題，也不符合新課改的理念。於學校而言，提倡教師使用課件足矣，大可不必強迫教師使用課件。

十年前，我曾迷戀過課件及其製作，打著技術主義的旗號走過了一段技術操作的路子。在我的獲獎證書中，不少是課件獲獎證書。縣級的，市級的，省級的，該有的獎我都有過。現在回憶起來，我只能說課件製作最多僅是一種興趣愛好，並沒使我的專業發展有質的飛躍。有時候，我也會翻閱那些已經開始泛黃的獲獎證書。每每此時，心中不禁有所感慨：時代與思想畢竟還是在進步啊！同時，我也會想到北島的那首《走向冬天》：

唱一支歌吧
不祝福，也不祈禱
我們絕不回去
裝飾那些漆成綠色的葉子
……

第五章　班級與生態

民主制的對立物是獨裁政府；自由主義的對立物是極權主義。這兩種體制都不必然排斥另一種體制的對立物；民主制可能運用極權主義的權力；而一個獨裁政府按照自由原則行事也不是不可思議的。

——哈耶克[1]

從這裏開始，我們將會涉及到教育管理。教育管理有兩部分：本章主要涉及班級管理，下一章則主要涉及行政管理。就管理對象而言，前者針對學生，後者針對教師。然而，管理即政治，我們有必要簡要地梳理一下幾個政治概念。厘清它們之間的關聯，有助於我們對這些概念的正確理解和使用。

在價值觀的取向上，可以分為集本主義和個體主義。一般來講，集體主義必然導致極權專制，個體主義必然通向自由民主。集體主義要求個體無條件服從集體，必然會使個體失去自由。個體主義要求個體得到尊重和保護，必然會要求民主制度。民主制度本身不是目的，它的目的是保障自由。自由造就出個性，而個性是個體的尊嚴。

民主關涉權力的使用，極權關涉權力的範圍。民主的對立面是專制，自由的對立面是極權。專制制度沒有民主，卻可能有自由；極權制度沒有自由，卻可能有民主。在一個極權專制的社會裏，民眾不可能享有民主和自由；在一個集體主義的國度裏，個體生命和個人利益肯定會被奴役和犧牲。

專制的概念與獨裁相似，指權力的使用不受限制或約束。極權是指權力的極端化，以公共名義擠壓私人空間，導致個人完全失去自由。專制者的權力使用雖不受約束，但民眾可能擁有私人空間，尚能享有一點自由；極權使個體失去自由，但可能允許民眾有一點民主。比如，極權主義者可能讓民眾「民主地」選出自己的代表。

在政治哲學裏，根據不同標準，民主可以分為很多種類，可謂是紛繁複雜琳琅滿目。在這裏，我重點介紹雷蒙・阿隆的觀點。他將民主分為了兩類：極

[1] 哈耶克《自由憲章》，中國社會科學院出版社，2007，頁148

權民主和自由民主。可見，即使我們有了民主，也可能出現兩種完全不同的結果：極權和自由。一個宣稱實現了民主的政府，實行的可能恰好是極權主義；一個宣稱給了人民以自由的統治者，可能恰好是非常專制的獨夫。

一些「思想前衛」的教師可能會高舉民主大旗，但實際上他們可能並不能真正懂得民主，不知道民主可能帶來極權主義。民主這個美麗辭彙，完全可能成為一個陷阱。那麼，我們追求和嚮往的，到底是極權，還是自由呢？

需要注意的是，民主不是目標，而只是手段。誠如哈耶克所說：「民主本身不是一種終極的或絕對的價值，必須根據它所獲得的成就來對其進行評價。民主可能是實現某些目的的最好方法，但卻不是目的本身。」[2]民主能限制國家權力對社會生活的幹預，確保個體的自由空間。因此，民主是自由的保障。

在本書前面我說過，自由主義是人類的普適價值觀念，也是生物學世界觀所宣導的價值觀念。自由主義是一種意識形態、哲學，以自由作為主要政治價值的一系列思想流派的集合。更廣泛地說，自由主義追求保護個人思想自由的社會、以法律限制政府對權力的運用、保障自由貿易的觀念、支援私人企業的市場經濟、透明的政治體制以保障少數人的權利。簡單說，自由主義主要有三個維度：文化上的個性化、政治上的民主化和經濟上沒有國家干預的的市場化。

米瑟斯曾指出：「為了國內和平，自由主義造成把民主政府作為目標。因此，民主不是一個革命的制度。相反，它恰恰是防止革命和內戰的手段。它提供了一個使政府和平地去適應多數人意志的手段。」可見，民主制度是跟自由主義觀念相適應的。因此，中國教師在教育中滲透自由主義的思想觀念，不僅有利於提高學生的公民素養和民主意識，而且更有利於政局的穩定和社會的發展——這難道不正是教育所應該具備的社會功能嗎？

最後一個問題。或許，有讀者會問，中國為什麼沒有生長出自由主義？這個問題跟中國的歷史傳統和共產主義意識形態有關。對於這個問題，美國漢學家格裏德曾有過很好的回答：

自由主義在中國的失敗並不是因為自由主義者本身沒有抓住為他們提供的機會，而是因為他們不能創造他們所需要的機會。自由主義之所以失敗，是因為中國那時正處於混亂之中，且自由主義所需要的是秩序。自由主義的失敗是因為，自由主義所假定應當存在的共同價值標準在中國卻不存在，而自由主義又不能提供任何可以產生這類價值標準的手段。它的失敗是因為中國人的生活是由武力來塑造的，而自由主義的要求是，人應靠理性來生活。簡言之，自由

---

2 哈耶克《自由憲章》，中國社會科學院出版社，2007，頁150

主義之所以在中國失敗，乃是因為中國人的生活是淹沒在暴力和革命之中的，而自由則不能為暴力與革命的重大問題提供什麼答案。[3]

自古以來，中國社會便沒有民主制度，民眾利益在專制制度下得不到保護，這成為了連年不斷的暴力革命的直接導因。共產主義的暴力革命，只是延續了這一傳統，而革命之後出現的又是一個極權主義政府。因此，中國天然從來便沒有自由主義的土壤。若不是逃到臺灣，胡適這位中國早期的自由主義者肯定會瘐斃而亡。今天，改革開放已三十年，中國社會雖有進步，但未擺脫極權專制的底色，離真正的自由仍然還有很大差距。正因為如此，本書強烈呼籲中國教師要有點學術知識和政治意識。唯有如此，中國教師才能更好地認識和理解自己的工作。

1919年，馬克思・韋伯分別以《學術作為一種志業》和《政治作為一種志業》為題，作了兩次演講，內容收錄在《學術與政治》一書中。我們知道，管理就是政治，反之亦然。政府管理社會叫國家政治，班主任管理班級就是班級政治。在《政治作為一種志業》中，很多內容也就跟班主任有著密切關係。按照韋氏的定義，「每一種自主的領導活動，都算是政治。」[4]班主任作為學生的「領導」，所從事的工作無疑也是一種政治活動。

在演講中，韋氏談到了政治家的三個品質：熱情、責任感和判斷力。韋氏所說的熱情，「指的是切事的熱情、一種對一件『踏實的理想』的熱情獻身、對掌管這理想的善神或魔神的熱情歸依。」[5]也就是說，熱情就是指班主任為了實現教育理想而踏實工作的熱情。那麼，什麼是判斷力呢？韋氏認為，判斷力是「一種心沉氣靜去如實地面對現實的能力；換句話說，也就是一種對人和事的距離。」[6]我以為，距離就是將人和事客體化而產生的距離。唯有將人和事客體化，才能做到審視和思考。這就是說，政治家做事靠的是頭腦和智慧，而不是體力勞動或滿腔的激情。「沒有『距離』，純粹就其本身而言，是政治家致命的大罪之一。」[7]沒有了政治智慧，政治家們能不犯罪嗎？班主任若只知用《班級管理條例》來考核學生，能不培養出奴才和工具嗎？

什麼是責任感呢？很遺憾，可能在演講時漏掉了，韋氏對此沒有一個明確的定義。在演講中，韋氏只說到「引對這個目標的責任為自己行為的最終指

---

[3] （美）格裏德《胡適與中國的文藝復興》，江蘇人民出版社，1989，頁368
[4] 馬克思・韋伯《學術與政治》，廣西師範大學出版社，2010，頁197
[5] 同上，頁254
[6] 同上，頁255
[7] 同上，頁255

標。」據此看來，韋氏的「責任」是指對目標的責任，即努力實現自己的政治目標，並為此肩負起責任。

在班級管理的語境裏，作為政治家的班主任應該有什麼責任呢？當然，每個班主任都會一個自己的管理目標，自己也會通過努力去實現這個目標。然而，僅是這樣還遠遠不夠。在演講中，韋氏還講到了兩種具有倫理意義的準則：心志倫理和責任倫理。

所謂政治家的心志倫理，是指「若一個純潔的理念所引發的行動，竟會有罪惡的後果，那麼，對他來說，責任不在行動者，而在整個世界、在於其他人的愚昧、甚至在於創造出了這班愚人的上帝的意志。」[8]心志倫理追求的是理念的純潔與高尚，而不會在乎有什麼後果。即使後果是一種罪惡，也不是理念的錯，而是有其他方面的原因。

與心志倫理相對，責任倫理就是指政治家不能只想著理想的美好，更要為自己的行為負責。簡單地說，無論理想多麼美好，也不能通過犯罪來實現。

無論是希特勒、史達林或毛澤東，他們都只是奉行恪守著自己的心志倫理。為了「建立歐洲新秩序」，「解放全人類，實現共產主義」等等這些美好的意願，這些政治家曾大開殺戒，讓地球血流成河。對於他們而言，只要意願是善良的或美好的，殺人便是合乎邏輯而可以接受的。「目的高於手段」，便是他們的邏輯。對於造成的罪惡後果，他們也會將其聖潔化。

對於作為政治家的班主任而言，也可能按同樣的邏輯進行管理。比如，班主任可能為本班設定這樣一個管理目標——20名學生考上北大。班主任有這樣一個目標，校長也會從夢中笑醒。若真能成功，校長會給班主任加官晉爵，把大把鈔票獎勵給班主任。拋開這些名利往大處說，這不也是為中國教育作出了傑出貢獻，為其錦上添花了嗎？這樣一個目標，難道不很美好嗎？既然如此，讓全班學生考上北大的目標不是更加美好嗎？甚至，讓全校學生考北大豈不是一個完美藍圖嗎？

緊接著，為了實現這個目標，班主任可能要求學生不准回家，只能呆在教室裏做作業，或者，要求學生晚上12點回家，早上四點半必須到校……總之，一旦班主任的腦子裏裝著那個美好願望，他便可能採取種種手段。最終，幾個學生可能會被逼上絕路而最終自殺。對此，班主任們可能會認為，幾個學生自殺了，但我是在為中國教育作貢獻，我怎麼會錯呢？毫不誇張地說，很多班主任都在這樣「以愛的名義」進行著犯罪。

---

[8] 同上，頁264

「心志倫理和責任倫理，永遠不可能並存；而即使我們開始向目的使手段聖潔化這個原則做任何讓步，我們也永遠沒有辦法從道德上判定，哪一個目的該聖潔化哪一個手段。」[9]可見，心志倫理和責任倫理之間存在著一種張力。突出了心志倫理，責任倫理便會削弱。對于心志倫理，我們應該保持高度警惕，因為現代極權主義便與心志倫理有著直接的關係。

在這裏，我還要談談權力。權力這個東西，生來就是邪惡的。社會生態本來勿需國家權力的干預，而極權專制者則可能本著心志倫理來強行改變社會生態。同樣地，扮演這個極權專制的角色的班主任，也會視班級為一塊畫布，供自己在上面姿意塗抹，或是一片天空，任意放飛自己的臆想。

當然，權力運作會使政治家和班主任找到某種快感，否則，他們便可能不去當政治家或班主任了。「從事政治的人，追求的是權力；這權力或者是手段，為了其他目的服務，不論這些目的是高貴的或是自私的；或則，這權力是『為了權力而追求權力』，目的是享受權力帶來的聲望感。」[10]成天對著孩子們喝斥，或者嚴厲地處罰學生，這些都可強化班主任的權威意識，增添班主任們的快感。班主任津貼可能並不高，他們卻仍可能為了權力帶來的快感而擔任班主任。某些人喜歡當班主任，卻自稱是熱愛教育。然而，他們心底難道真沒希望享受權力帶來的快樂嗎？我看未必。

可以說，中國教育將學生整齊劃一，班主任的管理要為此負很大責任，儘管班主任的工作確實受限了很多因素的制約。要知道，無論党國教育有多麼高尚的目標（培養共產主義接班人），無論班主任有多麼美好的意願，將學生作為實現自己的夢想，甚至是追求名利的工具，這種心志倫理實在應該引起班主任們的高度警惕。

作為政治家的班主任們，不應只有自己的心志倫理而忘記了責任倫理。然而，責任倫理應該建立在生命倫理的基礎上。那麼，什麼是生命？生命倫理又是什麼？生命的尊嚴在哪兒？……這些都是班主任應該思考的問題。

至此，我們已簡略地辨析了自由民主和極權專制的主要差異，對自由主義在中國的情況作了介紹，還告誡班主任應該警惕自己的心志倫理和手中的權力。假如說，自由民主和極權專制是兩個極端，任何一種管理都必然處於二者之間的某個位置。班主任不妨樹立起生物學世界觀，把管理控制在有利於個體生命的成長的水準上。

有了這些思想基礎後，讀者便可以繼續讀下去了。

9　同上，頁267

10　同上，頁199

第一節　如何看待學生打架？

導讀：

目前，為了追求分數和效率，學校都普遍推行極權高壓的管理，把一切都納入到嚴格的管理之中。我剛到這所學校時，某中層領導告訴我，對待這兒的學生，就應該用粗暴的方式，唯有這樣才能把他們管住——我想，粗暴的方式還不算什麼。把學生關進狗籠裏，恐怕才是管住他們的最有效的方式。

在這種管理中，學生打架之類的事必然會被視為洪水猛獸或大逆不道。其實，學生打架是很正常的，它至少表明學生是還有生命能量的活人。

當然，我承認，處理好學生打架的事是非常重要的。在處理學生打架時，每位班主任都有自己的辦法。不過，班主任既然在搞教育工作，應該有自己的教育哲學。在自己的教育哲學的指導下，針對具體情況，恰當地處理好事件，這是一個優秀班主任應該做到的。

在某校，有這樣一個規定：學生打架，扣發班主任200元津貼。有些人認為，學生打架是班主任的責任，班主任應該為班上所發生的一切負責。德育處肯定是這種思維，否則它不會出臺這種規定。

還有一些人認為，學生打架是班主任防不勝防的，班主任不應為此負責。犯罪率不斷攀升，也不能把員警抓起來，讓員警為此負責。持這種想法的，以普通教師和班主任居多。

班主任披星戴月地工作，掙點錢很不容易，因無法預防的打架而被扣200元，班主任們都會感到委屈。學生的打架跟教師的教育固然有關，然而，即使班主任反復強調不能打架，但哪位班主任能保證學生不打架？學生在校不打架，畢業後照樣可能犯罪。顯然，教育不是萬能的。須知，學生處於青少年時期，他們的理性在不斷增加，非理性卻仍然非常明顯。此時，一時衝動之下，學生仍可能打架。現在，越來越多的人不想幹班主任，除了班主任太操心、太累人外，跟德育處的管理方式恐怕也有一些聯繫。

我相信，德育處作出這種規定，主觀目的是讓校園裏多些友愛和和諧，不想看到打架這種不和諧的事發生。我以為，德育處的動機是善良的，無可厚非的。然而，德育處出臺這種規定的思維可能有點問題。

首先，每個人都有自己的個人文化，而個人文化是具有差異性的。德國哲學家萊布尼茨曾說：「世界上沒有兩片完全相同的樹葉。」同樣地，世界上也沒有兩個完全相同的人。這種差異性，便是每個人的個性。

文化之間的差異，可能會演化為一種衝突，或暴力打架，或口角之爭。在世界範圍內，很多國家都有衝突，比如，中東國家，而且局部戰爭連年不斷。這說明，文化之間總會存在衝突——親人之間也會經常吵架！由於文化不同所造成的衝突，其實沒什麼大不了的。我以為，如何處理好打架，把事件變為教育資源，這才是最為重要的。

在全球化的過程中，世界各國之間必然會發生衝突。早在1972年，聯合國教科文組織「國際教育發展委員會」便要求各國教育要教會學生「四會」——學會學習、學會做人、學會生存、學會共處。這裏的「學會共處」表明，聯合國教科文組織對全球化有著深刻的洞察，所以才會要求下一代具備全球化的視野，包容不同文化的差異性，為未來世界的和平發展奠定基礎。

學生打架的起因是多方面的，但概括地講，是個人文化缺乏包容性。通過對打架事件的處理，教師可以教會學生尊重和包容不同的個人文化，學會以協商和「和談」的民主方式，而不是簡單地以武力方式去解決文化之間的衝突。

其次，在動物界，雄性都比較爭強好鬥。相比之下，雄性的生命能量（裏比多）多些，更需要一種方式釋放。在最低限度上，學生打架證明學生還有生命力或活力。對於那些「兩眼發呆、四肢無力、六神無主」的學生，即便教師要他們打架，顯示自己的生命力，他們也可能打不起來。如同養殖場裏的瘟雞，他們只會成天伏在課桌上睡覺。

假如學生個個都是「手無縛雞之力」，誰又來保家衛國？在歷史上，中國文化是陰性文化，政治上又是專制制度，這樣便會造成中國人的陽剛不足。裏比多的缺乏，讓中國人缺乏了生命激情。這種激情是科學藝術的源泉，也是中國長期貧窮落後的深層原因。中國人的生命激情歷來得不到張揚，使中國人的生命層次比較低。然而，為了追求考試的高分，課外活動時間不斷被壓縮，學生便可能以另外的方式釋放生命能量。這些方式中，有一種便是打架。

在現實中，也有班主任對打架的處理很開明。一位班主任說，她並不認為打架有多大問題。她只是給學生強調，打架時不能動刀或棍棒，也不能打對方的頭和臉。言下之意，只要打架不造成嚴重傷害，這一行為便可以原諒，甚至可被視為班級裏的活躍因素。另一位班主任告訴我，他的學生若是打架，他便讓兩人在操場上打架，全班其他同學都會旁觀當裁判。顯然，他的意圖是把打架轉換成體育比賽，讓學生的生命能量通過適當的方式釋放出來——其實，人類發明體育運動的目的，又何嘗不是讓自己用文明的方式釋放生命能量呢？

最後一點比較複雜，卻最為重要。我需要費點筆墨才能說清楚。

生物學世界觀認為，生態系統必須要能產生振盪，才能成為有活力的系統。作為一個生態系統，社會需要持續的振盪。在民主自由的國家，罷工或遊行是家常便飯。每一次罷工或遊行，人們表達出自己的訴求，迫使政府採取一些相應的措施，以滿足人們的要求。比如，美國的「佔領華爾街」的遊行後，美國政府便可能會出臺一些措施，調整稅收政策，對華爾街的高收入群體加稅，以緩解社會矛盾。其實，這些罷工或遊行就是一種振盪。振盪的價值在於不斷使系統重新調整，以適應不斷變化的環境。有人說，民主不是終點，而只能是過程。因為，社會是不斷進化的，不會有什麼終點。

在極權專制國家，情況則不一樣。政府把罷工或遊行視為洪水猛獸，不允許民眾罷工或遊行。民眾有訴求時，卻沒有申訴的管道，於是民眾只有上訪。然而，為了「和諧」社會，政府會抓捕上訪人員，甚至將其作為精神病患者送進精神病院關押起來。從本質上講，極權專制社會不是一個開放的活系統，而是一個封閉的死系統。在這裏，政府不允許示威遊行或罷工，系統沒有了振盪，也就失去了進化的條件。當內部矛盾激化到一定程度上，民眾便會起來造反，使整個社會崩潰。幾千年來，一直都會有民眾起義造反，結果便會推翻專制政府。

在課堂上，學生的提問或突發事件都是產生振盪的條件，而這些振盪都是隨機的，不可預測的。然而，沒有這些振盪，課堂就是一個死系統——教師滿堂灌，學生沒有主動性，這顯然是乏味的課堂。課堂要實現生機蓬勃，必須讓學生活躍起來，借用學生的幹擾產生振盪才能實現。

同樣地，班級管理也是如此。一個「風平浪靜」，不發生任何事的班級，一定是不正常的班級，或者說是一個「死班級」。假如學生都已懂事或成熟，不需要班主任的教育，那麼班主任的價值又何在呢？學生還需要班主任的教育工作，難道不正是因為學生會犯錯嗎？然而，班主任有能力完全杜絕學生犯錯誤嗎？如果不能，那麼扣班主任的津貼，其合理性又在哪兒呢？

從另一角度來看，作為一種教育資源，打架的教育意義需要通過班主任才能呈現出來。班主任能夠解釋教育資源，才是教育能力的體現。教育資源越多，班主任解釋資源的機會越多，專業化發展的水準也會相應越高（當然，前提是班主任要熱愛本職工作）。

一旦沒有了教育資源，班主任的作用和意義便沒有了。不允許打架的發生，便剝奪了教師解釋教育資源的機會。長期下去，教師的能力也會隨之下降——在進化的過程中，人類失去了尾巴，就是由於人類沒有機會使用尾巴。

總之，班級管理中出現幹擾，恰好是生命系統的典型特徵。不允許幹擾的出現，整個系統便失去了活力，班主任會隨之失去「排除幹擾」的能力，專業化水準會逐漸降低。幹擾存在的合理性之一，便是讓班主任有機會鍛煉處理幹擾的能力，提升自己的專業化發展水準。

當然，我絕非是贊成或鼓勵打架，更不是希望學生天天打架。我只是主張，對於學生打架，我們不妨持一種開放和包容的心態，不必將學生打架視為洪水猛獸。在我看來，與其說禁止學生打架的發生，不如要求班主任適當處理事件。扣班主任津貼的規定，顯然出自一種「將一切管死」的思維。然而，當這個世界死一般寂靜時，還能是一個正常的世界嗎？

我以為，不妨將規定修改為：**對於學生打架事件，班主任若處理不當，可扣發其200元津貼**。這樣，我們以生態學世界觀承認了打架的不可預測性，而且規定中也暗含了對班主任的專業化發展的要求——要是處理不當，就會被扣200元。那麼，如何才能處理得當呢？這便是班主任思考的問題了。如果班主任發現自己的能力不夠，便會去深入思考和研究，想法解決管理中的問題。如此一來，班主任的能力是否會提高呢？

（發表於《教師月刊》2011年7、8合刊）

第二節　如何看待「怪」學生？

導讀：

每個生命的尊嚴，在於它與眾不同的個性。然而，由於環境的壓抑，某些生命便枯萎了，失去了自己的個性。唯有那些頑強生長的生命，才可能有自己的個性。

在每一所學校裏，都會有一些很「怪」的學生。他們顯得不守規矩，不太好管理，讓教師有點頭疼。然而，這些學生的「不太好管」，正是他們的個性所在。對於這些學生，教師應該走進他們的內心，既要保證他們不出格，也要小心呵護他們的個性。

做教師的我們，時常會遇到這樣的怪才學生——從不上早課，週末補課也不來，而成績卻是一流。他的怪誕經常被視為違紀，學校考慮到他的成績卻也不敢隨便處分他。當然，每位教師看待問題的角度不一樣，處理方式也會不同。暫且不論各位教師的處理方式，現在我就來說說怪誕現象。

在任何一家公司或單位裏，領導們時常會發現一點：「好管的人沒才華，有才華的人又不好管。」當然，才子有自己的思想和判斷，跟領導更容易發生衝突，顯得「不好管」。然而，實踐又會證明，他們作出的判斷的準確度會超過領導，他們的智慧讓領導相形見絀。因此，他們便成為了領導心中的「痛」——他們的存在使領導的權威受到了挑戰或瓦解。

電視劇《亮劍》中的李雲龍便是這樣的人。他經常違反軍紀，不服從上級的指揮。然而，他卻能準確抓住稍縱即逝的戰機，取得比預計更豐碩的戰果。他的行為方式，讓上級頭疼不已。按理說，他不服從指揮，應該受到軍紀處罰；但他抓住戰機打了一場漂亮的戰鬥，這又應該受到表揚。於是，每次戰鬥下來，上級只能作出「既處罰又表揚」的通報，或讓他去喂馬幾天作為處罰，然後又讓他回來繼續當團長。李雲龍經常有「不著調」的行為，上級心裏卻非常清楚一點：李雲龍是真正的將才。

這種「李雲龍」現象，在學生當中時而也會出現。對於這類怪人，我認為這還有生命基因的問題。

人是生命，而每個生命都是獨特的，有著自己的生命基因或密碼。雜草之所以是雜草，永遠不可能長成大樹，這是由其基因決定了的。正確解讀每個生命，我們才能理解和認識它們的成長方式。

作為生命，才子能成為才子而不是庸眾，必然有著其獨特的生長過程。1977年恢復高考，何新被錄取到黑龍江一所大學，但不到一年便自動退學。他認為，不必在大學裏耗費4年時光，謀取一個混飯吃的文憑。讀完大學參加工作，這只是庸眾走的路。跟何新相近，比爾・蓋茨沒有念完哈佛便退學，獨自去創業了。我們不妨觀察一下，才子一般都顯得非常自我，也可能會有一些獨特的經歷。這些經歷使他的生命成長有別於普通人，從而決定了他後來的成就。

這個世界上，怪才很多。薩特很怪。他怪到與他齊名的哲學家加繆絕交，怪到斷然拒棄諾貝爾文學獎。維特根斯坦也怪。他怪到放棄劍橋大學的教授職位而去了工廠當清潔工，怪到在服役期間的「一戰」炮火中，當其他士兵都往後面躲時，而他卻在自殺的衝動之下沖上前線，還因此鬼死神差地獲得了榮譽勳章。

中國在魏晉期間也出現過兩位怪誕名士：阮籍和嵇康。阮籍之怪，在於十日內遊戲官場，在於對封建禮教的冷眼漠視，在於為了幾斛美酒而主動請纓擔任軍職。嵇康之怪，在於離群索居作鐵匠而怡然自得，在於因摯友推薦他做官而與其斷然絕交，之後又為此付出了生命的代價。

……

其實，怪人的名單還可以開得很長很長。只要我們對他們稍加概括，就可以得出這個結論：才子是文化進步的種子，而怪誕總是牽連著人類文化的神經。才子註定為怪誕而生，註定為怪誕而死；怪誕註定為奇才而生，註定為奇才而滅。那麼，怪誕是什麼呢？

我曾這樣寫道：「怪誕是高處不勝寒的寂寞，是才華橫溢時的孤獨；怪誕是對庸俗卑劣的橫眉，是孤傲雄氣的冷峻；怪誕是理想與現實齟齬的外化，是內心與外界抵牾的結果；怪誕是人格尊嚴的恪守，是人生哲學的實踐；怪誕是黑暗中思想火花的迸發，是文化死水中的微瀾。最重要的是，怪誕是才子本著自我的生命基因，不甘心被環境同化，為了最終實現自我的表現。對於才子而言，聽命於自己內心的聲音決定了他必須怪誕——唯有如此，他才是他自己，而不是別人。」

若從醫學角度來看，怪誕可能是孤獨症或自閉症的表現。這種病症，又稱阿斯柏格綜合征。研究表明，愛因斯坦在很小的時候就表現出了孤獨症的跡象。愛因斯坦在孩提時期就不合群，他7歲的時候經常會講出一些讓人迷茫的話來，而且他也不是一個好的演講者。一般認為，愛因斯坦患有孤獨症。

牛頓身上同樣也存在孤獨症患者表現出的許多症狀。牛頓不善講話，無法做到隨意聊天。他只是專注於工作，以至於經常忘記了吃飯。他對僅有的幾個朋友也很冷淡。他的脾氣古怪，在他演講時，如果沒人聽，他會對著空屋子一直講。50歲時，牛頓開始有點精神失常。

其實，大凡沉溺於自己的領域中的人，在他人眼裏都可能是一種自閉症。正是由於這些原因，才華與怪誕一般都會成正比，不怪者多是平庸者。怪誕發生在人類的少數精英身上，屬於那些其生命屬於自我的人。在這個世界上，怪才越多越好，因為怪才的生命才是發育良好的。

教師若發現了怪異的學生，請不要輕易扼殺了他們。他們的怪誕，可能是他們的生命能量的溢出，是他們的生命成長遇到壓抑的表現。此時，教師若能因勢利導，這種學生便可能會成為頂級人才。當然，學生的才能不止是分數，更多的包含著學生的個性。教師們不能把分數視為一切，而應該認識到學生的生命成長才是最重要的。

第三節　尊重學生的消極自由

導讀：

消極自由是指免於他人干涉的自由，其根本內涵在於強調自由不可侵犯。1958年，以賽亞・伯林為任牛津大學社會與政治理論講座教授舉辦了一次演講。在演講中，他對消極自由和積極自由進行了區別。他對消極自由的基本闡釋是：「若無人干涉我的活動，則通常說我是自由的。在此種意義上的自由僅僅只一個人可以不受他人阻礙地行動。」一般來講，積極自由可能會導致極權專制。

每天，我的手機都會收到很多商業短信，不外乎都是「XX樓盤開賣了！」、「XX商場打折了！」之類的信息。我不知道商家是怎麼弄到我的手機號的，但我對這些短信非常反感。「五色令人目盲；五音令人耳聾；五味令人口爽；馳騁畋獵，令人心發狂。」短信的整日「狂轟濫炸」，讓我的腦袋幾乎暈乎了，我也真的快要發狂了。索爾仁尼琴有這樣一句名言：「除了知情權以外，人也應該擁有不知情權，後者的價值要大得多。它意味著我們高尚的靈魂不必被那些廢話和空談充斥。過度的資訊對於過著充實生活的人來說，是一種不必要的負擔。」然而，這些商家只知賺錢，怎麼可能知道這句話？友人建議，我不妨來個「行為藝術」，把這些商家推上被告席。然而，這些日子我的工作比較忙，沒心思要將此事炒作一番，於是只得不斷刪除這些可惡的垃圾資訊。

每天發短信的商家，只想到自己有發短信的自由，而絲毫沒有考慮到別人的感受。我們常講，百姓有知情權，然而我們卻忘了，百姓同樣也有「不知情權」。商家的思維，顯然是一種極權主義——我們可以姑且稱之為「資訊極權主義」。

在消費主義盛行的今天，中國人都已成為了奴隸——房奴、車奴、性奴等等，不一而足。你怎麼追求消費都行，政府也鼓勵民眾消費——「拉動內需、刺激經濟」嘛。然而，當你每天都想著如何賺錢和消費時，某些新的極權主義，比如拜金主義和消費主義，便已經完全控制了你。

商家天天騷擾著百姓，給百姓灌輸商業資訊，卻很少受到百姓的起訴。長期生活在極權主義社會裏，百姓不知道自己還有消極自由。他們已變得十分麻木，從未想到自己有什麼權益。

最近，我讀到了天津教科院基礎教育研究所所長王敏勤發表在《人民教育》（2010年第6期）上面的文章，講的是如何提高課堂效率。教育跟教學是不同的概念，不知道王所長是否清楚這點？如果不清楚，這也不足為奇。中華人民共和國教育部都不清楚，更何況區區一個所長？

在文中，王所長認為要提高課堂效率，必然要回答四個問題：問題一：這節課讓學生獲得什麼，獲得多少？問題二：讓學生用多長時間獲得？問題三：讓學生怎樣獲得？問題四：是否每個學生都達成了教學目標？對如何提高課堂效率的探討，還是有一定的意義。然而，這一切都必須基於學生願意接受知識這個前提。若有學生不願意學習，我們又該對此持什麼態度呢？

眾所周知，伯林將自由分為了積極自由和消極自由。歐陸理性主義更強調幹預別人的積極自由，英美更強調免於別人幹預的消極自由。積極自由強調自己有做什麼的自由，全然不顧別人也有不做什麼的自由，因而跟極權主義有著密切關係。

在課堂上，教師居高臨下地給學生灌輸知識，全然不顧學生的感受。若是學生不願意接受，還會受到教師的指責和批評。對於教師而言，強迫學生接受知識，讓學生考試中取得好成績，才是師德高尚的體現。教師在批評學生不聽課時，往往會站在道德制高點上振振有詞，迫使學生承認自己不聽講就是沒有道德，至少沒有尊重教師的勞動。

教師不僅享有對學生進行灌輸的自由，也有對道德的保駕護航。教師成為了極權主義者，不斷侵犯著學生的消極自由，同時卻又是官方的極權主義的犧牲品。他們的消極自由被官方侵犯，卻麻木著對此沒有絲毫察覺。這恰恰是教師的可悲之處。一方面他們是官方的奴隸，對官方的高壓欺淩逆來順受；一方面，他們卻又在學生面前扮演著主人的角色，對學生頤指氣使。主奴人格的二重性，一直便是中國人的國民性的重要特點。

對於自由，我始終都保持著高度的警惕。我有安排教學內容的自由，但學生也有聽與不聽，或選擇聽什麼的自由。對於不願意聽我講的學生，我總會是持寬容的態度。學生應該有不聽講的權力，我必須尊重學生的這種消極自由。學生若不想聽，我便讓他做自己喜歡做的事。學生可以做其他學科的作業，也可以看課外書。對於學生在課堂上看課外書，我只提了一個要求，即課外書必須利於學生的身心健康。

教師若採用極權主義管理，便會成天痛斥學生不聽講。面對教師的高壓，學生都會唯唯諾諾，整日禁若寒蟬。即使學生不喜歡學習，卻出於恐懼而不得不學習。通過壓制個體生命，極權主義可以取得較高的效率。在應試與升學上，作為極權主義者的教師會有一些優勢。目前，教育中的考試壓力越來越大，大大強化了教育中的極權主義色彩。

教育中的極權主義，完全來自於國家政治的極權主義。壟斷媒體千篇一律地給百姓灌輸意識形態，根本不顧百姓不接受這些意識形態的消極自由，這本來就是極權主義的典型做法。在這個處處都彌漫著極權主義的社會裏，個體生命是不可能有出路的。

若包容學生的個性化，教師的教學業績可能會受到一些影響。然而，他卻捍衛了個體生命的權益，包容了學生的個性，為學生的幸福提供了可能。只有這樣的教師，才算是堅守了教育的價值，捍衛了教育的尊嚴。

個性化意味著生命按照自己的軌跡生長。極權主義最不喜歡個性化的多元化，總會讓生命整齊劃一，達到塑造平庸生命的目的，以維持極權主義秩序。因此，教師若能尊重學生的消極自由，包容和鼓勵學生的個性化成長，這本身便是對極權專制最好的瓦解。

第四節　重新發現學生

導讀：

在宏觀層面，不同的社會管理或統治，對社會成員的生命有著不同的意義。在中觀層面，校長的管理方式會對教師的個體生命產生不同影響。在微觀層面上，班主任的管理思想同樣也會對學生的成長帶來不同的後果。

生命啊，你的尊嚴在哪兒？唯有擊碎極權專制的圍牆，走向民主自由的天地中，生命才能獲得尊嚴和自由。

在下一章中，有一節《重新發現教師》，導讀部分更為詳盡和更為有力。有興趣的讀者可以參考該節的導讀部分。

在一個極權主義社會，社會肌體上的每個毛血管都散發出極權主義的氣息，每個社會角落都會充斥著極權主義的思想。在中國，教育中的極權主義更為明顯。當下，很多所謂的「優秀」班主任都是以兇惡著稱。為了取得升學成績，班主任必然會訴諸極權主義管理。班主任自稱有「愛心」，對學生說「嚴格是為了愛」或「考上大學才能成為社會主義接班人」，絲毫不覺得自己有什麼問題，更不用說受到良知的譴責。在一個庸人作惡的時代，必然會出現大量的庸人。

一般來講，為了所追求的某種效率，極權主義管理者都會採用「軍事化」或「准軍事化」的策略。再以鼓勵告密的策略加以配合，個體更會生活在恐懼之中，最終被「原子化」。

中國教育不顧學生的個性或喜好，把所有學生都強行推上「應試」戰車，強迫他們學習不喜歡的科目。失去了生命的自我成長，學生不可能找到幸福感。然而，作為極權主義的劊子手，班主任對此並不理解。由於自身素質低下，沒有自由思想和獨立人格，最後喪失了心中的「一釐米主權」。

有一個關於「最高良知原則」的著名判例。柏林牆推倒後審判東德員警一案。倒牆的前兩年，東德一個名叫亨裏奇的守牆衛兵，開槍射殺了攀爬柏林牆企圖逃向西德的青年克利斯。1992年2月，在統一後的柏林法庭上，衛兵亨裏奇受到審判。他的律師辯稱，他們僅僅是執行命令的人，根本沒有選擇的權利，罪不在己。法官當庭指出：「作為員警，不執行上級命令是有罪的，但是打不准是無罪的。作為一個心智健全的人，此時此刻，你有把槍口抬高一釐米的主權（即只開槍而故意不打中），這是你應主動承擔的良心義務。」這人審判的重大意義在於，任何人都不能以服從命令為藉口而超越一定的道德倫理底線。

這個故事表明，教師不得不屈從於國家權力去迫害生命，但同時仍有自己的「主權空間」。士兵可以抬高一釐米，不致於把人打死；那麼，教師要給學生下毒時，能否使用「錯誤的方式」，不致於毒死學生？國家要教師逼學生學習，教師能否讓學生的慧根殘存一點？或者說，教師要執行命令殺死學生時，能否使自己的開槍不會致命？

「一釐米的主權」故事，涉及到道德與良知的問題。亨裏奇只是一件工具或一架機器，沒有自己的價值判斷。他不明是非，沒有道德和良知，所以才會非常精准地射殺了克利斯。那麼，班主任們有自己的道德良知嗎？有自己的價值判斷嗎？如果有，中國教育又何以墮落到這般地步？

在班級上，學生會自發地形成各種群體，這是生態系統中典型的「自組織」特點。這兩個學生喜歡動漫，那三個學生喜歡小說，還幾個學生喜歡寫作……等等，不一而足。這些群體可以成為紐帶，為班級的穩定奠定基礎。對於不利於學生健康成長的群體，班主任加以引導。然而，班主任一旦採用「高壓」進行壓制，勢必會「打碎」這些群體，使個體之間失去相互的聯繫，出現一種「原子化」現象。出於對師長權威的懼怕和同學的告密，學生便只得「努力學習」。在我所見的「高考優秀班級」裏，幾乎所有的班級管理都如出一轍。

可以想像，在極權主義管理中，班主任必然會處處對學生進行干涉，以保證每個學生把每分鐘都用在準備考試上。然而，在緊急情況下，由於彼此間缺乏自然聯繫，學生之間很難「自組織」起來，一同去解決問題。

誠然，極權主義管理是有效率的，而且效率可能很高。然而，教學可以追求效率，而教育卻沒有效率的概念。高考制度驅使所有學校追求效率，這本身就是一種極權主義，也從根本上背離了教育。假如說高考制度是反人性的，這一點都不過分。當然，與其說高考制度反人性，勿寧說極權主義反人性。人性是人類的本性，反人性也就是反人類——極權主義統治不正是一種反人類的管理嗎？

為了尊重學生作為個體生命的人性，我認為有必要「重新發現學生」。班級本是一個生態系統，每個生命按自己的方式成長，這種差異應該受到尊重。在極權主義管理中，班主任會強調權力的運用，甚至是濫用權力，強行將學生納入自己的權力框架內，把學生塑造為國家的工具。當權力壓制生命的成長，必然會遮蔽個體生命的訴求。「重新發現學生」呼籲教育觀的轉變，要求每個教師都要具備生命倫理。

第五節　合作學習在班級管理中的應用

導讀：

欲提高教育效果，除了通過改進學科教學本身外，還可通過促進學生的非智力因素的發展來實現。合作學習是當今世界教育中的一個熱門話題，其特點是強調社會心理對學生學習品質的影響，注重學生心理的發展。本節在國內首次提出，合作學習也可應用於班級管理中，以改善班級裏的社會群體心理和學習行為，促進學生在情感、意志、態度等非智力因素的發展，從而最終獲得大面積提高學生學業成績的效果。毋庸置疑，合作學習在班級管理中的應用，拓展了合作學習的應用範圍和途徑。

簡單地說，合作學習就是讓學生通過「自組織」，共同去探索真理。用於班級管理中的合作學習，採用了團隊化的扁平結構，也具有「自組織」的特點。因此，無論是從學習還是從管理來講，合作學習都具有生物學世界觀的痕跡。

關於將合作學習應用於管理的思想，可以參考前文《學校管理的哲學透視》。

「當成員學會積極貢獻、獲得信任和處理矛盾時，小組就進步了。」
——詹森兄弟（1991）

合作學習（Cooperative）20世紀70年代起源於美國，在70年代中期至80年代中期取得了很大發展。目前，國外的合作學習的實踐與研究主要是在高等教育（主要是網路環境下）和基礎教育中，而國內的研究側重在基礎教育裏，尤其是小學與初中，而且主要應用於學科教學中。

一、合作學習的含義

（一）它是一種人文理念

為了使教育能夠適應世界範圍內的日益廣泛的交流與合作，聯合國教科文組織也要求教育要讓學生「學會認識、學會生存」，進而對20世紀提出「認知、做事、處世、和睦」（稱為所謂的「教育四大支柱」）為內容的人才培養標準，明確提出了與人合作的團隊精神的理念。我國的第八次課程改革力求在純粹的科學教育的基礎上，將人文教育整合進入課程，明確提出了知識與技能、過程與方法和情感、態度與價值觀的教學框架，要求學生的學習方式發生變化，提出「主動參與、實踐體驗、獨立思考、探究發現、合作交流」。這就要求我們在育人活動中既重視學生的科學素養，還要重視學生的人文素養，努力培養學生健全和諧的人格。以人為本，使教育真正成為人的教育，從而豐富人的精神世界，提升人的需要層次。這對我們的教育實踐活動有著目標導向的作用。

（二）它是一種教學模式

合作學習作為教學模式，有著特定的基本操作流程：「合作設計－目標呈現－集體講授－小組活動－測驗－回饋與補救」。以合作設計為基礎的課堂，應該力求「簡要清晰，時短量大，高效低耗，有著較強的研究性或探究性，能為後面的小組活動留有足夠的空間」。應用於學科教學時，合作學習有著很強的操作性，這賦予了它極強的生命力，因而被譽為「近十幾年來最重要和成功的教學改革」。

（三）它是一種學習方式

傳統教學以教師、課堂和教材為中心，其心理學基礎是「刺激－反應」的行為主義。在這種教學中，學生的學習是他主性的和單向性的，即由教師完全控制，學生的知識都來自於教師，學生只是作為知識容器。新課程標準提倡學習改變學習方式，進行自主學習、探究學習和合作學習。在合作學習中，知識的建構與獲得既通過「師－生」互動，也通過「生－生」互動來進行。學習是社會性活動，而不是個人的獨角戲。「君子獨學，則孤陋而寡聞」。然而，組內成員可以互相學習，互相幫助，共同提高。

如上所述，合作學習是一種人文理念，一種教學模式，同時還是一種學習方式。然而，我們的視野不應該僅局限於這三個維度。隨著對合作學習的研究和實踐的深入，對合作學習也就有了更多更深入的認識。我們相信，合作學習可以，也應該有更為廣泛的應用範圍，可以在教育實踐中顯示出更旺盛的生命力。本節提出，合作學習還可以有另一個實施途徑：把合作學習引入班級管理，使其成為班級管理的一個策略和方式。

筆者認為，班級管理不宜「大」化和「粗」化，而宜「小」化和「細」化，應該進行「化整為零」。把一個班級劃分為若干小組，對大班級的管理細化為對小組的管理，讓大班級管理的成功體現在小組管理的成功。小組管理的成功，在於通過學生在小組合作學習，讓學生的互愛合作，相互競爭，相互監督滲透於各科的學習中，使學生的學習品質、學習態度和學習行為得到提高，在班級裏形成一種團結向上、共同進取、和諧健康的學風和班風，從而有效地提高班級管理效率和效果。同時，這種管理模式下形成的良好的社會心理，可以有效地強化學生的情感、意志、態度、精神等非智力因素的發展，從而最終促進學生成績的提高。因此，合作學習也可以是一種班級管理模式。

二、合作學習成為班級管理模式的必要性

（一）合作學習能夠成為班級管理的一種模式，首先因為合作學習注重社會心理對學生學業成績的巨大影響

建構主義學習理論認為，學生一方面要與客體互動，通過指向客體的活動來促進知識的增長；另一方面，學生之間（以及學生與教師之間）的社會性的

相互作用也是知識建構的重要一面。因此，社會心理雖然屬於非智力因素，但對學生學業有著深刻的影響。

國內專門從事合作學習研究的學者王坦認為，從學習的性質形式來看，學生的學習主要有三種：①競爭性。即學生之間相互競爭，個人的成功以他人的失敗為基礎。②個體性。即「各顧各」的情境，個人的成功與他人沒有關係。③合作性。這個情境中「生－生」互動進行合作學習，個人的成功與失敗與他人緊密聯繫，個人的成就與小組是「捆綁」在一起的，個人與小組構成了一個「利益共同體」。合作學習使學生在合作中能夠學會溝通、互助和分享，既能尊重、理解和欣賞他人，也能使自己更好地得到他人的尊重、理解和欣賞。這可以培養學生的團隊精神，使學生能夠學會認知，學會做事，也能學會與人和睦相處，推進和諧、健康的班級風氣。顯然，在合作學習中，社會心理具體外化為風氣，有助於學生學業和身心的健康發展。這種合作的意識和品質對於學生終身的發展是有很大益處的，它符合教學規律和時代的要求。

（二）合作學習能夠成為班級管理的一種模式，還在於它在班級管理中有著很強的可操作性。

小組合作學習在班級管理的操作上主要體現在分組上。合作學習目前已有數種分組方式，其中較著名的，較為流行的首推STAD（Students Teams Achievement Division，即「學生小組成就分組法」）分組方式。這種分組方式的小組通常由4人（也可多至八人，視班級具體情況而定）組成，其中一名是優等生，一名是差生，二名是中等生。這種分組形式要求各小組總體水準基本一致，每個小組都有優中差的學生，是整個班級的一個縮影。異質小組通常是由性別、學業成績、能力傾向、性格特徵和興趣等方面不同的成員構成，成員之間應該存在著一定的差異和互補性，如把不愛發言的或性格內向的學生與喜歡發言的或性格外向的學生編排在一個小組內。這種「組內異質、組間同質」的分組方法，為小組間展開公平競爭奠定了基礎。

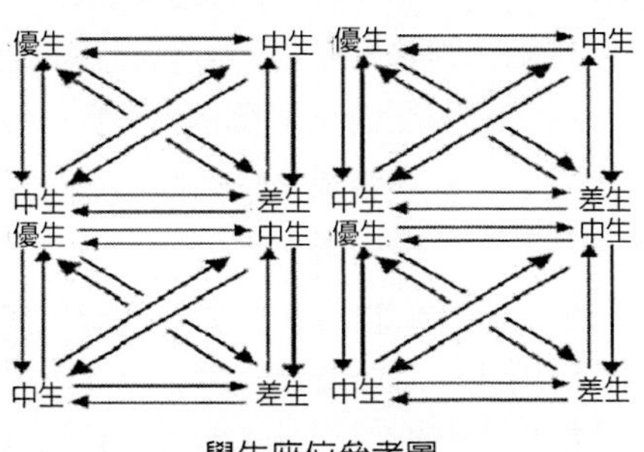

學生座位參考圖

在座位的編排和分組上，應該體現出學生在質上的差異性。除此之外，還要體現出質上的梯度。這將直接影響到合作學習的效果。需要說明的是，這裏的中生只是相對意義，只是動態的中生，即包括中等偏上和中等偏下的學生。至於座位的具體編排，操作上可以四個鄰近的異質學生編為一組。如圖所示：

這種分組在具體實施中，教師還可以指定一個學生作為小組組長，負責組織幫助其他學生的學習，在行為規範的操行上為其他學生樹立一個良好的榜樣。

（三）合作學習的富有創意的實效的評價體系及其較強的可操作性也使能夠成為班級管理的一種模式合作學習中，對於小組成員的操行評定可採用「捆綁式評價」進行評價。

教師可以對各小組進行一個總體上的定性評價，這個評價也是組內成員（包括中差生）所得到的評價。採用這種方式進行班級管理，教師對班級的管理就可實現由教師的監督逐漸變成組內成員互相督促，為實現自我教育奠定基礎。小組成員為了爭得進步，為了「體驗成功」，就會互相鼓勵和認真監督。這就意味著，班主任在班級管理中已經進入了一個教育管理的「自由王國」。

總的來講，「捆綁式評價」可使全班學生都有均等機會受到激勵，由此獲得集體的認可，滿足學習過程中學習自尊心理的需要，從而充分調動每個學生的積極性，喚醒他們沉睡的潛能，放飛他們被囚禁的情愫，使學生產生歸屬感和「自我效能感」（指個體相信自己有能力完成某項任務，是個體的能力與自信在活動中的表現），使中差生重新找回失落了的自信與自尊。

三、結束語

自誇美紐斯開創班級教學以來，學校教學一直都以班級的形式進行。在一所學校裏，班級不外乎有「異質」和「同質」兩種類型。「同質」班級在教學上對應著特定的教學——分層教學。誠然，學校如果採用「同質」班級的體制，這樣會易於班級的整體教學。它符合因材施教的教學原則，可以成為一種大面積提高學生學業成績的途徑。然而，從目前國內的情況來看，大多數學校的班級仍然是「異質」類。「異質」類班級不適用分層教學，我們卻仍然可以有所作為。我們可以將合作學習引入到班級管理中，利用合作學習所凸現的情意功能，面對有差異的學生實施有差異的教育，讓他們實現有差異的發展，使合作學習成為一種班級管理模式，以改善班級的社會心理氣氛，充分發揮學生的主體能、能動性、創造性和積極性，促進學生的智力因素和非智力因素的發展，最終實現大面積提高學生的學業成績，這在教育管理中有著非常深刻的現實意義。

第六節　淺議班級政治

導讀：

面對作為生命的學生，教師若採用極權專制的管理，那就會失去生命倫理，致使學生的生命受到壓抑。本節主要涉及對學生的公民素養的培養，這跟班主任的世界觀也有密切關係。用生命倫理去觀照每個生命，讓學生富有個性地成長，這是教育者必須做到的。

在一個現代社會裏，公民素養十分重要。所謂的公民素養，主要包括知識文化素質、法律意識和自律能力、道德修養等。公民素養不僅體現于知識水準，還應有更為深刻和廣泛的內涵。社會的現代化，首先必須是人的現代化。培養學生的公民素養，推動社會的進步，這是當下中國教育所必須肩負的責任。

在班級中，班主任在某種意義上扮演著領袖角色。這個「領袖」如何建設班級，採用的是專制方式還是民主方式，對學生的影響無疑是巨大的。班主任若採用專制方式建設班級，學生便會有懦弱、奴性強、內向、沒頭腦、對班級事務漠不關心等特點；班主任若採用民主方式建設班級，學生便能普遍有樂於助人、關心集體、開朗、有主見等特點。

我們時常能聽見教師談起民主，足見教師們可能都喜歡民主。然而，每個教師是否真正懂得民主呢？對此，我有所懷疑。教師不懂民主，卻還要大搞民主，結果會是怎樣呢？

網路上曾有消息說，一位班主任叫學生投票表決，是否讓一個「壞學生」留在班上。在投票中，大部分學生都投反對票，讓那個學生被「民主地」趕走了。結果，因無法忍受屈辱，那個學生最終自殺了。民主是個好東西，但卻也有致命的缺陷。在古希臘，蘇格拉底就是經過投票被「民主地」處死的。這位班主任不分青紅皂白地讓學生投票，而學生的智力是有限的，投票完全可能造成災難。因此，不加限制的民主也可能會是有害的。對此，喜歡搞民主的班主任應該加以注意。

班主任還應該懂得，民主只是手段，自由才是最終目的。享受了自由，學生才會有個性。然而，專制政治是不會允許自由的。在專制政治裏，個體只是受奴役的工具，教育培養的也只是工具，而不是有個性、有尊嚴的個體。

一般來講，中國人大多不喜歡政治。一些班主任時常會說「我不喜歡政治」，以示自己的清高。他們既不關心政治，也不會懂得班級政治。可以說，他們不僅沒有自己的教育哲學，甚至連基本的政治素養也缺乏。沒有教育哲學的班主任，便只能憑直覺進行班級管理，沒有一個思想或理念牽引著自己。我認為，作為現代公民或有文化素養的人，班主任必須具備一點公民素養和公民意識，能夠正確看待責任與權利和區分民主與專制。否則，我們難以相信班主任能培養學生的公民素養。

眾所周知，自律與他律是相對的。他律是屈從於外在壓力，而自律是聽命於內心的「絕對命令」。真正的道德不是他律，而只能是自律。學生怕被班主任處罰才做好事，這顯然不是道德。唯有自覺自願地做好事，才能算是道德。然而，自律意識取決於自治水準，或者說內心自由的程度。雅斯貝爾斯認為：「政治意識越開明，人們越能感受良心的責任」，因為「政治自由有道德的作用」。

自律跟自治有關，而自治又跟民主有關。在班級建設中，班主任應該鼓勵學生自治，讓他們參與班規的制訂。班主任設計讓學生遵守的班規，跟學生是沒有多大關係的。然而，學生若能參與制訂班規，他們便能更好地「自律」，自覺地遵守好班規。如此，便會逐漸培養起學生的憲政意識和法制觀念，為他們將來成為高素質的公民奠定基礎。

人的內心獲得自由，是道德判斷的基礎。只有有了內心的自由，學生才能祛除種種醜陋的秉性——自私、麻木、冷漠、懦弱與犬儒化。班主任的專制，會降低學生的道德水準。因為說到底，道德是一種自覺，一種理性，或者說一種內心的「絕對命令」。班主任若將自己打扮成「上帝的選民」或「牧羊者」，那麼學生便會成為「兒童」「羊群」和「腦殘智障者」。此時，學生便不可能有判斷力，既無法為自己的幸福負責，也無法判斷真理。

說到自由，也許有人會認為，每個班級都會有規章制度，學生因此不可能有自由。然而，我想說，只有有班規的地方，學生才能獲得自由。霍布斯曾說：「自由統治的首要條件：不是由統治者獨斷獨行，而是由明文規定的法律實行統治，統治者本人也必須遵守法律。我們可以從中得出一個結論，即自由和法律之間沒有根本性的對立。相反，法律對於自由是必不可少的。」其實，班規也可以說是一種法律。二者的適用範圍不同，但在本質上卻是一樣的——班規在班級裏約束學生，法律在社會上約束成年人。

人是社會動物，他的自由必然與他人的自由相關。他的自由每多一點，別人的自由便會少一點。反之亦然。法國哲學家薩特說「他人即是地獄」，也正是此意。班規不是限制個體的自由，而主要是限制他人侵犯個體的自由。在這個意義上，班規就是保護了個體的自由。若沒有班規，別人就可以對個體進行騷亂，侵犯個體的自由。誠如英國哲學家洛克在《政府論》中說：「法律的目的不是廢除或限制自由，而是保護和擴大自由。這是因為在一切能夠接受法律支配的人類的狀態中，哪里沒有法律，哪里就沒有自由。」[11]思想家阿倫特曾把人類實踐活動分為勞動、生產和行動。行動是在公共領域中展開的，它不再是僅僅關懷私人的生存。顯然，教育是人類的實踐活動之一。教師若能超越簡單的「勞動」和「生產」，便能克服教育工作的簡單化。教師自己必須是以「行動」進入公共領域的合格公民，這樣才可能培養出學生的公民素養。

總之，學生是否熱愛集體，能否富有個性地成長，跟班主任的政治素養有直接關係。專制的班級建設方式會壓制學生的個性，同時也會降低學生的道德水準。唯有民主的班級建設方式，才能賦予學生自律能力，提高學生的道德水準和法律意識，並通過保證學生的自由，為學生個性的發展提供有力保障。作為班主任若具備一定的政治素養，便有可能在工作中體現自己的教育哲學，培養出高素質的現代公民。

第七節　警惕班主任的虐待趨向

導讀：

魯迅曾指出，中國人的國民性中有主奴的雙重性格。對上吮癰舐痔，對下則頤指氣使，這種國民性是長期專制傳統的惡果。認為自己是主子，就是承認自己的人格高於他人，進一步地講，也就認定了「不平等」的邏輯。當外部條件發生變化時，主子便會心甘情願地做起了奴才。這便是主奴人格發生轉換的內在邏輯。

魯迅說的主奴人格，跟弗洛姆說的權威主義人格具有異曲同工之妙。「法西斯制度自稱是權威主義制度，是因為權威在其社會政治結構中占主導地位。『權威主義性格』代表了構成法西斯主義的人性基礎的人格結構。」[12]在傳統

[11] （英）洛克：《政府論》（下），葉啟芳、瞿菊農等譯，商務印書館，1983，頁38。

[12] 弗洛姆《逃避自由》，國際文化出版公司，2007，頁112

的專制主義的基礎上，中國又吸收了法西斯主義的意識形態，這使得中國人的人格結構更符合施虐－受虐的特徵。

在《說愛》中，弗洛姆指出，在官僚體制中存在著大量的虐待狂。由於披著官僚外衣，這些虐待行為時常隱而不現。弗氏認為，披著官僚外衣的虐待狂主要有三個特徵。

第一個是對於秩序的過分關注。他們喜歡控制而害怕生活。其實，與其說他們害怕生活，毋寧說他們害怕自發秩序，因為生活具有自發性，顯得有點無序。他們必須實施嚴格的控制，唯有如此才能實現秩序——或者說，對於他們而言，唯有秩序才能帶來效率。

第二個特徵就是他們象對待東西一樣對待人，人已成為物品。虐待狂只喜歡弱者，因為弱者最容易滿足他們的權力欲，為他們的施虐提供可能性。一旦被他們控制，受虐者便已物化。虐待狂們最怕人格獨立的強者，因此會千方百計地將強者變成弱者。若不能做到這點，他們的權力就會自動崩盤。

第三個特徵就是奴性。虐待狂想控制弱者，但是他只得屈從那些比他更強的人。希姆萊可能對下屬隨意施虐，但他特別崇拜希特勒。他的信念是：我必須服從，我必須使我自己從屬一個更高的權力，不管這個權力可能是什麼。

最近，洛陽發生了一起震驚全國的「性奴案」。李浩前後共把六名女子關在地下室裏。女孩們有過反抗，比如第一個四川女子便因「不聽話」而被殺死。不久，她們便發現，反抗毫無意義。於是，她們開始被「體制化」，爭先恐後地為李浩獻殷情，想從他那兒多得些實惠好處。她們相互妒忌，為陪「哥」睡覺而爭執。女孩甲與女孩乙因爭風吃醋發生打鬥。李浩協助前者打死後者之後，將屍體就地掩埋。

在此事中，甲乙女孩兩人中有一人攀上李浩，在成為「二把手」後，便可能暴露出作為虐待狂的趨向。一方面，她可以對其他女孩頤指氣使，把她們控制得嚴嚴實實，另一方面她又必須服從李浩的控制，儘量多向他討好。大多數人都有這種虐待狂趨向，只是現實環境沒有讓他們表現出來而已。

在現代官僚體制中，員警、醫生、班主任等都只是機器上的齒輪，對事情很少有發言權。但是，對於他們的工作對象而言，他們的權力就會很大。這些行業中，存在著大量的虐待狂，施虐方式也是形形色色，有肉體的，也有精神的，有顯性的粗暴施虐，也有伴隨權力運作的隱性施虐。比如，班主任可能打學生的耳光，或將學生強行拖出教室，只要他們聲稱這是為學生好，只要肉體虐待的痕跡不那麼駭人聽聞即可；班主任還可以隨意懲罰學生抄作業，直到第二天淩晨他才能做完，或是讓學生在辦公室裏站幾天，最終將其「規訓」，而理由仍然是「為了學生好」，甚至是「為了黨的教育事業」。這些虐待狂班主任沒有意識到，在他們的「善良」的動機背後，一種控制別人的虐待狂激情正在膨脹。在班級裏，班主任主宰一切，而作為受虐者的學生「必須成為其保護者的一部分，因為只有這樣他才能分享保護者的偉大、威力和安全。」[13]

對於自己對學生施虐，班主任可以為自己找出很多崇高的理由。儘管如此，班主任普遍只是人格不獨立的弱者，他們在對學生施虐的同時，自己也成為了權力運作的犧牲品。他們必須服從中層領導，而中層領導又必須服從校長。在這個體制中，每人都是虐待狂，只是施虐物件不同而已；同時，每人也是受虐狂，受到不同人的虐待。在弗洛姆那裏，「施虐－受虐共生有機體結合」蘊含著法西斯主義，或者說權威主義。「權威主義性格的本質就是同時具有施虐和受虐衝動。」[14]中國的法西斯主義意識形態，已經滲入到每個個體的意識底層了。

我曾讀到這樣一個故事：

> 某日，我去看望一位先生。穿過雜草絲生的花園，我走進他的房間。閒聊中，我說花園這麼多雜草，怎麼不清除一下？老先生告訴我說，以前他是天天清除，而且是不分白天黑夜。然而他發現，他越是清除，雜草越長得快。後來，他想通了一個道理。既然如此，那就讓雜草長吧。他不用清除雜草，也就有時間看點書，做點自己喜歡做的事了——這豈不是「各有所得」嗎？

每天，班主任們都在尋求對學生的控制，班主任們起早貪黑地逼學生學習。這種具有虐待色彩的做法，到頭來也會害了自己。班主任虐待學生，中層虐待班主任，校長虐待中層，局長虐待校長……每人都會失去自由，最終失去自我。同時，每人都在吃人，同時又在被吃。在這裏，你不可能有自由，因為一旦生命有了自由，便會成就自我。對於虐待狂而言，最不容易被控制的，最不容易被物化的，便是那些個體生命很強大的人。

在自由民主的社會裏，享有自由的生命可以在自由擴張中釋放自己的生命能量，患精神病的機率肯定要低得多。然而，極權專制對生命的壓制，使生命能量得不到釋放。極權專制在控制個體，而個體又在努力尋求自我。從精神分

[13] 弗洛姆《愛的藝術》，上海譯文出版社，2011，頁17

[14] 同1，頁149

析的角度來看，這種衝突便可能使人患上精神病。「精神病患者則可以被視為在爭奪自我的戰鬥中不準備徹底投降的人。」[15]目前，中國有高達一億人的精神病患者。我認為，中國處於現代化轉型過程中，中國人的生命開始有了自覺意識，而極權專制仍然壓抑著生命，這應該是罪魁禍首的主要原因。

班主任們不要迷戀對學生的控制、虐待或物化。即便班主任是奴隸主，學生是奴隸，即便班主任可以用繩索將學生捆綁起來，班主任也沒有獲得自由。班主任必須用手牽著繩索，否則奴隸就會跑掉獲得自由，而當班主任用手牽著繩索時，自己便會失去自由——在這種情況下，到底是誰控制著誰呢？班主任越是想控制別人，自己也越被異化，成為了控制目標的工具。此時，班主任也會失去自我存在的深度。

可見，控制與虐待都是雙向的，同屬一個「施虐－受虐共生有機體」。班主任要想獲得自由，那就把自由還給學生吧，不要昧著良心，以「道德的名義」去虐待學生。

第八節　教室佈局中的管理

導讀：

在教室中，講桌與課桌的佈局，都隱藏著管理的秘密。教師站的講臺，一般都有二三十公分的高度。誠然，這有助於拔高教師的「身高」，讓教師講話更好地被聽見。然而，這也給人了「教師高高在上」的感覺，客觀上強化了教師的威權地位。

學生的課桌佈局，也具有政治學的意義。學生的課桌以小組形式安排在一起，與教師的講桌構成了「二元對立」。這是一個深刻的隱喻——教師與學生是對立的。在管理上，這是一種「樹」狀的科層結構，而不是「根」狀的開放式結構。

為了活躍課堂氣氛，給學生一點新鮮感，教師可能會改變教學方法或搞點遊戲活動。我曾經把學生請上講臺，以給學生新鮮的感覺。當然，如果是讓學生講課，事先得對講課的學生面授機宜一番，以儘量減少由於學生講解不到位

[15] 同1，頁96

而由我來補充的幾率。但在我的記憶中，每逢此時學生上臺後由於心驚膽戰而語無倫次、雙腿發顫，結果我的教學設計當然是均告失敗。從表面上看，這可能與學生心理素質有關，但這背後有著更為深刻的社會心理方面的成因——教師長期以來的「一言堂」已把講臺變為一種權力象徵了。

是啊，講臺對於學生來說太重要了，簡直可以說是處於教室的中心位置。說它是中心，倒不是指空間意義上的中心，而是注意力的，或是重要性意義上的中心。我們謳歌無數教師在講臺上「蠟炬成灰」，為教育奉獻了終身，但我們不能忽視，講臺已經實實在在地成為了權威的隱喻。既然講臺的隱喻是權威，學生的表現則是無可厚非的了。無論我們是否意識到，在學生心目中，教師的權威是神聖不可侵犯的。那麼，有多少學生敢在老師在場的情況下覺得自己是權威呢？

我們教室座位的佈置，主要是按傳統的「秧田式」。這種座位佈置，體現出了對效率與控制的追求。教師站在講臺上發號施令，儼然是知識的權威，而學生則是居於次要地位的知識「貯存器」。這樣的座位佈局，其主要目的是便於教師控制，以取得更高的傳遞效率。這是一種「反民主」、「反對話」的佈局，它在學生大腦中無聲地複製著「師道尊嚴」的意識形態，讓學生默然地接受著教師單方面灌輸的知識。

後現代哲學旨在消解主體與客體的對立，使線性結構成為非線性的「扁平化」的「根」狀結構。同時，後現代課程理論認為，課堂教學是個開放的生命系統，應包容教學中的混沌與模糊性以構成系統發展的條件。後現代的知識觀認為，知識不是客觀存在，一成不變的，而是師生共同發現、創造的。這就意味著，師生必須進行對話，在多主體的交互活動中創造知識。我們知道，知識具有文化性。每個學生都具有自己的文化背景，知識的生成也必須以學生個體的文化為基礎。客觀主義的知識觀，僅注重教師傳授客觀知識，抹殺了學生作為主體建構知識的一面，當然也漠視了學生作為主體的存在經驗和生活世界。後現代的課程觀主張，課堂教學是一種非線性的、具有開放框架的過程，不應是從外部控制，而應該是從內部來實現「生成」。這給予了學生主體經驗以充分的重視，也折射出了「以學生為中心」的教育思想。再從後現代的生態觀來看，傳統的課堂生態已經嚴重失衡，教師地位惡性膨脹，造成了學生的失語。而那個「神聖」的講臺，不正是這種現象的溫床嗎？由於有了上述的思想基礎，所以近年的課程教學研究提出了不同的排列方式。在合作學習教學模式中，使用比較多的是「馬蹄形」、「T形」、「半圓形」等排列方式。後現代課程專家斯拉特瑞（Slattery）則極力主張用「環形」排列方式，並在他的教學中付諸於實踐。可以看見，無論是哪種方式，都無一例外地採用了「非線性」的思維方式，重視了心理上的「坐向效應」，突破了傳統方式的師生主客體「二元對立」的藩籬，體現出了多主體交互性的思想。這樣，講臺呈現出了某種「流動性」，而課堂也體現了某種「去中心化」。毫無疑問，這些座位排列方式使課堂教學更有利於探究學習和合作學習的開展。

猛然間，想起了後現代主義大師福柯的那句名言：「權力即知識」。傳統的知識觀認為，知識體現於權力之中，權力是知識的載體，教師作為知識的擁有者，所以只有教師才有發言權；學生只是知識的「容器」，所以學生沒有發言權，也就只配作為接受者。如此看來，讓師生通過平等對話與交流以共同發現創造知識，教育民主需要首先解構教師的話語霸權。要達成這點，我們何不從重新認識講臺做起呢？

第九節　自治與道德

導讀：

自治意味著聽從內心的聲音，自覺地「履約」。同時，自治也意味著民主和自由。總之，「履約」精神深深地植根於西方社會的道德與政治之中。

沒有自治，便不可能有民主。自治意味著自主地進行理性判斷，並作出相應的選擇。專制主義者剝奪了民眾的選擇權利，壓制了民眾的理性發育，因而必然降低社會的道德水準，使民眾產生出一種奴才性格。班主任是否鼓勵學生自治，對學生的人格有著終身的影響。

民主是自由的有力保證，而自由是學生形成個性的前提條件。因此，實行民主管理，鼓勵學生自治，是時代發展對中國教育的要求。中國的班主任，能讓學生自治嗎？

有必要解釋一下。本書在「概論」一節中便已指出，民主是生物學世界觀在政治維度上的體現。在班級管理中實行自治，也是生物學世界觀在班級管理中的運用——其實，自治又何嘗不是一種自組織方式呢？

> 在人民自己治理自己的地方，他們是不會逃避責任的，因為他們不可能將自己的責任推卸到政府身上。
>
> ——卡爾・柯勒律治

《聖經》是西方文化的經典文本。它本是一個契約，上帝耶和華與古以色列人的契約。上帝是以色列人的神，以色列人是上帝的子民。以色列人若信奉和遵從上帝，便可得到富足與繁衍，否則，上帝將降災難給以色列人。

上帝與以色列人的第一次立約是與亞當後裔諾亞之約。上帝創造人後，除諾亞外，人類都背叛了上帝，上帝便欲洪水來處罰他們。然而，上帝讓諾亞造出方舟，並讓其家人乘上方舟。人類正是因諾亞方舟得以延續下來。洪水後，上帝與諾亞立約，說，「我把虹放進雲裏，這便是立約的記號。」

上帝與摩西也有立約，這便是著名的「摩西十誡」。「摩西十誡」被刻在石板上，成為古以色列民族的基本法律。此後，上帝與以色列君主大衛和所羅門續約。西方把契約和上帝聯繫起來，難怪西方人把履約看得這麼神聖。在歷史上，我們熟知的英國《大憲章》、新教徒的《五月花號公約》，甚至是盧梭的《社會契約論》，都體現了履約的思想。

1620年11月，「五月花號」船即將到達美洲之際，四十一名乘客在船上簽定《「五月花號」公約》，創立了一個自治團體。這個團體是基於被管理者的同意而成立的，而且將依法而治。這個公約是美國歷史上第一份重要的政治文獻。在公約裏，有這樣幾句話：

> 我們在上帝的面前，彼此以莊嚴的面貌出現，現約定將我們全體組成政治社會，以使我們能更好地生存下來並在我們之間創造良好的秩序。為了殖民地的公眾利益，我們將根據這項契約頒佈我們應當忠實遵守的公正平等的法律、法令和命令，並視需要而任命我們應當服從的行政官員。

可見，西方的歷史是一部「契約史」或「履約史」。事實上，自治出現於西方社會，這跟「履約」精神有著密切關係。「履約」出自於內心的絕對命令，可以起到一種相當於宗教上的神的「絕對之善」對道德的提升作用，因此在道德維度上有著極其重要的特殊意義。同時，自治精神也為西方催生出了民主和自由的政治制度。

幾千年的專制傳統，造成了中國人身上種種的醜陋——自私、麻木、冷漠、懦弱、犬儒化、缺乏責任心，等等。古代皇帝天子聲稱代表了上天來統治民眾，共產黨的「三個代表」則聲稱自己代表了國家與民族。專制主義的邏輯是：自己是上帝的選民，是牧羊者，民眾則成了兒童、羊群和腦殘，是沒有判斷力的弱智，無法為自己的行為負責，無法判斷或識別真理，因此需要一個牧羊者，或一個主子為其判斷，為其負責，為其作主。

康得認為，人之所以為人，是因為人能夠做出選擇。人之外的事物受制於因果關係，遵守一些預設好的因果程式，而人卻可以依照自己的意志自由選擇。在《什麼是啟蒙運動？》一文中，康得曾明確地指出：

> 啟蒙運動就是人類脫離自己所加之於自己的不成熟狀態，不成熟狀態就是不經別人的引導，就對運用自己的理智無能為力。當其原因不在於缺乏理智，而在於不經別人的引導就缺乏勇氣與決心去加以運用時，那麼這種不成熟狀態就是自己所加之於自己的了。Sapereaude！要有勇氣運用你自己的理智！這就是啟蒙運動的口號。

在康得看來，如果人們的行動取決於外在於他們的東西，即如果他們的行為不是緣起於內部而是自身之外的事物，那麼，他們也不是完全意義上的有道德的人，也不會有什麼道德感與責任感。假如說，經過啟蒙的人能夠運用內在於他們的理性去判斷，他們的道德水準便會高一些，那麼，中國社會的道德水準便一定會低於西方社會，因為中國至今仍生活在專制制度之中，沒有經歷過完整而徹底的啟蒙。

價值之所以為價值，這是由人的選擇而非它自身的固有性質所決定的，因為價值外在於它的固有性質。換句話說，價值是因人而生，沒有人的選擇，也就沒有價值可言。然而，班主任的家長式專制主義，必然會把價值強加給學生。學生的內心沒有自由，也就會失去道德判斷的基礎。

班主任越強迫學生，越是一種專制；班主任越專制，越降低學生的道德水準。面對誘惑和威脅而行善，這不是真正的道德。真正的道德是一種自覺，是一種理性，一種內心的「絕對命令」，不會受到外界的影響。道德是內心自由的表現，強迫是不能產生道德的。在一個極權專制的社會裏，民眾的道德水準不可能會高；在一個極權專制的班級裏，學生的道德水準同樣不可能會高。

學生不是弱智的低能兒，他們是有理性判斷的，不需要事事都被班主任代表。只要讓他們內心自由，讓他們能自由運用自己的理性，他們的道德水準也會逐漸提升。然而問題恰恰在於，愚昧的班主任對專制主義的危害毫無所知。他們接過了專制主義的「接力棒」，又將其傳遞給下一代。一旦學生將來有了機會，又會以同樣的方式對待他人。班主任自己做穩了奴才，為什麼必須讓學生也成為奴才？

雅斯貝爾斯曾大聲疾呼：「一個國家如果不自由，一國所有的人民都得為他們政府的專制付出道德代價。」阿克頓也說過：「自由是義務的存在狀態，是良知的守護者。自由與良知相伴而生，相伴而長。」[16]可見，自由和道德之間有著不可分割的關係。中國的專制主義制度，要為中國社會的道德水準的低下負責。

自治是民主管理的具體體現。當班主任進行「精細化」的管理，將自己的權力伸向班級的每個角落時，極權專制的趨向便已體現了出來。此時，學生享有自由嗎？有多少自由？當學生沒有了自由時，他們能不成為班主任的奴才嗎？而作為班主任的奴才，他們又會有多高的道德水準？

班主任培養的是現代社會的公民，還是專制主義的奴才，這從班主任是否允許學生自治便可看出。讓學生自治，實行民主管理，顯然有個前提條件，那便是班主任便只能宏觀調控，保證學生的自治空間，不要事無巨細地幹預學生。

讓學生學會自治，借此強化學生的民主觀念，這應該是一個總的大原則。然而，每個班主任所在的環境不同，管理的班級也各不相同，因此，我們不便在細節上進行討論。我們相信，只要有了較高的思想水準，班主任都會因地制宜地進行操作。

第十節　給班主任的話

導讀：

在本章最後一節裏，我想對班主任多說幾句。我只想說說觀念和思想，不想涉及具體的操作。

班主任的管理，是極權主義在教育中的一環，對學生的個體生命有著至關重要的意義。那麼，班主任是充當極權主義幫兇，協同權力對學生進行迫害，還是自覺地堅守「一釐米主權」，捍衛教育的價值與尊嚴呢？

在現實工作中，難道班主任就沒有一點辦法嗎？

一位「有點名頭」的班主任，在博客上發佈了一篇《班級管理條例》，介紹自己如何對學生進行「無微不至」的管理，鼓吹自己的鐵腕管理的思想。幾位教師為這些條例叫好，表示要用在自己的班級上。我很少看別人的博客，但那次碰巧發現了這篇文字，忍不住評論了幾句。

---

[16] 阿克頓《自由與權力》，譯林出版社，2011，頁271

在評論中，我對那些管理條件進行了反詰：什麼是管理？管理的目標是什麼？如果說，管理的目標只是將學生管死，那麼，這位班主任的條例根本不算什麼。他要求學生六點半到校，並對其嚴格考核，我便可以要求學生五點半到校——中國的教育管理不正是這樣嗎？學校不斷侵佔學生的時間，把學生越管越死，以至於學生根本沒有任何自主的時間了。那麼，班級管理目標到底是什麼呢？如果這個目標是讓學生尋求自我或成為自我，鐵腕管理是否就能讓他們成為自己？……之後，我痛斥了鐵腕管理的極權主義趨向，建議讀者多思考一下什麼是管理，以及管理的目標是什麼。因為，唯有在目標的導向下，我們才能做到有的放矢。盲從別人的管理條例，是一種非常低級的鸚鵡學舌。

一些班主任喜歡「拿來主義」，追捧一些有經驗的班主任，希望從那兒學到幾條經驗。我不打算完全否定經驗的價值，也知「他山之石，可以攻玉」的道理。然而我想說，無論你從別人那兒學到多少經驗，你永遠只是一個「匠型」的班主任。原因很簡單，因為你沒有自己的教育哲學。在我看來，一個優秀的班主任，應該首先具備自己的教育哲學。他的日常工作，是在自己的教育哲學的指導下進行的。他可能也會有一些經驗，然而這是真正屬於他的經驗，因為，這些經驗是他的教育哲學在現實中的具體表現。有教育哲學的他，顯然要比那些純經驗型的班主任好出許多。

在這個國家利益至上的國度裏，校長是國家派來管理學校的代表，是國家權力在校園裏的「抓手」。同樣地，班主任只是校長派來管理班級的代表。在極權主義社會裏，國家權力伸到社會的每個角落，牢牢控制住了個體，使其成為國家的奴僕。

班主任若沒有自己的教育哲學，便會唯校長馬首是瞻。作為極權主義的工具，校長要求不斷侵佔學生的自由，班主任也會照此進行班級管理。結果，班主任也只能成為校長的工具。在現實中，校長可能喜歡這類班主任，但這種喜歡無異于主子對奴才的喜歡。在中國，整個極權主義的運作機制便是這樣的。人人都在吃人，人人都是犧牲品。

可以看出，班主任只是極權主義鏈條上的一環。誠然，班主任若是直接與權力對抗，結果未必對班主任有利，因為面對國家權力，個體是非常無力和渺小的。在交流中，一些班主任對中國社會中的極權主義也有所認識，但對如何進行管理班級也表示了某些困惑。

那麼，班主任應該如何管理班級呢？我以為，班級管理首先涉及價值判斷的問題。有人對此不以為然，而我卻認為價值判斷是第一位的，因為它涉及到教育的核心。比如，教育是扼殺人，還是解放人？是奴役人，還是幫助學生成就自我，獲得幸福？……這些問題的背後，都涉及到價值判斷的問題。

教師若懂得個性對於生命個體的重要性，便會知道自由的可貴。此時，他的管理便會相對寬鬆，盡可能給學生一些自由。一些作為奴才的教師，可能根本沒有這些觀念。在實際工作中，他們會不斷加強對學生的控制，以為能把學生管死才是管理。

我以為，只要學生的行為規範不出格就行。在這個前提下，班主任應儘量把自由和民主給予學生，讓他們學會自治，培養他們的公民意識。在當下的學校裏，校長都會要求教學成績。在這一要求之下，班主任都會採取高壓政策，強迫差生學習。結果，差生的成績可能會提高幾分，讓班主任可多得點獎勵。然而，即使考試多得幾分，差生仍然考不上大學，況且他們也不可能從學習中找到幸福。對於這些差生，班主任不妨寬容一點，給他們一點空間，讓他們有機會在其他領域發展自己，而不是在學習上把他們往死裏逼。

班主任時常抱怨說，自己成天被瑣事纏住，沒有了時間的讀書。實際上，班主任的工作已經簡化到了去控制學生。然而，只要是奴役和控制，奴役者和被奴役者都會出現異化。唯有給學生自由，教師自己才能有自由。有了自由後，才可能有自我的發展。

讀者或許會問，校長不滿意這種管理咋辦？首先，班主任非常清楚自己在做什麼，這點非常重要。其次，班主任不妨學會跟權力媾和，借此取得權力的默認。至於如何媾和，要取決於每人的情況。班主任只是國家權力在教育中運作的一環，硬碰硬的方式對自己不利，那麼有沒有其他方式呢？我以為，班主任不是毫無作為。只要運作得當，班主任這一環可能出現轉機——本會被扼殺的學生，在班主任這裏卻能倖存下來。

班主任在教育中感到的壓力，除了來自校長所表的國家權力外，還來自家長代表的社會。班主任應積極地啟蒙家長，以尋求更多的支持。家長們都是被洗過腦的，對教育難有清楚的認識。每學年下來，總會有幾次家長會，班主任應利用這些機會給家長啟蒙。我相信，只要堅持對家長 進行啟蒙，便可能會得到家長的認可。最終，家長給予班主任的可能不是壓力，而是積極的推動力。

在電影《辛德勒的名單》裏，辛德勒在那個極端惡劣的環境下，不是讓猶太人倖存了下來嗎？相比之下，教師今天的環境要比當時的德國要好得多。問題的關鍵在於，班主任是否認識到極權主義，是否敢於堅守「一釐米主權」，而這些問題，又取決於教師的讀書和生命覺解。

第六章　管理與生態

第一節　領導是什麼？

導讀：

最近幾年，我都在思考如何把複雜科學和系統論的思想引入到管理學，重新認識組織系統。經過幾年的思索，我目前已有一些成熟思想形成雛形並浮出水面。

在當當網購書時，偶然發現一本《領導是什麼》，作者是美國人瑪格麗特·魏特利。從目錄看，內容是關於耗散結構、混沌學等在管理中的運用。最近，我也在思考如何把複雜性科學的思想運用到管理中。我下載到了此書的電子文本。將其列印出來後，共有57頁。

我花了一下午一氣把書看完，感覺還是有些收穫。此書中，一些思想跟我的思考較為接近，有一些思想對我有很好的啟迪作用。當然，我也有一些作者沒想到的地方。無論如何，我還是選擇了一些段落，附上我的思考，作為本書一節，權當作讀書心得和筆記吧。

楷體字的引文部分的頁碼，均為列印文本的頁碼。

組織中的人需要一種信念，那就是，達到目的的路有多條，只要他鎖定目標，盡自己的最大努力，就一定會成功，而不要過多注意過程。我們總是受到過程的束縛，總設想把它們建設得更完美、複雜，認為這樣才可以阻止各種黑暗勢力的破壞。（頁6）

按傳統的管理思想，尤其是泰勒的科學管理思想，管理者應該嚴格控制過程，以期達到目標。換句話說，這是將任務分解的思想，追求的是對每個階段的控制。從世界觀來看，這種思想是牛頓的物理學思想。牛頓的世界觀是靜止的，關注的是各個部分，忽視動態情況和整體功能。

耶魯大學的校長曾抨擊過中國的學術腐敗，認為中國人是人類歷史的大笑話。當下，各學校都在聲稱實現「精細化」管理，追求的是控制與預測，這又何嘗不是天下的笑話呢？17世紀的牛頓思想，在今天的中國教育中仍然還炙手可熱。這表明，中國離世界的發展還有一些差距。

說遠一點。中國的這種管理思想，一方面源自官僚主義不可避免的痼疾，一方面來自官方的共產主義意識形態的世界觀。共產主義沿襲牛頓的封閉世界觀，將整個社會視為封閉系統，或領袖可以隨心所欲地操作的機器。這種操作的結果，帶來的是極權主義的血腥暴政。

說到底，將牛頓的世界觀運用到管理中，必然是高壓的強勢管理。從國家管理，單位管理，到班級管理，這種思想都一樣。

> 它暴露了這些年來我們付出高昂代價所換來的一個教訓：不要再投資于源於牛頓學說的計畫上。有多少個公司因為周密而昂貴的計畫而獲得顯著收益或贏得持續發展呢？答案是「寥寥」。量子學觀點為這些失敗做出了有力的解釋。沒有現成的事實擺在那裏，只有我們致力於眼前的狀況，環境和未來才會發生改變。我們只有與自然親密接觸，才能看到即將到來的奇跡。
>
> 這並不意味著組織是在盲目地變化，它的運動是有目的和針對性的。如果沒有明確的責任感和使命感，組織中人就無法與環境和諧相處；同樣，沒有明確的目的性，組織或個人都不會積極有效地融入環境（參看第7章）。（頁13）

作為一種假想：「周密而昂貴的計畫」強調預測和控制，會忽略掉實際中的可變因素。因此，很多公司的發展不是因為計畫得周全，而是因為它們能在市場中隨機應變，做到了動態地把握瞬息萬變的機遇。

在課堂上，教師又何嘗不是如此？有些教師認為，只要做到備課仔細充分，就能上好一堂課。然而，這只是一廂情願的虛妄。這種想法過多強調預設性，會抹殺掉課堂的生成性和動態性，結果只會成為「線性」的灌輸式課堂。

誠然，課堂有點預設性和方向性也不壞。重要的是，千萬不要用預設性完全取代了生成性。要知道，生成性才是生態課堂的活力和生長點。

> 貓問題到現在還沒有被解決，但是我們在這裏不妨把它講述給您：盒子裏放著一只活貓，盒子的四壁是堅固、不透明的。所以沒有人知道

> 盒子裏發生的事情，這一點特別重要，因為這個思維遊戲就是想考察觀察者對現實的影響。盒子裏同時還有一個設備，觸發它可以釋放毒品或食物（毒品和食物的可能各占一半）。隨著時間的流逝，觸發器已經觸發了，但我們不知道具體時間是在什麼時間。也就是說貓的命運已經有數了。
>
> 不是嗎？這就如同電子有兩種狀態——波和粒子。我們的觀察使得觀察結果只有一個：波或者粒子。斯可洛丁格認為，貓目前也存在兩種狀態——死或活。一旦我們開始觀察，則擺在眼前的只能是其中的一種狀態。如果沒人去看的話，則盒中貓的狀態還存在兩種可能。儘管通過數學計算有可能計算出貓的狀態，但是我們無法說出此刻貓是死、是活，除非我們親眼去看。所以，正是觀察決定了貓的狀態。（頁20）

這兒的貓，是「薛定諤的貓」——一個物理學上的經典比喻。這個例子是想說明，對象可能有多種情況。如果不觀察，便永遠不會知道真實情況。這種思想運用在管理上，要求領導深入一線，多觀察一線的員工和工作，做到掌握一手資訊。「觀察決定了貓的狀態」，在管理中可以轉換為「觀察決定了工作和職員的狀態」。

> 自我施行的預測確實能對人的成功起到一定的推動作用。如果有人告訴經理某個新員工具有非凡的才智，經理會覺得這個員工確實與眾不同，即使他事實上很平庸；而如果有人告訴經理某個新員工反應遲鈍，那麼即使這名員工提出再好的想法，經理也會覺得該員工思路混亂。通過對組織中個人所獲機會的研究（引自坎特調查，1977），我們發現了組織中的「添彩學」，即許多很快得到晉升的員工正是經理們意識中的能人，或者至少經理們的暗示對他們的進步起了很大的作用，因為從心理上，經理們更願意接受他們的想法和言談。因此樂得提供更多的資訊，並分配更好的工作。正是經理們的潛意識決定了他們的成功，經理們不斷的觀察只是希望證實自己的判斷。（頁21）

話分兩頭說。

1、想當領導嗎？如何打入領導層？一個好的辦法就是「從週邊入手」，即跟領導身邊的人聯絡感情，讓他為你給領導不斷地鼓吹你的優點。久而久之，領導對你的看法也會隨之改變。你本來並無什麼能力，然而領導卻潛意識地認為你非常地能幹，這就是「添彩學」原理的作用。當然，也有這種可能：你本是難得的人才，而領導身邊的奸佞小人卻說你的壞話。這種情況下，你不用學屈原跳江自盡，換單位等待時機大展身手吧。

2、反過來講，作為領導，對身邊的人一定要保持一份警惕。身邊的人與領導很近，他們有意或無意的鼓吹，可能會潛移默化地影響領導的判斷。做領導的要點，是保持頭腦的清醒，不要因為有人成天對你搖唇鼓舌而重用了庸才。

> 對領導者來說，時刻警惕觀察的誤區至關重要。管理不要僅僅停留在數量上，不能滿足于常規性的調查、月進度檢查、季度報告、年度評估等方式。最重要的是要意識到，任何一種管理形式都不是完全客觀的。每次採取措施的結果都是失大於得。那麼我們怎樣才能確保得到的資訊更合理，依此做出的決定更明智呢？怎樣知道找什麼樣的資訊呢？怎樣才能在尋找需求的資訊的同時又兼顧其他可能會失上的資訊呢？（頁22）

領導不要成天坐在辦公室，瀏覽那些下級送來的各種表單和報告。這些資料可能由於某些原因，比如中層的有意或無意的錯誤，而不真實。況且，不調查研究會脫離實際，跟下面的資訊流通不好。在經濟學領域，這叫「資訊不對稱」，即領導只是單向發佈作為指令的資訊，而沒有從基層那兒得到資訊。

> 我們現在明白了：激發人們主人翁意識的最好方法就是讓他們為自己的計畫負責。沒有一個人會對別人制定的計畫感興趣，無論這個計畫有多正確或多優秀。（頁23）

在組織中，共同願景的確立應有職工的參與。職工能參與計畫的制定，也就對單位的發展計畫表示興趣，甚至將其視為自己的計畫。如此一來，職工就會表現出很強的「主人翁」精神。

領導制定的發展計畫，只屬於領導一人，而不屬於全體職工。領導可以強迫職工工作，但職工只是達到基本要求，不可能全身心地為組織著想。只有將發展計畫視為自己的時，職工才會積極主動地工作，創造力和生產力才會超過領導的要求。

> 根據古典熱力學觀點，平衡是封閉系統進化的終極狀態，這個狀態意味著系統已經耗盡了所有的能量，不再發生任何改變，做任何功。所有的生產力都轉化成為無用的熵（熵是與系統改變能力對立的概念，也就是說系統的熵越高，改變能力越弱）。在平衡狀態下，系統沒有任何變化，也不能生產出任何東西。如果把宇宙看作是一個封閉的系統，那麼它的步伐必將漸漸緩慢，直至達到平衡。用科學家皮特・卡溫尼和羅格・漢費爾德的話說：「宇宙最終將變成這個樣子——熵和隨機性充斥其中，所有生命都將滅絕」（引自1990，頁153）。

> 熱力學第二法則適用於孤立或封閉的系統，例如機械系統。它的最明顯的例外是生命系統。其中，每個生命都是一個開放的系統，共同致力於環境的發展，並不斷地成長和進化。但是，我們的科學和文化都不斷地受到古典熱力學觀念的消極影響。當我們把衰退看成是不可避免的事實，把社會看作是不斷淪陷的城堡，把時間看作是通向死亡的必由之路時，我們都在無意識地實踐著這個法則。「蓋亞假想」的提出者——生物學家兼作家詹姆斯・拉夫洛克說：「熱力學法則讀起來就像是地獄之門上粘貼的告示」。（頁26）

根據牛頓的世界觀，組織是個封閉的框架，需要控制其秩序。正如前面所說，泰勒的科學管理和現在教育中的「精細化」管理，都是牛頓思想在管理和教育中的具體運用與延伸。

這種思想認為，平衡對系統的穩定具有重要作用，混沌也被視為了一種破壞性的因素。因此，這種管理必然會採用強勢的高壓管理，以力求祛除組織系統中的混沌。然而，根據熱力學的觀點，隨著熵的增加，這種平衡系統必然會成為死系統，即「熱寂」。

比如說，高壓管理通過控制職工來追求生產效率，忽視職工的精神和心理狀態，也就否認了職工作為生命的自組織行為。長時間的高壓管理，會極大地破壞組織中的自發生成性，挫傷職工的積極性和工作熱情，使組織失去發展的動力。同時，高壓管理還會帶來更為嚴重的後果，比如職工在心理出問題後的自殺。

具有自組織能力的系統一定是開放系統。開放系統要求資訊能夠自由流動，各部門和個人擁有自主決定的自由。《領導是什麼》中有句話講得很好：

「自由不會導致專制，相反卻會促進整個系統的協調一致。個體和小團體都願意自由地完成自己能理解的任務，他們會不斷地做出反應、調整和改變。」（頁56）也就是說，當每個成員都能以組織的發展為己任，發揮高度的「主人翁」精神，同時還能擁有相當的自由度，自主決定任務的完成情況，這樣的組織一定最具活力和生命力。

> 為什麼許多組織中都存在溝通困難？在我曾體驗過的許多組織中，員工們都把「溝通困難」列為最最頭疼的問題。的確，這毫不奇怪，完全在意料之中。但我覺得溝通困難只是一個較膚淺的解釋，它掩蓋了其他深層次的內容。多年來，我總是對「溝通問題」做出一種想當然的反應，而忽略了深層次分析。我總是要求人們提供溝通困難的具體例子，而不只是泛泛地談論這個問題。我一直認為，一定會找到溝通困難的真正根源，並且也許它根本就與溝通無關。（P31）

在組織系統中，溝通就是資訊的傳遞。若是領導自上而下地發佈指令，這只是單向的資訊流通。領導要掌握組織的情況，一定要注重資訊的暢通——包括各部門之間的和由下而上的資訊流通。要實現這點，就要求領導要跟下級溝通。

多溝通也是情感投入問題。它如同機器運轉所需的潤滑劑一樣，可以保證組織內部的人際關係的和諧，這對於組織的發展也是至關重要的環節。

近幾十年來，科學領域取得了長足的發展。人類已認識到牛頓思想的缺點，以及這種思想為人類帶來的危害和災難。人類認識到宇宙充滿著複雜性和不可預測性，開始將物理、化學、生物等學科的思想綜合起來，用「新三論」、「舊三論」來解釋和看待這個複雜性世界。從此，人類社會不再是用極權與血腥的方式來進行控制的封閉框架，而是一個開放自由、充滿著自組織和活力的生態系統。這種思想滲透到管理中後，為管理者們提供了一種全新的觀念。

總的來講，此書運用複雜性科學思維來透視管理，對管理有很好的啟發意義，具有一定的參考價值。你若對管理學比較感興趣，不妨下載來讀讀。你若在網路上找不到，也可以給我發郵件索取。

第二節　系統與管理

導讀：

管理學不僅跟政治哲學相關，也跟世界觀相關。管理學思想，也是一種秩序觀。

當然，每一種管理思想對人性都會帶來不同的影響。生物學世界觀尊重個體，讓個體獲得解放，更有利於個體發揮主觀能動性和創造性。物理學的世界則是扼殺個體，泯滅個性，帶來的必然是奴役性的極權管理。

兩種管理思想，體現著不同的世界觀，帶來的效果也會不同。

耗散結構理論的創始人普利高津，把物理分為兩部分：存在的物理和演化的物理。傳統的物理研究的是存在的物理，而演化的物理研究的是具有生命特徵的有機結構。把傳統物理用於研究有機體，根據系統論創始人貝塔朗菲的觀點，其生命觀是一種強調「分析與累加」的「機械論」，或者認為有機體由靈魂似的操縱者控制的「活力論」。這兩種觀點都有很大局限性，不能全面反映有機體的複雜性。因此，貝塔朗菲提出自己的「機體論」，並以此為基礎發展出了他的系統論。這種「機體論」認為，有機體產生於連續流動的過程，具有調整和適應能力，是一個具有自主活動能力的系統。

實際上，物理、化學和生物等學科已經聯姻，共同承擔了對具有生命特徵的有機結構的研究。換句話說，具有生命特徵的有機結構領域已「巴爾幹化」，即被各自然科學瓜分了。然而幸運的是，這種「瓜分」產生了以「新三論」和「舊三論」為代表的邊緣學科和橫斷學科，以及這些學科綜合而出現的複雜性科學。目前，複雜性科學正在逐漸改變著人們的世界觀，深刻地影響著人們的思維方式。

在複雜科學看來，世界不再是一個簡單系統，而是一個充滿著不確定性和偶然性，能夠自動演化的複雜系統。一個複雜系統也是一個具有生命特徵的有機結構，能進行演化和適應的生命系統。外在的高壓控制這個系統，就會遏制系統的進化，使其難以實現發展。當然，如果完全是混沌，結構被破壞掉後，生命系統也不可能存活。總之，生命系統必須在一種既非完全有序，又非完全無序的環境下才能產生，即存在于一個平衡點上。

目前一些學校的管理，採用的是高壓的管理政策。這種思維將系統視為簡單系統或機械系統，認為整個系統須由類似神靈的領導來操控。這種自上而下的管理思想，是「存在的物理」的思想。它置教師的生命（重要的是精神生命）於不顧，是一種奴役性的極權主義管理。

相反，我們若將學校視為一個有活力的生命系統，學校管理就應該要注意剛柔相濟，既有制度的剛性，也有情感的柔性，既有管理的剛性，也有任意的自發性。生命系統意味著，系統內的各個元素之間，系統跟外界之間都要交換能量和資訊，而且這種系統時會通過自適應、自組織、開放性等特點。

眾所周知，細胞的繁殖與分裂是生物世界的基本規律。假如某個系統是一個生命系統，那麼也可用細胞的繁殖與分裂來解釋它。如圖所示：

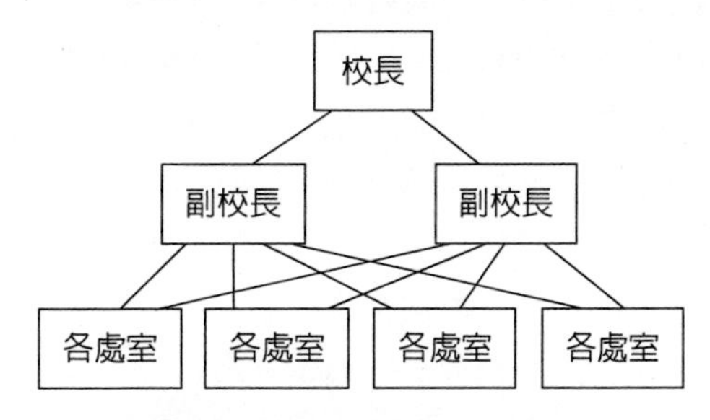

管理中的細胞繁殖與分裂結構

在《後資本主義》中，管理學大師德魯克提出了三種團隊模式：一是棒球隊。這種團隊效率最差，因為成員不需要有很高的綜合素質，只能根據自己的角色行動，而不能根據團隊的情境調整自己的行動。這種模式的好處在於，球員的位置不靈活，其表現也便是評估。二是足球隊。球隊受教練意圖的指揮，整支球隊的行動有「總譜」，個人卻也有點彈性空間，可在小範圍內進行自我調整。三是雙打網球隊。這種團隊的效率最高，對球員的素質的要求也高。每個球員不僅要完成自己的角色，還在要具體情況下為團隊的勝利主動出力。

從這三種團隊模式來看，泰勒的科學管理最適合棒球隊模式。在生產的流水線旁，工人的行動是單獨的。要做什麼事，需要只個動作，培訓也極容易。開放式的雙打網球隊模式，是後現代組織的團隊方式。在這兒，團隊是自適應的和開放的，成員會根據環境自動調整，以使系統生長下去。

要實現「雙打網球隊」的團隊模式，必須首先提高成員素質，使組織成為「學習型組織」。通過學習型組織的建設，使員工把個人願景和公共願景結合起來，大力提高員工自我管理的水準。「必須給受雇者最大的自我責任與自我管理……以知識為基礎的組織必須成為責任為基礎的組織。」[1]當年，美國最早提出這種管理思想，後卻被日本運用得更好。日本經濟的崛起，很大程度上是因為借鑒了美國的管理思想。

在評價方式上，目前很多學校已逐漸開始「淡化個體、注重團體」。很明顯，這種評價類似對「雙打網球隊」的評價。我以為，這種評價的取向是好的，體現了時代的發展趨勢。然而，大部分學校採用這種方式時，由於不知這種管理背後的思想，常常有一個致命的誤區。

「雙打網球隊」的成員有高度的自主性，而這種自主性是有前提的。它要求成員必須有責任感和自我實現的需求，這就必然需要對成員的精神層面進行引領。換句話說，學校若採用「雙打網球隊」的團隊模式，一定要把學校變成可以不斷進化的系統，注重教師文化的建設，通過組織文化培養教師的責任感和自主性——否則，學校將是一個僵化的死系統，教師文化不能逐步進化，「雙打網球隊」的評價方式必將會一蹋糊塗。

從系統角度來看，「雙打網球隊」背後的思想也是將組織視為一種生命系統——成員之間可以自發組織，以適應環境需要，或為了團隊的勝利而自發地相互支持。若採用高壓方式來管理這種團隊，勢必會「殺死」這個有活力的生命系統。因此，這種團隊的組織特點決定了，在管理思想上必須將其視為能夠進化的自組織系統。

在目前的國內，能高度重視教師文化的學校極少，絕大多數校長只是體制中的棋子，或者說只是政治奴才。這些校長缺乏獨立的思想，缺乏對教育的科學認識，不能很好地管理學校。他們最擅長的，恐怕只是執行上級官僚傳達的檔。當然，他們偶爾也會邯鄲學步一番。不過，他們學習別人的經驗也斷然學不到點子上，出了問題也不知為什麼。

為了應付高考制度而追求效率，很多學校採用的極權主義的高壓管理跟正諭意識形態也有點關係。為什麼會這樣呢？

共產主義意識形態認為，社會是一個封閉框架或一個簡單系統，領袖可以根據自己的理性，採用極權和血腥的方式，自上而下地操控整個社會，使社會最終進入共產主義。官方搞了三十年的共產主義實驗，死了幾千萬人，人民生活極度貧苦，可謂民生凋敝，怨聲載道。一個沒有活力的系統，已到了幾乎崩潰的邊緣。然而，這個瀕臨滅亡的系統卻在此時迎來了生機。

1　（美）彼得・F・德魯克《後資本主義》，東方出版社，2009，頁138

20世紀70年代末，安徽、四川等地的農民開始自發地率先實行起「聯產承包責任制」，揭開了改革開放的序幕。這一次，官方算是比較聰明，沒有扼殺掉這個自下而上的自發種子。從現在來看，「聯產承包責任制」是一種自發組織或秩序。官方開始順應歷史實施改革，把自發秩序的市場經濟引入人為秩序的計劃經濟，把封閉社會轉變為開放社會，因此才有可能取得今天的成就。

學校採用的極權主義管理，官方多年用它來治國——管理國家，人們對其已習焉不察見慣不驚。這種管理經常侵犯人權和違犯法律，比如學校強迫教師加班，又不依法撥放加班工資，官方卻會置之不理，不認為這有什麼問題。大流氓見到小流氓的惡劣行徑，沒有驚詫反而有認同感；大妓女看見小妓女在脫褲賣淫，沒有責難反而有親近感。事實上，校長只是官方的乖孫子，受官方的委託來管理學校，當然會受到官方的蔭庇。

可見，管理者對組織若無正確和科學的認識，在管理中就會出現問題，對組織造成損失或傷害。管理不能只有剛性的一面，自上而下地採用高壓管理——近日發生的「富士康事件」，原因可能便在於富士康的管理過於強勢，嚴重地摧殘了員工的身心健康。管理的對像是人，一定要有點人性化。我常說，制度管不到的地方，要有文化補充；權力伸不到的地方，要有情感作補充。況且，有生命的人構成組織，這決定了組織也應是個生命系統。在一個生命系統中，自發的秩序比領導制度的秩序往往更為有效，教育管理者一定要清楚地意識到這點。

當然，教師的自發現象不一定都好，也有積極和消極之分。對於積極的自發現象，管理者應該加以充分保護。對於消極的自發現象，管理者則可採取適當措施加以控制和引導。

第三節　不讓一人丟失

導讀：

德魯克是經濟學家熊彼特的弟子，而熊氏深受奧地利學派的生物學世界觀的影響。德魯克的管理學思想，也有很深的生物學世界觀的痕跡。在他的「團隊」理論中，「雙打網球隊」最為典型地體現了生物學世界觀。

生物學世界觀強調開放自由和自組織，認為在特定的環境下，生物體都能以自組織的形式，根據環境作出自己的判斷和選擇。「雙打網球隊」體現的，

正是這種思想。這種生態思想強調，要想有活力和創造力，組織必須具有生態特徵。

多年前，我研究過聖吉・彼特的《第五項修煉》。對於他的團隊思想，我仍然記憶猶新，可以說是受影響至深。我逐漸開始意識到，要加強組織的凝聚力，不讓一人邊緣化，必須實現團隊化。

資訊加工理論中關於記憶的部分，對「團隊化」管理思想也是一個強有力的佐證。

首先，讓我們來看看動物世界。為了對抗猛獸的襲擊，動物往往會形成團隊，呈現出一種群居生活。動物的團隊規模的大小，要取決於有足夠的力量對抗猛獸。越弱的動物，其團隊規模也相應更大。否則，個體動物沒有力量對抗猛獸，被各個擊破的命運，便是整個物種的滅絕。這是我們這個生態世界的遊戲規則。

在自然界中，有些動物不是群體動物。然而，靈長目動物全是群體動物。群體規模也不是越大越好，太大的規模使個體「原子化」而不利於生存。在滿足為生存而合作的前提下，規模越小越利於相互的「識別性」和群體內部的「向心力」。小團體能使社會形成「糰粒結構」，而不是一盤散沙。約翰斯頓曾引用王曉天的研究成果：「小群體比大群體的成員相互依賴性強，利他性強，肯為對方冒險。當群體成員為120人時，選擇肯與不肯為對方冒險的人數各半，由這種規模開始，群體越小，成員越肯為對方冒風險。」[2]

人類的群體性，給了管理學以極好的啟示。人類的活動始終有社會性，個人跟其他同類有著千絲萬縷的關係。在管理中，管理者也應該思考這種社會性，並據此強調組織的整體力量。若不能認識到這點，我們就可能在無意中將個體「各個消滅」，使整個組織面臨崩潰與瓦解。

要強調整體力量的提升，有必要優化組織結構。結構的優化，是著眼於整體力量，而不是個體力量。我們都知道，石墨與金剛石不同。一個是普通資源，一個卻是稀有資源，二者的用途大不一樣。其實，二者的分子是一樣的，只是分子結構不同罷。可以看出，結構的不同，會使事物產生根本性的變化。對於整個組織進行優化組合，採用團隊化的管理方式，這有著重大的意義。所謂「整體大於個體之和」，意味著結構的優化可以改變整體的力量。

通過團隊化實現的結構優化，有其特定的哲學基礎。笛卡爾開創的近代哲學，採用二分法的方式，把世界分成主體／客體、精神／物質等。這種思

[2] 約翰斯頓V.《情感之源：關於人類情緒的科學》1999/2002

維對早期的管理理論產生過深刻影響。無論是科學管理理論，還是行政管理理論，或科層管理理論，都有笛卡爾二分法思維的烙印。在這些管理理論中，管理者與職工都被置於一種「主體／客體」的關係。管理者成為「邏各斯」中心，職工的人格成為一種「依附性人格」，這顯然不利於激發職工的能動性和創造性。

人類進入後現代社會以後，這種哲學受到了嚴峻的挑戰。解構主義哲學致力於瓦解傳統的「邏各斯」中心，打破中心／邊緣的對立關係，宣導自由與活力，反對僵化和秩序，強調並尊重多元化的差異。在這種潮流下，出現了宣導「交互主體性」和「主體間性」的新型主體性哲學。這種哲學思維方式進入管理後，要求管理者和職工是「主體間性」的關係，而不是傳統的「中心／邊緣」或「主體／客體」的關係。後現代的主體性哲學思想，必然會使管理走向民主化。

傳統哲學的二元對立，在管理上表現為縱向思維方式，即將組織視為「樹狀」結構，管理者是樹幹，職工是樹枝[3]。在主體性哲學的視野裏，組織成為了一種「根狀」結構。在這種結構中，樹根的體現形式就是團隊。團隊之間呈並行關係，溝通合作效率高，資訊傳遞更快，利於競爭與合作的開展。這種非二元化的「去中心化」結構，更能激發出組織的活力。

現代哲學思想的變化，必然會深刻地影響管理思想，使現代管理呈現出不同面貌。事實上，目前出現的很多管理模式，其背後都有著近似的哲學思想。下麵略舉數例加以說明。

在學習型組織理論中，團隊化是個非常重要的概念。沒有團隊化的組織一盤散沙，缺乏凝聚力，組織成員似有人管理，又似無人管理。這種情況下，組織成員實際上都被邊緣化了，也不可能產生發展的動力。只有經過團隊化的組織，才可能不讓一個職員「掉隊」，組織內部才會形成凝聚力，從而使組織具有前進與創造動力。

學校的管理模式，是一種「垂直型」官僚科層模式，經常會出現「遺忘與丟失」的現象。針對這種情況，管理者有必要對學校組織進行改組。改組的要義在於重建校園文化，不遺忘丟失任何人，使每人都能各盡所能，充分利用組織的人力資源。

在團隊化後的學校裏，教職員工會表現出一定的自治能力。此時，科室在管理上的作用被削弱，因而可以考慮減少科室編制。在以班級為團隊的學校裏，某些校長頗具魄力，常常敢於「架空」處室，使班主任「行政化」，直接召集班

3　在班級裏，教師就是管理者，學生則是被管理者。

主任會議。整個學校的管理中，班主任是個「樞紐」，直接召開班主任會，可以直接把學校管理深入到班級，而且也由於減少了中間環節，資訊傳遞也就更及時和真實。學校的「團隊化」若以各班為單位，也就是以班級為「錨點」，班主任在單位中的角色更為重要。此時，「架空處室」的辦法可能更為有效。

班級管理上，也有類似的方法。近年來世界各地興起的「合作學習」，不僅是一種學習策略，也可以成為一種管理方式。作為一種管理方式，合作學習的要義是使學生團隊化。關於合作學習的概念，以及如何實現團隊化，有興趣的讀者可參見本書拙文《合作學習在班級管理中的應用》。這裏不再贅述。

資訊加工理論區別長時記憶與短時記憶，是個涉及記憶問題的理論。這個理論屬於心理學或學習論，卻可以在管理上給我們啟示。如圖所示，資訊經過感覺登記這個初步識記之後，可能會有兩條路線。一條是被分類進入了原有的知識結構（即組塊），與其他相關資訊綁定，從而進入長時記憶。另一條沒有被納入到原有的組塊，短時記憶後最容易發生遺忘丟失。

當然，要進行組塊，還必須為資訊選擇「錨點」，即使以不同標準或參照物來進行組塊。不同的「錨點」，會產生不同的組塊。儘管這樣，根據「錨點」來進行組塊，是杜絕遺忘與丟失的根本解決辦法。

我們以英語單詞的記憶為例。學生學習good，fine，nice時，可將它們納入到一個組塊內，選擇的「錨點」可以是「積極意義」，即這些單詞都表示積極意義。之後，當學生學習wonderful時，若能將其歸為該組塊，學習就發生了。如果沒有經過這種編碼，wonderful便不能進入組塊，也就容易發生遺忘。

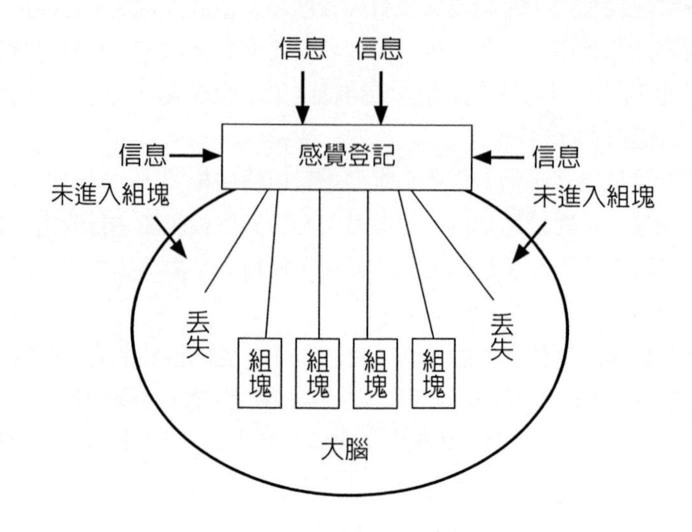

順便提一下，教育家奧蘇貝爾（David P.Ausubel）曾提出過「有意義學習」的理論。奧氏認為，學習內容對學習者有潛在意義，即能夠與學習者已經有的知識結構聯繫起來，是有意義學習的兩個先決條件之一（另一個是學習者的心向）。根據這個理論，新知識若沒跟舊知識產生聯繫，這樣的學習則是無效的。可見，資訊加工理論與「有意義學習」理論具有相近的原理。

資訊加工理論的意義不僅局限於心理學，也在管理上給了我們一個重要啟示：在一個組織內，當成員沒有進入組塊，就會被遺忘丟失。此時，組織內部各行其是，人人都被「邊緣化」了，整個組織毫無凝聚力可言。

總之，無論是生物學思想，或是學習型組織理論，或是合作學習理論，或是資訊加工理論，其背後都有著相同思想——以團體方式求生存。從哲學和政治學角度來看，團隊化管理上也有著相同旨趣——以民主的方式來保證不讓一個人丟失！唯一不同的，只是這些理論的應用範圍不同而已。

組織內最重要的是人心的向心力，它是一個組織文化的內核。沒有這個內核，組織就會失去發展動力，更難實現可持續發展。研究和建設組織文化，落實民主管理，做到「不讓一人丟失」，是一個組織最重要的工作之一。以團隊化來加強組織凝聚力，這是時代發展的要求，也是管理者們應該具備的基本思想。

第四節　兩種管理模式

導讀：

每一種管理思想，背後都有著其獨特的秩序觀或世界觀。民辦學校採用「富士康」的極權管理後，師生都無多少自由可言。

這種極權管理是科學的嗎？如果合理，它又能否用到教育管理？教育管理若是企業管理，教育的特點怎麼體現出來呢？那麼，什麼又是教育呢？……

這一系列的問題，總會讓人沉思不已。

走進某校，你會看到教師們身著校服。乍一看，一切都是井然有序生機活潑，好一派欣欣向榮的景象。然而，該校一學期內連續有7人辭職，每年下來都要引進幾十名教師，以彌補師資的不足。師資隊如此伍不穩定，可校長卻仍做著「持續發展」的美夢。

最近，我偶然找到三家公司的資料。從這些資料中，我們可以來分析管理模式的不同，以及帶來的後果（下面三段，皆為原文轉載）。

A公司：金正電子有限公司。1997年成立，是一家集科研、製造為一體的多元化高科技企業。2005年7月，因管理不善，申請破產，生存期9年。八點上班，打卡制，遲到早退一分鐘扣50元；統一著裝，必須帶胸卡；每年搞一次旅遊、兩次聚會、三次聯歡、四次比賽，每個員工每年要提4項合理化建議。

B公司：微軟公司。1975年創立，現為全球最大的軟體公司和美國最有價值的企業，股票市值2883億美元。九點上班；不記考勤。每人一個辦公室，每個辦公室可根據個人愛好佈置；走廊的白牆上，信手塗鴉不會有人制止；飲料和水果免費敞開供應；上班時間可以去理髮、游泳。

C公司：Google公司。1998年由斯坦福大學兩名學生創立，目前每股股價402美元，上市一年翻了三倍，超越全球媒體巨人時代華納，直逼百年老店可口可樂，也是唯一一家能從微軟帝國挖走人才的公司。想什麼時候來就什麼時候來；愛穿什麼穿什麼，把自家的狗和孩子帶到辦公室也可以；上班時間去度假也不扣工資。

對於這三家公司，我們可以將其粗略地分成兩類：極權管理和混沌組織。A屬於第一類，B、C屬於第二類。極權管理強制對職工的控制，以獲得生產效率的最大化。在A公司，一切看起來都非常規範有序，職員也應該是最富有創造力。然而，事實卻證明瞭這是錯誤的。A公司規範太死，不利於員工的積極性和創造性，因而使組織不能應對市場競爭，最終被淘汰出局了。

B、C公司屬於混沌組織，整個組織是非線性的，因而顯得有點「亂」。這種管理思想的本質，是一種生態學的思想。它反對組織管理的線性化，提倡職工的個性化。這種思想深知，組織的生命力來自於職工的個性化。職工個性化得到充分發展後，職工之間會自發出現配合，無須管理者過多幹預和控制。這種自發配合，才是組織的生命線和活力所在。

A公司的管理採用的是物理學世界觀。它把人視為機器或工具，通過強調控制來讓機器生產更多的東西。然而在現代生產中，最重要的因素不是機器，而是人力資源。當人被視為機器來進行生產時，人的尊嚴和價值便失去了。這種管理中，職工的創造力是非常有限的，使組織缺乏足夠的競爭力。

在現實中，富士康公司就是這種管理的典型代表。這種管理強調物質激勵，無視員工作為人的精神世界，也無相應機制啟動員工的創造力，或強化員工的歸屬感。2010年，富士康連續有十幾人自殺[4]。這個結果，本來就是對極權管理的控訴。

這種管理強調服從，並不承認員工的創造力，必然會出現「一人思考，萬人作注」的局面。職工的創造力被抹殺，組織的總體智力也僅僅是領導個人的智力。若從政治角度上看，這是一種極權政治。當年，毛澤東時代的政治局面就是典型的這種模式。

毫不誇張地講，該校的管理模式是為騾子和雜草而設計的。作為作坊主，校長只需你是拉磨的騾子。你若是千里馬，會被打入另冊。具體說來，你只需花時間和體力抓分數即可。你的思想再先進，知識再淵博，專業化水準再高，力氣若沒有騾子大，你便不會被認可。作為園丁，校長也將學校變成了僅供雜草生長的苗圃。你若是參天大樹，對不起，該校不是為你而設計。可想而知，在這種學校裏，剩下的只能是騾子和雜草。說到底，這種學校沒多少文化可言。

B、C公司的管理採用的是生物學世界觀。與A公司的強勢和高調管理不同，它採用是低調管理。它認為人是有創造能力的，並通過組織的混沌管理，充分挖掘潛力，讓職工的創造力能體現出來，將其轉化為生產力，從而獲得在市場競爭中的優勢。在這裏，職工有很大的自由度，組織也有相應機制讓職工發揮首創性和能動性。從政治角度看，這種混沌組織與自由民主的政體相關。

4　富士康公司是在中國深圳的日本企業，2010年十幾名員工連續自殺，引發了轟動一時的「連環跳」。我在網路上找到如下資料，僅供參考：第一起：2010年1月23日淩晨4時左右，富士康19歲員工馬向前死亡；第二起：2010年3月11日富士康1名男性員工墜樓身亡；第三起：2010年3月17日上午8時，富士康一田姓女工從宿舍樓跳下，跌在地面摔傷。據其稱，因為活著太累；第四起：2010年3月29日淩晨3時，富士康一名23歲員工從宿舍樓14樓樓頂墜樓身亡。至於墜樓原因，初步疑為工作壓力太大，加上自己心理承受能力太差；第五起：2010年3月29日淩晨幾乎與第九起同時，富士康另一員工跳樓，重傷；第六起：2010年4月6日，一名女工跳樓成重傷，年僅19歲；第七起：2010年4月26日，一位富士康男員工被發現不省人事後搶救無效死忘，22歲，湖北人；第八起：2010年5月6日淩晨，富士康一湖南籍員工盧新跳樓自殺身亡，24歲；第九起：2010年5月11日下午，在富士康廠區外出租屋，24歲，河南籍年輕女子祝晨玲跳樓身亡，跳樓時已經離職；第十起：2010年5月14日晚，富士康一名梁姓員工墜樓身亡；第十一起：2010年5月21日淩晨，富士康21歲員工南鋼跳樓身亡；第十二起：2010年5月25日淩晨，富士康員工李海墜樓死亡，年僅19歲，即將大學畢業；第十三起：10年5月26日富士康一賀性員工跳樓身亡，年僅23歲；第十四起：5月27日，富士康一陳姓員工割脈自殺，經搶救暫時脫離生命危險。

兩種管理模式，也是兩種文化生態和政治模式。是奴役性的控制，還是生態中的自由，是獨裁專制，還是自由民主，這是兩種管理模式的分水嶺。

應該說，走過了工業革命的機器大生產時代後，西方社會已進入了後現代社會。在後現代社會裏，人力資源是最為重要的要素，人才競爭也日益激烈起來。如何讓人才充分發揮創造力，這是現代組織面臨的重大課題。只有充分發揮全體員工的智力，進而提高整個組織的智力，才可能讓組織在競爭中立於不敗之地。

相比之下，中國沒有完成工業化，仍處於現代與後現代的交匯階段。現代社會裏普遍採用物理學世界觀，後現代社會裏則普遍採用生物學世界觀。西方已完成了現代化，而中國卻仍在進行著現代化的急行軍。在這種背景下，西方普遍採用混沌組織，中國仍然採用極權管理，似乎有著歷史的必然原因。

然而，極權管理犧牲了人，抹殺了人的創造力。如果一個國家採用了極權管理，整個民族會是什麼樣呢？中國可以實現持續性發展嗎？持續性發展的根本動力是什麼呢？這些是中國的管理者，也是政府當局必須思考的問題。極權管理的組織是一種癌細胞，那麼整個國家機體會是什麼樣的呢？

我們不禁想到另一個問題：我們建設的「和諧」社會，其背後的指導思想是否也強調「控制」？真若如此，社會倒可能會和諧有序，但民族的創造力和智力卻會被犧牲掉。中國人有多少自由思想？有多少原創力？中國人若沒有多少創造力，這跟意識形態的世界觀，以及實施的政治體制有無關係呢？

第五節　談話制——校長秘笈

導讀：

校長不是官僚，而應該是教師的朋友。校長若成天坐在辦公室指揮學校，能真正地瞭解了教師嗎？

要瞭解教師，校長必須做教師的朋友。同時，為了促進教師的專業化發展，校長也必須及時跟教師溝通，瞭解教師的思想動態。

其實，談話制也是防止教師邊緣化，加強教師的凝聚力的有力措施。很遺憾，根據我的有限瞭解，目前實行談話制的學校幾乎沒有。談話制的優勢還沒有被認識，其潛力還沒有發揮出來。

在管理學上，「棒球隊」體現的是泰勒的科學管理思想。泰勒曾這樣給科學管理定義：「諸種要素——不是個別要素的結合，構成了科學管理，它可以概括如下：科學，不是單憑經驗的方法。協調，不是不和別人合作，不是個人主義。最高的產量，取代有限的產量。發揮每個人最高的效率，實現最大的富裕。」科學管理重視物質技術因素，將員工看成是被控制的機器，強調對領導的絕對服從，忽視人的能動性及心理社會因素的作用。可見，科學管理著重個體工作效率的最大化，從而忽視了個體在系統中的相互作用。這種管理的人性觀，只是將人看作是「經濟人」，認為人們只看重經濟利益，相應地，激勵機制也是單一的物質獎勵——「富士康事件」不是偶然，而是由其管理思想所決定了的。

相反，「雙打網球隊」體現的卻是近幾十年興起的系統科學的思想。這種管理思想認為，系統是有自組織能力的生態系統，可以根據現實環境進行自動調整。假如每個個體有足夠的能動性，他們便能根據工作需要調整自己的行為，以實現組織的最優化。系統要實現進化和發展，必須使系統保持在非平衡狀態。

這裏補充一句。說到「平衡」和「無序」，領導們往往喜歡平衡，認為這才是中庸之道。他們也會厭惡無序，認為這不是和諧。其實，這恰好說明領導們不學無術，沒有吸收最新的管理思想。在生物學世界觀裏，平衡與秩序是系統的「大忌」，它會使系統死去。無序也不是洪水猛獸，而恰恰是系統發展的必要前提。

「棒球隊」和「雙打網球隊」兩種模式，體現了不同的管理學思想。然而，管理學也是來自哲學或世界觀。可以講，「棒球隊」的團隊模式來自於物理學世界觀，「雙打網球隊」來自於生物學世界觀。

系統要實現自組織，保證系統的發展，個體必須要有主動性和能動性。那麼，領導如何使個體具有主動性和能動性呢？要做到這點，我認為領導必須要關注個體的精神生命，瞭解個體的自組織行為（個人願景），並站在學校高度上，將個人願景置於學校的共同願景之中，將二者有機地結合起來。

員工個體作為生命，也是一個自組織系統。每個人有自己的個人願景，每天接收著大環境（國內）和小環境（學校）的資訊。個體把這些資訊與自己的情況結合起來，重新調整自己的個人願景。

以我本人為例。1995年，我初次接觸到電腦時，就斷定多媒體必將會出現在教學中。為了適應形勢的需要，我便開始學習電腦。如今，我已完全適應了多媒體教學的要求。再比如說，學校準備明年開展教改活動，我會事先讀點書，或學習相關檔，瞭解相關情況，以能適應即將到來的教改。這兩個例子，都屬於個體的自組織行為。

領導關注教師的精神生命，其辦法是很多的。這裏，我推薦一種「談話制」策略。我所說的「談話制」，具體操作如下：校長、副校長、教務處主任、教科室主任包乾，定期找教師進行談話。談話內容主要是瞭解教師的思想動態、專業發展的目標、個人研修的進展情況、專業化發展中的困難等。領導記錄談話主要內容，作為下次談話的參考內容和進行發展性評價的依據。

自評是促進教師反思能力的很好方式。因此，談話時領導不能先給教師貼上標籤，而應允許教師先自評，為自己「畫像」。領導也要注意保持民主與協商態度，既要指出缺點，又要熱心幫助。談話目的不是恐嚇或威脅教師，而是要通過交流，幫助教師反省自己，促進教師的專業化發展。

通過「談話制」，領導可以瞭解教師的個人願景，並據此思考和制定學校的辦學目標或方向。須知，表面上教師是在「謀私」，即為自己的個人願景努力，實際上是為學校的發展而努力——因為學校共同願意，或發展目標，是以綜合教師的個人願景為基礎的。領導若是一廂情願地制定辦學目標，與教師的個人願景之間落差太大，辦學結果便可想而知。

總之，系統的活力來自於個體的自組織。要讓個體能夠充分地「自組織」，領導瞭解個人願景是非常必要的。同時，要保證系統的活力，必須讓系統保持開放，讓個體從各個方向獲得實現自組織所需的資訊或能量。

當然，單獨的「談話制」也不是萬能的。在工作中，領導們可以配合多種方式，如校園文化建設的種種措施，以期達到自己的管理目標。

最後一句話。對於管理者來說，事必躬親事無巨細未必好。從管理學來看，諸葛亮是很差的管理者。他事事操心處處要管，結果把自己活活累死。智慧的管理者，首先應該是一位思想者。他只需思考組織的構架，建立起一種良好的機制，然後便可以「袖手旁觀」了。這便是輕鬆管理的秘密和關鍵所在。

第六節　重新發現教師[5]

導讀：

社會是一種通過某種關係或紐帶而形成的自發組織或結構，國家是治理社會的政權或權力，即淩駕於社會之上的人為的權力使用。然而，在沒有制衡的前提下，政府對權力的行使會成為權勢者獲取利益的工具和手段，最終成為一種罪惡。

因此，政府權力始終需要制衡，否則政府便會成為幹預社會生活的「列維坦」[6]。從其誕生之日起，政府從來就不是什麼好東西，而只是人性之惡的結果。或許有人會說，採用制衡的方法來限制政府權力，是人性的一種恥辱。然而，人性是什麼？人性一定是好的嗎？「政府本身若不是對人性的最大恥辱，又是什麼呢？如果人都是天使，就不需要任何政府了。如果是天使統治人，就不需要對政府有任何來外的或內在的被控制了。」[7]

國家權力過大，會破壞掉社會中的各種自發組織，使國家失去支撐力量。國家權力不能恣意破壞社會生態，阻礙社會力量的形成。民眾若缺少了社會紐帶，必然會成為「原子化」的個體。國家力量並非萬能，很多問題是管不了的。若沒有社會力量，國家力量的孤軍奮戰，不可能解決所有的社會問題。

比如，「5‧12」地震發生後，官方的反應速度已是前所未有的，但救援部隊也僅是幾個小時後，甚至是第二天才達到現場。在地震當天，在我所在的地方，很多民間團體和個體都已自發地前往災區救援，在物資和精神上給予了災區以有力支援。試想，單純靠官方的救援，災民所受的災害肯定還會嚴重得多。

5　本節在選用標題上受到了熊培雲的《重新發現社會》的影響。該書曾被評為2010的「年度十大好書」，獲得過「文津圖書獎」。在該書中，熊先生顯然只是朦朧地感覺到了社會極易受國家權力的壓制和破壞，而沒能從根源上解釋這一問題。本節中，我以自己的生物學世界觀對此作出瞭解釋。

6　列維坦（Leviathan）也譯作利維坦，在《聖經》中，列維坦是一種力大無窮的怪獸，象徵邪惡或惡魔。霍布斯的《利維坦》是近代西方第一部系統闡述國家學說的經典著作，在西方政治思想史上具有劃時代的意義。在這部著作中，霍布斯用「利維坦」來喻指國家，認為國家是人們為了遵守「自然法」而訂立契約所形成的，並主張國家通過對人民進行管束來維護秩序。

7　漢密爾頓、傑伊、麥克遜《聯邦党人文集》，商務印書館，1980，頁264

在國家權力退守到憲法框架之內後，個體便能通過各自的關係紐帶，形成各種社會力量，支撐起整個國家。這些社會力量，不僅對政府權力可以進行監督，同時，社會力量的形成也標誌著中國已逐漸走出極權政治，邁向了一個現代化的公民社會。

托克維爾在《論美國的民主》中曾說：「結社權是基本人權，破壞結社權就會損害社會本身；結社……從長遠看有利於社會穩定。」實際上，結社就是一種起著紐帶作用的社會力量，它能使社會處於一個健康的狀態之中，誠如愛因斯坦所說：「社會的健康狀態取決於組成它的個人的獨立性，也同樣取決於個人之間的密切的社會結合。」[8]

假如說，一個國家猶如一棵樹，那麼各種盤根錯節的社會力量便是它的根系。顯然，只有根系部分發達的樹，才能成為生命力強大的活樹。在極權主義社會裏，個體被「原子化」後，便無法形成社會力量。此時，極權主義國家貌似強大，實際上卻十分脆弱，因為它只是一棵死樹，沒有根系部分的支撐。活樹有韌性，死樹有脆性。只要來一次風暴，死樹很容易被風吹斷。

從系統論和控制論的角度來講，極權主義社會的主要問題就是負反饋系統失效，群眾被剝奪了發言權，無法用言論來影響和改變政府的行為。相比之下，在一個自由民主的社會裏，社會系統具有柔性，民主與法治讓民眾可以影響政府的行為，因而可以起到非常有效的負反饋的作用。

運用這種生態觀，我們可以發現，校園和班級也同樣是一個生態環境。下節裏，我講述了校園生態也容不得校長的權力的蠻橫幹預。至於班級生態的情況，另有文字專門論述。

總之，整個社會是一種生態環境。國家權力的過度幹預，會破壞掉社會的生態，從而使社會失去穩定發展的根基。

重新發現人，重新發現生命，給予每個生命以充分的尊重，這是自由民主這一普適價值所要求和決定了的。

> 社會是由我們的欲望產生的，政府是由我們的邪惡產生的。社會在各種情況下都是受人歡迎的，可政府呢，即使是在其最好的情況下，也不過是一件免不了的禍害；在其最壞的情況下，就成了不可容忍的禍害。
>
> ——潘恩[9]

[8] 《愛因斯坦文集》（第三卷），商務印書館，2009，頁48

[9] 潘恩《常識》，陝西人民出版社，2011，頁2

極權主義是指某一人或政黨、特定群體以獨裁的方式壟斷政權後，權力的運用達到極限，即社會秩序完全由國家權力掌控，私人空間被壓縮到幾乎不存在的狀態，個人自由被減至最低限度。正如漢娜・阿倫特所言，它意味著私人及公共生活的一切方面都包攝在一個囊括一切的統治過程之內。

在極權主義社會，國家力量可以恣意超出憲法規定的框架——甚至說，根本無須法律，因為在這裏，國家自己就是法律。然而，國家力量又並非萬能，很多問題是管不了的。比如，鄰居砸壞了我的窗戶，我要求賠償，而鄰居不同意。既然國家就是法律，我就會找國家來解決。在一個社會中，諸如此類的事件每天不知有多少，而國家這個「超級判官」根本無暇顧及這些事。國家權力的全能化意味著，國家想做民眾的「超級保姆」，而這又是根本不可能的。其實，若有一個「民事糾紛調解委員會」的民間組織，便能解決前面所說的砸窗事件，我也不必去找國家了。

周建人曾說：「一個國家安全並不完全依賴一個有力的中央政府，還需要有一種可以造成社會安全的力量。」若只有國家力量的孤軍奮戰，沒有社會力量的支持，那是很難解決所有的社會問題的，最終會為社會帶來不安定。同時，國家權力極端化之後，私人空間的消失意味著個體失去自由。此時，個體生活在恐怖之中，相互之間沒有任何紐帶，結果自然便會是「原子化」。在這種情況下，整個國家無法形成社會力量或民間力量。

另外，被國家權力「原子化」後，個體之間失去了聯繫，因而也不可能產生各種社團。社團是自由民主的產物，它是一種政治權利。極權是權力的極端化，跟社團之間本來就是不相容的。

在我看來，社會應該是一種生態結構，它具有明顯的「自組織」特徵。國家權力若受限制，只能呆在憲法的框架內，社會便會自發出現各種民間組織，成為解決社會問題的重要力量——當然，在社會力量無力解決某些問題時，比如貨幣發行，國家權力便可以發揮作用。

跟社會相比，國家權力更多的是一種有意識的力量。它如同一個沉重的包袱，壓在社會這個生態結構上時，便會扼殺掉很多社會上自發出現的東西。「國家，作為對刻意組織起來的和有意識指導的力量的體現，應當只是我們所謂的「社會」這一極為豐富的有機體當中的一個很小的部分；此外，國家所應當提供的也只是一種能夠使人們自由地（因而不是「有意識指導」地）進行最大限度之合作的框架。」[10]同時，當獨裁者濫用國家權力時，便會產生嚴重的

[10] 哈耶克《個人主義與經濟秩序》，三聯書店，2003，頁30

後果。事實上，所有的極權主義社會都會伴隨著暴政出現。英國思想家愛德蒙·柏克曾說：「為了壯大自己，君主制削弱了其他一切社會力量。為了統制國家，政權摧毀了其他所有的社會紐帶。一旦維繫人民的紐帶被割斷，整個國家就土崩瓦解了。」在所有的專制社會中，權力的更迭都是用血腥暴力來實現的。權勢者今天可以享受到權力運作的快感，但明天便可能成為階下囚，甚至被送上斷頭臺。

正因為如此，我們才要呼籲政治改革，要求國家權力的有限性，以能夠「重新發現社會」。只要社會力量開始形成，每個社會成員便能享有民主和自由。總之，通過民主政治來保障社會的穩定和發展，這是中國政治的根本方向。

在學校裏，為了追求升學率，校長會強化權力運作，使校園滋生出極權政治。在這裏，教師每天生活在恐懼之中，每分鐘都被擠出來，根本沒有精力去進行自我提高，也自然不會有任何「自組織」現象。此時，教師只是極權機器上的鏍絲釘，完全失去了自由。阿克頓勳爵曾說：「無論何時，只要人們把某個明確的目標確實為一個國家的最高目的——儘管這個目標是某個階級的利益之所在，是這個國家的安全或強盛之所在，是最大多數人的最大幸福之所在，或是捍衛某種純思辨理念的根本之所在，那麼這個國家就必定會在某個時候墮落成一個專制國家。」在這句話中，我們把「國家」改成「學校」後——「某個明確的目標」就是升學率，仍然是千真萬確的。

在正常情況下，教師群體內部會出現很多自發的組織，比如炒股群體，讀書群體，麻將群體等等。對於這些自組織現象，校長沒有必要運用權力將其全部扼殺，而是應該積極引導和呵護一些健康的自組織形式，讓其成為對學校發展的有利因素。只要健康的自組織占了上風，不健康的自組織就會自動瓦解，這樣便可營造出積極向上的校園文化。

我一直認為，校園政治就是國家政治的縮影。在校園裏，國家權力變成了校長權力，社會變成了教師。國家和社會的關係，跟校長和教師的關係之間，完全是相當的。懂得國家政治，我們也會懂得校園政治，反之亦然。在國家層面上，我們要「重新發現社會」，那麼在校園層面上，我們又為何不能「重新發現教師」呢？

我曾說過，教師要學會馴服校長。對此，有些人對我提出過批評，認為校長是個好人，我們馴服他做什麼呢？其實，我的本意是，我們要馴服校長，也就是要馴服權力。沒錯，校長本人可能是個好人，然而在權力不受約束時，他完全可能濫用權力，侵犯教師的利益。馴服校長也只「虎口拔牙」

而已。老虎沒了牙，只要不再傷人，我們讓它活著也無妨。最重要的是，教師今天若能馴服校長權力，明天便能馴服國家權力。毫不誇張地講，是能否馴服權力，這是檢驗公民素養的重要試金石。「在公民社會裏，至關重要的是讓很多不受（中央集權）國家幹預的組織和機構存在，讓它們雖雜亂無章，但具有創造性。」[11]社會和校園要保持活力，便必須制止權力對生態的恣意幹預。

當我說「重新發現教師」時，是說校長應重視和利用好校園裏的自發力量，不要用權力去將校園生態窒息了。從教師角度來說，教師不應等著別人來解放自己，而應該學會去爭取自由和捍衛權益。要記住，一群奴才永遠都不可能等來民主和自由。

第七節　如何設定學校的發展規劃？

導讀：

每所學校都有自己的發展規劃。不過，校長應該如何制定發展規劃呢？

在很多學校裏，發展規劃都是校長一人說了算，根本無須跟教師商量。這種發展規劃，只是校長一人的，而不是全體教師的，無法走進教師的心靈。

亞當・斯密認為，每個人的行為動機，都是在追求自己的利益，而不會是首先為了社會。然而，結果社會獲得了巨大利益。我以為，學校的發展規劃最好基於教師對專業目標的追求。唯有如此，教師才能在自我實現的同時，也為學校的發展作出貢獻。

在一個生態環境裏，每個生命的自由生長，都會在客觀上促進千姿百態的美麗景色的形成。

時下，各校都紛紛出臺各類「發展規劃」，宣稱何年要實現什麼辦學目標。這些「發展規劃」，可叫做「共同願景」，即全校教職員工共同的願景。然而事實上，共同願景跟任何教職員工都毫無關係，因為它只是校長坐在沙發裏臆想炮製出來的，或最多是幾個領導「密謀」出來的。

---

[11] 拉爾夫・達仁道夫著《現代社會衝突》，中國社會科學出版社，2000，頁58

作為校長為全校設計的宏偉藍圖，共同願景可能也會非常美好。然而，這種共同願景卻有極權主義色彩。當年，毛澤東一人思考出來藍圖後，便開始想法努力實現它——一會兒搞「大躍進」，一會兒又搞「人民公社」，活活地把中國人民折騰了幾十年。在領袖看來，為了那個美麗新世界，他必須控制和操縱一切，即使殺人放火可能會也在所不惜。那個美麗新世界是全人類的理想，犧牲幾個人有什麼關係？對於全人類來說，幾條人命何足掛齒？史達林也曾說，犧牲一個人是殘忍的，然而犧牲一千萬人卻只是一個統計數字。

為了學校的發展規劃，校長也可能採用同樣的策略——牢牢控制住每位教職員工，最好是連他們的業餘時間也佔用了，這樣才能最大程度地控制教師。把全體員工作為一個人，這樣便會有利於控制，更利於實現領導心中的發展規劃。然而如此一來，不可避免地會形成「領導思考，員工作注」的局面——校長一廂情願設計出來的規劃，教師們不敢反對，至少不敢公開反對。即使校長為升學為瘋狂，想要把升學率翻幾番，教師們也只得接受。結果，教師們只得被驅使著幹活，犧牲休息時間去工作。若有人反對，校長會以「小鞋」相待，甚至是炒魷魚相威脅。校長會認為，為了全校的發展，犧牲你一個也無所謂。於是，逆來順受的教師們只有妥協，任憑校長不斷延長工作時間。

作為政治奴才，校長不可能意識到，這種方式極容易帶來危機。無論校長如何驅使教師幹活，教師也不會將學校的發展規劃作為自己的人生目標。如此長期持續下去，教師必然會在厭倦後消極怠工，過早產生倦怠感。出現這種狀態時，學校便成了一片毫無生氣的荒蕪焦土，不可能成為有生命力的生態環境。

其實，作為一個生命體，每個教師都有自己的目的。表面上，這些目的各不相同，因人而異，顯得有點亂七八糟或「無序」，不利於管理。其實，這才是生命系統最典型的狀態，才是學校的活力所在。每個生命遵照著自己的生命軌跡，有目的地生長著，這說明每個生命還沒有死去。校方應該充分尊重並利用這種活力，讓每個教師的成長都為學校作出貢獻。換言之，共同願景的設定應該以個人願景為基礎，只能由若干的個人願景綜合而來。

比如，校長通過調查瞭解到，高級教師張老師，希望五年內評上特級。謝老師等五位初級教師，希望五年內評上一級教師。李老師等一批教師，希望五年內讀點書，使自己能拓寬視野，以更利於課堂教學……根據這些教師的個人願景，學校的共同願景不妨這樣設定：我校擬在下一個五年計劃中增加一名特級教師，增加五名一級教師，營造教師文化，引領教師的專業化發展，云云。

發現沒有？學校的發展規劃應該只是教師個人發展規劃的總和。當學校的發展規劃是每位教師的個人發展計畫，不再是校長一方的思考結果時，便能進入教師的內心和精神世界。當教師的「個人願景」和學校的「共同願景」開始「接軌」後，教師在為自己而工作時，幸福指數、敬業水準、專業化水準和道德水準等諸多領域都會超過以前的水準。

市場經濟是人類社會在進化過程中的自發現象。它通過「看不見的手」來調節，無須人為的權力進行幹預。亞當・斯密很早就指出：「通過追求個人自己的利益，個人對社會利益的增進，往往要比他真的意圖去增進社會利益的時候更為有效。」自由競爭可以激發每個人的創造力，鼓勵人們創造出更多的財富。表面上，每個人都在為自己賺錢，而實際上卻在客觀上為社會財富的增加作出了貢獻——教師在追求專業化發展時，表面上是為私利，客觀上也會促進學校的發展。在生物學世界觀的視野下，市場經濟和教師的專業化發展實際上是同理的。

校長採用極權主義管理，將自己的規劃強加給教師，不能啟動教師的熱情，結果只會是「殺死」教師的發展。沒有專業化發展的教師，即使不斷延長勞動時間，勞動的品質也是非常有限的。「教師已死」時，校長的規劃有何意義呢？校長若能夠關注每個教師的生命目的，瞭解每個教師的專業化發展意向，懂得每個教師的精神世界，便可以利用教師專業化發展的要求，將其轉化為學校的發展動力。唯有這種校長，才能站在一定高度上，體現出教育家的高度和風範。

當然，作為官方的意識形態，極權主義思想在中國非常盛行，已漫延到中國社會的每個角落。官方的極權主義「治國」方針，也就是校長的極權主義「管理」，二者之間具有同構性。對於極權主義管理，國家在「屢試不爽」後「樂在其中」，國人也早已見慣不驚。說到底，這就是中國人的生命為何不夠健壯，從而導致整個國民的孱弱的根本原因。本來擅長極權的國家要校長抓分數，校長也開始用極權方式抓分數，這已成為了中國教育的普遍現象。然而，倘若以一種生態眼光看待教師群體，我們便會很容易地看出問題所在。極權主義管理的最大問題就是「目中無人」，它把教職員工「物化」，以作為自己實現目標的工具。

作為一個生態環境，學校也是有生命的。一所學校的生命活力，在於每位教師的生命活力。花園裏能夠生機蓬勃，是因為每個植物都能充分發展自己。每個植物生長的高度不同，恰好能使整個花園氣象萬千，這正是生態世界的本來面貌。

第八節　教師與盆栽

導讀：

領導的辦公室有棵盆載，每次進他的辦公室裏，我總能看見它。坦誠地講，它很漂亮。然而，我無心欣賞它。每次看見它，總讓我聯想到生命，聯想到教師的生存。

面對盆載，我頗有感想，忍不住想說幾句了。

領導的辦公室裏有棵盆栽，是一棵樹。樹有點粗，葉稀疏而大，被削平，沒有樹尖，看起來還挺漂亮。校長對盆載喜愛有加，將其置於辦公室的正中。只要走進辦公室，每位來訪者都會看到盆栽。

我曾設想，若把這棵盆栽移植到野外如何？我堅信，它會長得更好。在領導的辦公室裏，它被閹割，沒有了樹尖，同時缺乏陽光和水，盆的尺寸還限制了其生長。室內環境，怎麼能利於它的最佳生長呢？它呆在辦公室裏，只是供校長欣賞。

前段時間，我寫出了《教師專業化發展方案》一文，其中有一條是「為部分教師建立個人工作室」。不料，這條引來紛紛議論，甚至是譏笑。本來，為了抓分數，學校要求教師白天坐班，晚上還要坐班。有了個人工作室後，擁有工作室的教師好像會脫離管理者的監督。確實，個人工作室有點像是鼓勵教師不務正業，尤其是對於那些「分數主義者」和迷信管理的人。

迷信管理的人，是那些自以為很懂管理，實際上又不懂的人。他們採用一刀切的辦法，將教師整齊劃一地進行管理——比如要求教師坐班，不斷侵佔教師的休息時間，而且每天不斷點名，再輔之以威脅恐嚇的辦法。在學校裏，教師成為了領導的工具——教師對領導的關係，如同盆栽對領導的關係。在這種關係裏，教師沒有了專業化發展，被當作規訓的對象來對待。不錯，我提出教師個人工作室的方案，背後的目的正是為了衝擊和瓦解那種把教師「往死裏管」的做法。

管理（包括治國）中，有「一統就死，一放就亂」的現象，即把教師管死後，教師作為生命體就休談發展了，永遠成不了參天大樹。同時若是全部放開後，教師隊伍也會亂套散架。我以前的學校是全放開模式，是一種「純野外」

的生長環境。這種環境下，參天大樹可能很成材，而雜草卻可能沒有得到照顧——參天大樹的優秀教師可能非常好，同時「雜草教師」也可能趁上班時間溜出去打麻將。那麼，當我們清楚了「統死」與「放開」的利弊後，這二者之間有沒有更好的解決辦法？

此時，我想到一個折中辦法。我提出，在保留現有管理制度的基礎上，為部分名優教師建立個人工作室，借此為他們提供一個寬鬆的環境，讓他們有時間和自由去思考、提煉和總結教學。此外，還可以讓這些教師帶動和促進一批新教師的成長。若沒有這個過程，教師永遠只是教書匠，不可能提高自己的專業化發展水準。同時，對於有些業務素質不夠好，需要進修的教師，學校可以適度保持一點壓力。

想想荒郊野鄰，多自由和寬鬆的環境啊，那才是參天大樹的生長之地。室內的環境裏，永遠不可能長出好樹材。教師是生命主體，有著自己的生命軌跡。為教師提供一個利於教師生命發育的良好的人文環境，努力打造一支優秀的師資隊伍，這是優秀領導應該做到的，也是必須做到的。

顯然，教師不是盆栽。他們的生命不能被人隨意閹割，成為供人利用或欣賞的工具。

我多麼希望，那棵盆栽能夠回到屬於它的地方。

第九節　再往遠處看看
——給領導的話

導讀：

人的自信，往往始於無知。無知的人所知有限，以為他知道的那些東西便是全部，於是便會自信起來。

一個不學無術的教師，在教育中會是什麼樣？除了靠出賣體力而成為「教育民工」外，他懂得什麼是教育嗎？他知道教育的真諦在哪兒嗎？……

一個不學無術的領導，在管理中會是什麼樣？他能站得高，看得遠嗎？他能指明組織的發展方向嗎？……

對於這些問題，我們都應該打上一個大大的問號。

領導們不學無術的現象，對教育是莫大的褻瀆。然而，這在中國教育中卻是事實。

最大的無知，不是缺乏知識，而是拒絕知識。

——波普爾

一位高中物理教師對我說：「我最反感玄之又玄的東西，我只喜歡樸實簡單的東西。你那些理論有何用？全是胡扯淡！物理說起來很簡單，就是牛頓的三大定律。物理哪有那麼深奧神秘的東西？」聽罷，我只有苦笑。玄之又玄？微粒子和電子玄不玄？無際的宇宙又玄不玄？這些可都是物理學要研究的問題，難道只有肉眼看到的才屬於物理學的領域？如果不是，此公的物理專業水準或專業意識是否有點問題？不幸的是，此公還是領導。此公寫幾句打油詩後便聲稱自己是詩人，卻又不知徐志摩是哪個時代的人。他的膽子也夠大，經常在各種場合表達對理論的反感，有一種明顯的反智主義趨向。當然，這位領導斷然不去讀書，所以才敢這般大放厥詞，正所謂「無知者無畏」。

我教的學科是英語，卻對物理有點興趣。只要涉及哲學，就不可能擺脫物理——作為哲學的一個分支，科學哲學跟所有科學都有聯繫。有句話說，科學的盡頭是哲學，哲學的盡頭是宗教。誠然，我不能像物理教師那樣解出課本上的習題，但我時常會眺望物理的盡頭，並以一種帶著宗教情愫的哲學眼光來看待這個世界。

我以為，跟其他科學一樣，物理學也有兩部分：知識和思想。此公混上了「特級教師」，也發表過幾篇所謂的論文，只不過這些論文全是「鳥兒飛行速度有多少？」之類的物理計算題。此時，你不禁會懷疑此公的素養和水準，並會明白為什麼中國的「特級教師」往往是「特級蠢才」的代名詞。此公以這樣的水準教學，教給學生的最多只是知識，而不可能是物理學的思想。

有感於這位物理教師的話，我現在鬥膽以英語教師的身份來講講物理學的思想與哲學。我對物理的理解和看法可能有誤，尚希物理教師斧正。

牛頓理論是近代科學的集大成者，一直影響著整個科學和社會科學。「社會工程師」孔德認為，物理學作為科學的傑出代表，既然可以揭示整個物質世界的本質，那麼物理學方法也應該適合於社會科學。牛頓認為時空是絕對的和有限的，這決定了他的世界觀是封閉的。孔德將牛頓理論的力學引入了社會學，創立了「社會工程學」。通過把社會工程學和黑格爾的歷史精神和規律結合起來，馬克思創造出了共產主義理論體系。歷史上臭名昭著的共產主義運動，為人類帶來了巨大災難，這是有目共睹的事實——請注意，此時我們已從物理跳到政治學科，從理科涉入文科了。

眾所周知，唯物主義的發展經歷了三個階段。第一個階段是樸素唯物主義，這主要是古希臘時期的哲學思想。泰斯勒，普羅泰戈位，巴門尼德等，都認為世界的本質只是一種物質，如水、火等。第二個階段便是牛頓的機械唯物主義。牛頓認為，整個宇宙只是一架機器，星體的運轉如同機器上的齒輪。這種唯物主義，便是機械唯物主義。第三個階段是馬克思將辯證法置入唯物主義，創造出辯證唯物主義。從這點來看，馬克思的辯證唯物主義跟牛頓定律也有關係，二者是兩個連續的發展階段。

也許，物理教師會認為我扯遠了，跟教育工作毫無關係。好吧，我還是用牛頓理論談談教育。

某些學校喜歡把教師「往死管」，要求教師每日坐班十餘個小時，認為如此才能辦好學校。無論領導是否意識到，這種管理實際上把學校作為了一個封閉的微型社會。這背後的指導思想，其實是一種典型的物理學思想。這種管理模式下，整所學校會形成極權、暴政和獨裁的特點。一些學校非常迷信「高壓管理」，往往採用極權主義的管理方式，領導對女教師無端動粗的事件時有發生。在這種學校裏，作為校長豢養的「狼狗」，行政領導只是執行校長的獨斷命令。顯然，這種學校已成為一座集中營或極權主義工廠，在這裏工作的教師僅是被奴役的對象。這種學校沒有教研科研，沒有校園文化，不可能讓教師實現有個性的發展——教師沒有個性時，「讓學生有個性地發展」的辦學方針也成為了空洞的口號。

生物學思想則不同。這種思想認為，人文環境是一個文化生態。將校園文化視為一個封閉櫃架，只會把校園文化置於死地。只有享有一定的空間，像野生植物那樣自由生長，教師中才可能出現「參天大樹」。以生物學思想為指導的管理，會為教師營造出比較寬鬆的人文環境。

若用物理學世界觀管理學校，學校便是一種封閉的框架。在這裏，沒有像樣的教研科研，教師個體被嚴格操控。領導為教師分派各種任務，以實現學校的「宏偉藍圖」。然而，只要以行政命令搞讀書活動——無論是執行上級指示，還是學校自主搞的——均不能達到預期效果。作為控制手段的行政命令把讀書變成任務，把內在的需要變成外加的強迫，使讀書最終成為了一種負擔或奴役。在強迫狀態下讀書，教師們採用應付對策也在情理之中。這樣的讀書活動，肯定不會有多少實效。

系統論中的「成核現象」，包括形成「氣化中心」或者是「結晶中心」。前者指液體分子在該固體物質上面（固體物可以是不溶雜質，或者是容器壁上的粗糙部位）聚集，分子不斷碰撞後的能量聚集，形成一個氣化的中心。後者指不斷地用玻棒摩擦容器壁，或者加入少量的結晶，使得局部的溶質濃度升高，增加晶體碰撞，加快結晶的晶形構造，從而形成結晶中心。從系統論的角度來看，學校也就是一個系統，讀書活動是一種「成核現象」。也就是說，讀書先得有一個核心，然後才能在其基礎上進行凝聚。

領導們必須清楚，以行政命令搞的奴役式的讀書活動，是不會走進教師心靈的。領導們應該積極扶持民間的讀書活動，將其作為「細胞」或「星火」，把行政權威下的「要我讀」變成在周圍教師影響下的「我要讀」。當讀書融入了教師們的生活，完全走進教師們的靈魂時，文化引領即大功告成。

有了讀書氛圍作為基礎後，教育科研也會容易得多。那麼，搞科研課題時如何選題呢？是強迫教師在規定的範圍內選題，還是發動教師自發組織選題好一些？答案不言自明。

再來看看課程。傳統課程的思想根源，也可以從牛頓原理中找到。上面說過，牛頓的哲學是機械唯物主義[12]。在課程中，這種機械唯物主義便體現為課程的封閉性和機械性。傳統課堂是封閉的和線性的，教師霸佔了話語權，單向地為學生傳遞知識。後現代課堂則是非線性的，教師單向傳授知識的結構被完全打破，它要求教師、學生、教材互動，三者不斷地交換資訊，整個課堂呈現出「混沌」。不過，混沌創造著課堂的生長點，應該受到鼓勵和提倡。

這兒講的混沌，涉及到「耗散結構」理論。伊裏亞・普利高津對非平衡熱力學，尤其耗散結構理論的貢獻，使他榮獲了1977年諾貝爾化學獎。「耗散結構」意味著，一個遠離平衡態的非線性的開放系統通過不斷地與外界交換物質和能量，在系統內部某個參量的變化達到一定的閾值時，通過漲落，系統可能發生突變即非平衡相變，由原來的混沌無序狀態轉變為一種在時間上、空間上或功能上的有序狀態。這種在遠離平衡的非線性區形成的新的穩定有序結構，需要不斷與外界交換物質或能量才能維持，被稱為「耗散結構」。「耗散結構」理論具有劃時代的意義，在自然科學和社會科學的很多領域都產生了巨大影響。

在極權主義社會裏，民眾沒有思想和肉體的自由。為了保證實驗條件的穩定性，整體主義者必然會牢牢控制民眾，減少幹擾工程的混亂，以實現他們設定的「社會工程」和「校園工程」的巨集偉藍圖。對於那些懷疑者或反對者，統治者管理者也必然會不擇手段地將其清除。可見，一旦被應用於社會方面，

[12] 機械唯物主義在牛頓的時代比較流行。除了牛頓外，法國人J.O.拉美特裏也是一個代表人物。拉美特裏的《人是機器》在自然觀、認識論、社會歷史觀、無神論和倫理學等許多方面還提出一系列後來為其他法國唯物主義者進一步發展了的思想，是18世紀法國第一部以公開的無神論形式出現的系統的機械唯物主義著作。

物理學思想必然會帶來「獨裁」、「愚民」和「暴政」。1978年後，中國開始融入國際社會，才有了今天的飛速發展。若用生物學的「耗散結構」來解釋改革開放，那就是，中國開始逐漸遠離平衡態，不斷與外界交換物質或能量，才得以實現了生存和發展。

同樣地，我們也可用「耗散結構」來解釋後現代課堂。假如說傳統課堂是牛頓世界觀的縮影——封閉，機械，單向，後現代課程便體現了一種「耗散結構」——開放（多向），混沌，生成，交換能量。熱力學，是物理－化學的邊緣學科。誰說物理跟教育沒有關係？

現代科學追求確定性，但受到德國物理學家海森堡的挑戰。1927年，海森堡提出了「不確定原理」。「不確定原理」又名「測不准原理」、「不確定關係」，它反映的是微觀粒子運動的基本規律，是物理學中的一條重要原理。這個原理的基本意思是：物質中電子的勢能、速度等是不可測的，因為測量時儀器會改變被測物質中的電子特性，人們並不知道被測之前的特性。這條原理已為變化奠定了基礎，預示著後現代時代的即將來臨。用這個原理來透視課堂，課堂也就充滿著不確定性。這個不確定性，便是後現代課堂中的混沌。

有一次，教導主任去一位物理教師的課堂聽課。這位物理教師正津津有味地講著力學，跟學生舉例說：「假如我打你一下，你會覺得痛，這是為什麼呢？這是因為，我給你施加了一個力。」一個學生接嘴問：「老師，我打了這個桌子，給它施加了一個力，桌子會不會痛呢？」教師頓時不知所措，木訥地站在那兒。對於學生的問題，很多教師會把學生臭罵一頓，或者只能搪塞過去，說桌子沒有生命。

在後現代課堂中，這個混沌之處是一個典型的生長點。教師只要處理得好的話，完全可以借題發揮，把課堂引向更高更遠。比如，用叔本華哲學來解釋（桌子有意志無意識），為學生增加一點哲學素養。當然，這對教師的要求就明顯高得多——難道物理教師能做幾道習題就行了嗎？這點可以引發出很多問題：教學中有沒有教育？如果有，如何體現教育？教師只是經師嗎？教師如何成為人師呢？………

對於海森堡，我不指望每個物理教師們都知道。他們只知天天忙於做習題，視野還遠沒有觸及到物理學的盡頭——哲學。做習題對於物理教師是必要的，然而卻只是最低要求——它無法讓物理教師有更高的智慧和更深刻的思想。物理學思想和方法能夠「幫助學生瞭解人類對自然界的認識發生發展的基本規律，瞭解物理學家認識和發展物理定理、定律的基本方法，以物理學家認識世界本來面目的方式去認識世界，從而使個人的智力、智慧和創造力的發展與科學知識、科學體系的形成過程之間達到基本平行和同步。」[13]因此，缺乏了物理學思想和方法的物理教學也是不完整的，只會把學生訓練為只會做題的機器。

除了完成日常的事務外，管理者們也不妨抬頭看看遠處，把自己的思想滲入到管理中，為學校的發展把握住方向——前面那位領導不崇尚知識，必然會反對讀書學習，反對教研科研。埋頭苦幹的精神固然可嘉，可我們的工作若沒了方向，越苦幹就會越錯誤。

前面那位物理教師，顯然只是一個典型的教書匠。他沒有思想，沒有智慧——總而言之，沒有哲學。然而，「從根本上講，哲學並不擁有真理，而是探求真理。哲人與眾人不同的特點是『他知道自己一無所知』，洞察到我們對重要事物的無知促使他傾盡全力去獲取知識。」[14]他的自信，恰好始於他的無知。他將自己封閉了起來，沒有對真理敞開。他懂一點物理學知識，便以為那是物理學的全部，甚至是整個世界的全部，於是他才會那麼自大。

每日忙完後，老師們抽點時間讀書思考吧！在知識面前多一份謙卑和敬畏，你才能走出「無滋（知）無味（畏）」，開始「有滋有味」地生活、「有知有畏」地學習和「有智有慧」地工作。

再往遠處看看吧，你會發現另一片天地。

第十節　教師在官僚體制中的異化

導讀：

官僚體制依靠「規馴與處罰」來運作。在電影《肖申克的救贖》中，瑞德深刻地指出：「起初你討厭它，然後你逐漸習慣它，足夠的時間後你開始依賴它，這就是體制化。」在我們的現實生活中，機關、學校、監獄、醫院等都是把人「體制化」的典型場所。再一次，我們不得不想起福柯的話——整個社會就是一個監獄群島。在這裏，權力的運作使生命受到壓制而枯萎。

作為人類現代文明的產物，官僚體制跟極權主義之間有著天然的聯繫。假如說，極權主義使人失去了自由，官僚體制使人性開始了異化，那麼，現代文明是怎麼使這一切發生的？

或許，弗洛姆的精神分析能給我們一些啟示。

13　朱巨集雄《物理學方法》，清華大學出版社，2008，頁3

14　施特勞斯《什麼是政治哲學》，華夏出版社，2011，頁2

現代社會是以理性為基礎的，表現出明顯的效率優先的特徵。在工業生產方面，流水線生產堪稱效率的典型。在社會領域，便是官僚化的出現。在分析了德國的官僚體制後，馬克思・韋伯指出，官僚體制一般有如下幾下特徵：

1、行政機構按等級進行組織；

2、每個職位有自己的權責範圍；

3、文官非由選舉產生，以文憑或考試認定的技術資歷為准；

4、文官根據職務等級範圍獲得固定薪水；

5、行政工作是文官的職業，也是其唯一的工作；

6、官員與職位分享；

7、官員必須服從控制和紀律；

8、文官的提升取決於上司的判斷；

韋伯指出的這些特徵，普遍適用於世界各國的官僚體制。在現代化的過程中，為了提高辦公效率，各國都會有自己的官僚體制——無論哪個國家都要涉及政府的管理問題，所以都會不可避免地會建立起一套官僚制度。

記得大學裏讀過一篇文章，作者是福特公司的工人。他從工人的角度講述福特公司的流水線作業。在作者看來，流水線生產的效率很高，但工人的身心被流水線嚴重異化了。工人們終日站在不到一平米的地方，重複著單一的運作，這不能不讓人聯想到托夫勒在《第三次浪潮》中所說的話：「專業化的工作，不要一個『全人』，而只要人的一個肢體或器官。」

現代科層製表現為一整套持續一致的程式化的「命令—服從」關係。科層體制是法律化的等級制度，任何官員的行動方向是由處在更高一級的官員決定的。顯然，各級官員都只是技術官僚。下級必須依靠其上級的首創精神和解決問題的能力。在技術化取向的支配下，現代科層不僅愈益倚重各類專家，而且在管理的方法和途徑上也越來越科學化、合理化，組織行為的科學化業已成為各類科層的共識。韋伯比較傾心于現代官僚主義制度，因為官僚主義制度有其明確的技術化、理性化和非人格化的特點，從而表現出它的合理性。他認為，現代官僚主義體制是當代世界的特徵。

我曾在機關呆過一段時間，發現機關也只是科層組織。上傳下達，發文收文，都有一整套程式。在機關裏工作，只是按程式做事，來不得半點創新。也就是說，機關猶如一架機器或流水線，每人都只是機器上的鏍絲釘。整個機關的辦事效率，取決於每個零部件的密切配合。

閒暇中，我對官僚體制的合理性進行過思考。以中國教育為例。省教廳若有文化要下達，要求全省學校執行某項工作，若直接下達到學校，但省教廳無法面對全省的學校。反過來，省教廳若要收集什麼材料，也不可能讓全省各校都到省城上交材料。於是，只有在各市設立教育局，各市下面又設立各縣教育局。這樣，每一級行政都會有一個責任的範圍。各學校先只是上交到縣教育局，縣教育局交到市教育局，再由市教育局上交到省教廳。這樣，檔的上傳下達就可以不出差錯。如此說來，官僚體制的等級制還是有一定的合理性。

我以為，科層結構的理性化有雙重意義。一方面，它因效率而獲得了合理性；另一方面，它也是對人的物化或「異化」。人有理性化的一面，也有非理性的一面。科層結構體現的是人的理性，並不提倡人的非理性（比如創新所需的激情）。若有激情的創新，它就不是官僚機構了。換言之，一個優秀的官僚，絕不可能成為優秀的創新者。

官僚體制強調「程式正確」，無疑會使政府部門成為工廠，公務員相應地成了工人，只能機械地做乏味的工作，遠離了非理性的激情。在這個意義上講，效率化使工廠和官僚體制都成為了摧殘人性的機器。

總的來說，官僚體制是現代化的產物，是世界各國共有的現象，我似乎就不應該批判中國的官僚體制。然而，我們必須知道，極權主義也是現代化的產物，二者之間有著千絲萬縷的關係。在齊格蒙・鮑曼看來，希特勒搞大屠殺的原因，是現代理性和官僚體制聯合造成的。現代理性不僅可以指科學的精密計算，也可以指領袖以自己理性思考作為社會藍圖，將其強加給社會。同時，官僚體制以其高效和精准為大屠殺的實現起了推波助瀾的作用。比如，消滅猶太人的「最終解決」方案一出臺，德國的整個國家機器便開始高效運轉起來，從起草綱領到佈置工作，官僚體制運作得井井有條。突尼斯一發生「茉莉花革命」，中國的官僚機構便高效運轉起來，向基層學校發佈緊急通知，要求師生不得議論「茉莉花革命」，要堅定不移地堅持黨的領導。讀者要注意一點。官僚體制背後的某些極權主義趨向，而不是官僚體制本身，才是我所要重點揭露和批判的對象。

關於官僚體制對人的異化，我們還可以從弗洛姆那兒找到一些答案。在《逃避自由》中，弗氏採用精神分析的方法，考察了人類從嚮往自由到開始逃避自由的過程，洞穿了現代社會在進步中的吊詭，揭露了人性的本質。他認為，遠古時代並不存在真正意義上的個人，人與自然和社會是一種渾然一體的關係。宗教改革給予了人類以精神自由後，切斷了個人與外部世界的「始發紐帶」[15]，使人成為了分離的個體。自此，人開始失去「始發紐

[15] 始發紐帶是「器質性的，因為它們是常人發展的一部分；它們意味著缺乏個體性，但同時又賦予個人以安全和導向。它們是聯結母與子、原始共同體成員與其部落及

帶」，沒有了對原始共同體的歸屬感和安全感後，開始感到日益加深的孤獨與無助。尼采當年便預感到，一個虛無主義的時代即將到來。在這個時代裏，人的虛無感便會生產出孤獨和恐懼。極權主義的出現，印證了尼采的這個預言。

個體的「原子化」，這個極權主義社會裏個體的典型存在方式，在弗氏這裏找到了更為深刻的根源。為了克服這樣的孤獨感，人會趨向於臣服於某個權威，通過建立新的紐帶來重獲歸屬感。此時，人類便進入了一個屬於庸眾和「群氓」的時代。

對於統治的形式，馬克思・韋伯還曾概括出三種類型：傳統型統治、「卡裏斯馬」型統治和法理型統治。這三種統治形式，又可被稱為三種「命令一服從」類型。在極權主義社會裏，都會有一個受民眾崇拜的「卡裏斯馬」。在弗氏看來，這種「逃避自由」，崇拜領袖的心理正是現代極權主義和人性異化產生的深層次原因。其實，無論是談到「烏有之鄉」，或對毛時代的懷念，我們都可以從弗氏那裏找到心理分析。

現代人依附于官僚體制，或依附於極權主義權威，都是為了尋回失去的歸屬感和安全感。然而，他們必須為此付出高昂的代價。人們不得不失去自我，成為一種從屬於權威的存在。中國的教師喜歡體制提供的安全感，並心安理得地安於現狀，便是這種心理的表現。

可悲的是，在中國這樣的國家，官僚體制還承擔了灌輸意識形態的任務。在學校裏，校長不是學術的帶頭人，而只是按級別領取薪水的意識形態官僚。韋伯所列的第七個特徵——「官員必須服從控制和紀律」，不僅保證了意識形態的灌輸，而且同時還為極權主義管理鋪平了道路。為了追求升學或效率，學校管理必然會加強對教師的控制，強調各種紀律的重要性。從這裏我們可以看出，極權主義確實跟現代化有些關係——既是現代化沒有完成的產物，又是現代化完成的結果。現代化追求效率，而效率不僅取決於官僚體制的有效運作，也取決於意識形態的高度一致。

校長們如此，教師的狀態便可想而知。每天，教師必須像顆鏍絲釘一樣工作，甚至在課堂上也只是機械地教學。學校只是一潭死水，教師也只是日復一日地工作。生命的非理性受到壓抑，教師沒有理想主義激情，所以我們才看到

自然或中世紀人與教會及其社會階級的紐帶。一旦個體化全部完成，個人從這些始發紐帶中解放出來，他又面臨新的任務：他必須自我定位，在這個世界上紮下根，尋找不同於其前個體存在狀態所具有的更安全的保護方式。」（弗洛姆《逃避自由》，國際文化出版公司，2007，頁21）

了中國教育的荒涼和潰敗——當生命被科層體制嚴重「異化」後，便沒有了一絲生命的氣息。

第十一節　學校管理的哲學透視

導讀：

哲學思想是統領各種理論的理論基礎。本節從西方哲學的發展的視角，分析了管理理論與實踐的變化成因，並通過對現代西方哲學的初步分析，確定了現代管理的「扁平化」和「團體化」原則。

17世紀法國哲學家笛卡爾是近代哲學的始祖，他為傳統哲學締造了一個完整的理論體系，明確地把人與自然、精神與物質、肉體與心靈區分開來，世界是二元的。從那時開始，哲學就始終圍繞著二元論展開。事實上，這種思維方式對早期的管理理論產生了深刻影響——從泰勒的科學管理理論，法約爾、古立克提出的行政管理組織理論和韋伯的科層管理理論，我們可以清晰地看出笛卡爾思想的影響。這些早期的管理理論的共同點是從制度規範的角度出發來研究行政組織。這些理論提出了一些具有規範性的組織建設原則，也在當時特定的歷史條件下促進了社會發展，但這些管理理論僅側重對組織內部的靜態研究，忽視了社會環境的影響和組織成員的社會要求和心理要求，不利於組織成員發揮能動性和創造性。從人格的角度講，組織成員的人格是「依附人格」，這就使組織成員具有「機器人」的特點，而且運用這些管理理論的組織也僅是「機械」組織。在這些管理理論中，管理者與被管理者被置於一種「主體—客體」對立的關係，這就是「二元論」，或「二分法」的典型思維。

在中國，教育管理深受工業主義理論的影響，處處都打上了工業化生產的烙印，工業管理中的「福特主義」思想在教育管理中還十分普遍。目前，中國的教育管理在主流上仍然是等級性的金字塔的科層組織。這是一種建立在權力分工和職能分工基礎上的組織。這種組織雖然有權力集中便於領導、以責任制為基礎、分工明確和組織具有強制性等優點，但同時組織內部各部門各自為政，部門之間缺乏「連接針」；組織系統一旦形成，就必然帶有「惰性」的性格，不易改革；組織層次過多、辦事效率不高。這些都是一個科層組織自身無法解決的問題。

進入20世紀後，科學得到高速的發展。系統論、資訊理論、控制論、混沌論、協同論、突變論和耗散結構論新理論的出現，影響和促進了各門科學的發展。同時，一些新的範疇，如「線性與非線性」、「平衡與不平衡」、「連續性與非連續性」等，已經進入哲學的視野。所有這些都改變著人們的世界觀。解構主義哲學的旨趣在解構「邏各斯中心」，力求張揚自由與活力，反對秩序與僵化，尊重並強調多元化的差異。解構的任務就是消解本質主義和中心主義，使人們找不到所謂永恆的本質和中心。其目的就是解構一個二元對立命題，諸如主體／客體、人類／自然、中心／邊緣等，取消對立的邏輯。胡塞爾於1927年提出的「交互主體性」概念意味著，別人是相對於自我的「他我」，相對於自我這個主體而言的另一個主體。毋庸置疑，這不是傳統意義上的主體／客體關係，而是一種新型的關係：主體／主體的關係，即是一種「雙主體」、「多主體」的關係，這種關係也是一種「主體間性」。

同時，哈貝馬斯的交往行為理論也建立了交往理性的概念，其目的是要用交往理性矯正工具理性。交往理性與以滿足個人欲望為目的的工具理性根本不同，它強調相互理解和溝通，強調批判與反思。交往理性在工作生活中通過交往和互動表現出來，具有語言性、互主體性、開放性等特點。

在這些眾多思潮的影響下，麻省理工學院教授彼得・聖吉本著組織進行「全面體驗」的理論，提出了「學習型組織」的新概念。他認為，許多組織實際上都存在著「智力障礙」，妨礙了組織的學習與成長。未來的組織應該是「學習型組織」，而這種組織是網路結構的，與高聳的等級性的塔型結構不同。它具有自主性較大、互動性較強、資訊傳遞較快和網路系統比較開放的特點。

「學習型組織」除了強調團隊學習是組織發展的「生命線」外，在組織管理上強調扁平結構的團體或小組。在學校組織裏，校長不再是與教師對立的關係。雙方不是主體與客體的關係，而是「交互性主體」之間的關係。這種管理模式產生於充滿著競爭的資訊時代和知識經濟社會，因而它強調通過建立共同願景、改善心智模式、超越自我和系統思考等幾項修煉，充分發揮組織成員的主動性和創造性，發揮集體力量迎接競爭與挑戰，從而從根本上解決現代組織缺乏活力與競爭力的問題。

在班級管理方面，也出現了「合作學習」這一全新的管理模式。「合作學習」雖然最初是由約翰兄弟作為一種教學模式提出，但隨著研究的深入進行，「合作學習」現已作為一種管理模式加以應用。

「合作學習」的管理模式充分體現了新型的師生關係，這是一種民主的師生關係，學生擁有更多的話語權，教師不再是金字塔頂的管理者，不再是權力的中心。在這種管理模式下，學生的自我意識得到發展後，「自律」開始逐漸取代「他律」。此時，班級管理便進入了「無管理的管理」這一「自由王國」了。

雖然「合作學習」和「學習型組織」應用於不同的管理對象，但從本質上講，二者的思想基礎如出一轍。它們都採用了扁平結構，使成員建立自我意識，強化成員的自我效能感，培養成員的協作能力。

總之，傳統哲學的縱向思維方式如果用「樹狀」結構來表示，那麼後現代的思維方式則可以用一種「根狀」結構來表示。「根狀」結構是動態的和非二元對立的，因而它更有利於將資訊分散和傳播到非中心化的系統中。「根狀」意味著開放和流動，目的是砍掉傳統哲學的那棵「樹」，改變二元對立的傳統思維習慣。現代管理理論受到「根狀」這種「去中心化」的哲學思維方式的深刻影響。當這些理論融入到現代管理理論中時，現代管理思想就得到發展和更新，因而在現代教育管理領域出現了「扁平化」這一總趨勢。「扁平化」特徵已成為現代管理的主要特點和第一原則。它能使組織成員的人格從「依附人格」變成「獨立人格」，促進成員最大限度地發揮自己的才能，同時使團隊內部產生一種心理「場」，借助團隊的「群體動力」來提升組織成員的團隊精神和合作精神，從而使組織在高水準的「個體智力」的基礎上，獲得高水準的「組織智力」。這無疑是管理所追求的一個永恆的終極目標。

從國家層面上講，統治就是對民眾的管理。在政治維度上，極權專制是一種官民對立的統治，也是一種「二元對立」的結構。在這裏，官方不是民眾的朋友，而是人民的敵人。正如我在前面所過的，國家這棵樹缺乏根系部分，極容易崩潰。組織裏的團隊化，在社會裏就是自由結社，形成網路狀的強大根系部門，為國家這棵樹提供生存的基礎。在這個意義上講，構建一個開放的社會，給予民眾充分的自由，實現社會的自由和民主，這對於國家的穩定有著至關重要的作用。

第十二節　給校長的告誡

導讀：

領導在對教師進行管理，若有生態系統的觀念，便會採用民主的管理方式。這種管理，效率雖低一點，但可保證學校長期的穩定發展。

極權專制的管理，在短時間內可以取得高效率，但總的來說，這是非常危險的管理思想，無法實現長期的穩定——否則，希特勒便不會最終自殺，蘇聯也不會一夜間便解體了。因此，校長在採取這種管理時，一定要小心翼翼。在取得一定效率後，應該立即轉向民主管理。面對這種效率，校長千萬要保持警惕，不要指望極權專制的管理能夠維持下去，永遠保持這種效率。

同樣的道理，中國的改革取得了很高的效率後，極權專制成為了「可持續性發展」的隱患。此時，社會矛盾開始激化，民眾的民主的呼聲開始高漲。因此，中國亟需進行政治改革，否則便可能出現大的動盪，導致政府的崩潰。

另一方面，伴隨權力而來的權威主義人格，可能讓校長的人格異化，迷失自我，最終為學校發展和校長自身帶來不利。因此，本書一再告誡校長，一定要對自己手中的權力保持高度警惕。

在某校，校長出臺了一條奇怪的規定——教師不准說領導的「壞話」。在我看來，壞話不外乎有兩種：一是誹謗，一是批評。若教師惡意誹謗領導，領導不必大為光火。別人侵犯你的權益，你只需依法起訴造謠者，與之對簿公堂即可。若是領導做得不對，教師對領導提出批評意見，這也犯不上哪一條法律。因此，「不准說領導壞話」這條規定超越了法律界限，富有極權主義的色彩。不允許別人批評，無非是想證明自己是完美的。然而，在這個世界上，有完美的東西嗎？

有校長可能要說，「在學校我做主，我就是學校的法律。」當年，路易十四也說過，「朕即國家，國家即朕。」不過，那是專制的典型代表，在世界上是臭名遠揚，已被釘在世界歷史的恥辱柱上了。其實，校長什麼也不是，最多也只是工具，沒必要那麼囂張。校長別以為通過實行極權專制，就能穩穩佔據權力巔峰。這種想法很幼稚，也很可笑。

想當年，整個歐洲都處在德國的鐵蹄之下，希特勒該比校長威風得多吧？且不說希特勒最終落得自殺的命運，在戰爭期間，不少德國人都曾企圖刺殺希特勒，甚至包括隆美爾這樣的德國頂級名將都參與了刺殺行動。這說明，很多人都不喜歡希特勒的專制。

在一次會議上，某校領導批評一位教師遲到，聲稱要扣發兩百元獎金。這位教師立即站出來，聲明自己沒有遲到，還請領導看看監視錄影，證明自己沒有遲到。頓時，整個會場陷入僵局，室內空氣開始凝結。此時，校長出面講話。不過，他卻不是來打圓場的。他站在領導立場，批評教師在會場上不該頂撞，以為用強權的方式，壓制了教師的不滿。校長若把自己打扮成希特勒，不僅教師不會滿意，中層也不會滿意的。他們也想伺機取而代之，搖身一變做回老大。

校長們成天叨念政治覺悟和政治意識，聲稱一切都是政治任務。在我看來，學校的組織構架存在著很大問題，校園政治存在著隱患。校長實行極權專制的管理，整個組織呈「垂直型」。校長位於頂層，中間是中層，下面是職工。校長向下施壓，中層接受壓力並把壓力傳遞給職工，即中層和職工都有壓力。職工處於極力最下層，是壓力的主要承受者。然而，他們不是騾子而是人。他們有尊嚴，有忍耐限度。一旦超過限度，結果不堪設想。當這個權力結構崩潰時，位於最上層的校長摔下來最慘。中層處於中間，既可能連任，也可能隨同校長摔下來——即便如此，也沒校長那麼慘。校長一旦摔下來，可謂丟盔卸甲，名利全無，餘生潦倒。

這種極權結構，若不出問題則罷，校長可安然度過。若出問題，一定是校長吃不了兜著走的問題。在極權專制的系統結構中，沒有一個制衡機制，領導可以為所欲為，甚至是顛倒黑白，這會導致領導的權力意識的極度膨脹，最終產生無法預料的結果。前面那位遲到的教師本來可能沒有遲到，領導們卻不肯承認錯誤，死活都要把錯誤歸咎于教師，這顯然過於蠻橫。

在系統中，「三」是很奇特的數位。有了「三」，系統便有活力，也能維持穩定。比如，我們都知道「三點決定一個平面」，「三足鼎立」等等。為了避免下屬「篡權」，精明的一把手都要設兩個副職，以使自己的職位更加安全，這就是「三足鼎立」思想的具體運用。在一個組織內，垂直型結構在管理學上是一種機械結構，在政治上是一種極權專制。這種結構一旦爆發危機，那一定是很大的危機。職工處於權力底層，承受壓力有個「閾限」問題。「閾限」是個心理學名詞，指外界引起有機體感覺的刺激量。也就是說，教師對壓力的承受有個極限值。超過極限值後，便會出現危機的總爆發。

一般來講，生態系統要發展和進化，會不斷出現擾動。不過，系統的負反饋會幫助系統保持在一個相對穩定的狀態。當擾動脫離了負反饋的控制時，系統就開始失去平衡，從而出現崩潰的現象。

在一個民主系統中，由於會廣泛聽取各方意見，有時候意見可能會不統一，造成做事的效率略低一些。然而，真正的優秀管理者都明白，全票通過的議案往往可能隱藏著危險，反對意見有著極大的價值，因為它們對議案有完善的作用。從系統論的角度看，民主系統的穩定性和耐久性更好。極權專制的系統中，領導獨斷專橫，不聽勸諫，全憑自己的意志去管理。此時，負反饋失去作用後，系統便會最終崩潰。

我說「危機的總爆發」，不是在危言聳聽，想嚇唬校長。舉個例說吧。校長為了維護領導權威，強詞奪理甚至不分青紅皂白地批評教師。教師滿肚子委屈，想到家裏出了點事，一時想不通便自殺了——不幸的是，教師選擇在校內自殺。更糟糕的是，這位教師自殺之前留下遺言，說是校長逼其自殺。如此一來，死者家屬不僅會要求一筆巨額的賠賞金，還可能引發出更多更大的問題，比如群體鬥毆……真若出現這種事，校長也就玩到盡頭了。

再舉個例吧。校長無端蠻橫，早讓教師心懷不滿。某日發生了一件事，引發了全體教師的罷課。於是，新聞媒體跟蹤而來，讓校長「暴得大名」，一夜間成了全國的「名人」。上級追查下來時，校長的日子肯定不過好，嚴重時還可能灰溜溜地離崗。此時，他心裏可能還是想不通——怎麼事態成了這樣呢？校長根本沒有管理思想，當然不會洞察出管理背後潛在的問題。

1789年7月14日，法國大革命爆發，民眾攻佔了巴士底獄。當天，路易十六在他的日記中寫的是「14日，星期二，無事」，根本沒料到法國的君主專制政體將被推翻。校長若對權力不保持警惕，出大事時也會跟易十六一樣——「富士康」公司的員工自殺時，領導可能正在狂歡縱欲，怎麼也不會想到會出這些事。

校長稍有點頭腦，便會思考組織構架的合理性。我以為，比較好的做法是採用扁平的三角狀，實現校長、中層和教師三方的互動。如圖所示：

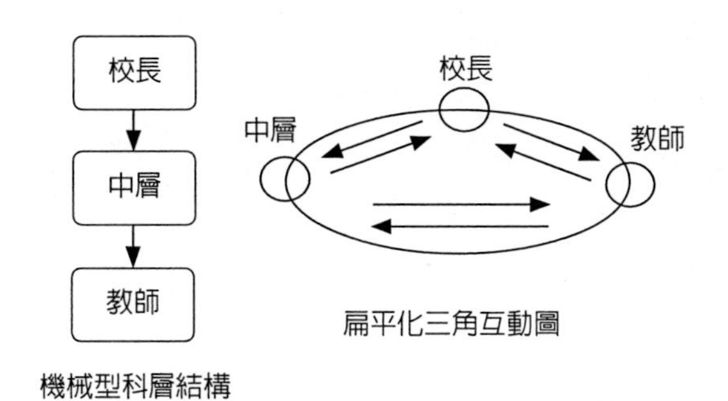

兩種組織構架對比圖　（繪製人）：鄭偉

左圖是機械結構，即韋伯說的科層結構，其特點是資訊經過層層過濾，傳遞速度慢，且容易造成極權管理，為系統帶來安全隱患。右圖是扁平化的三角互動圖。校長、中層和教師三方中，校長設立規則，當好裁判，讓中層和教師相互監督，開放中層實行流動，即「有能力者上，無能力者下」。相比之下，這種開放的系統是比較民主的結構。中層和教師相互監督，系統會更加穩定。

作為旁觀者，校長觀察組織結構的運行，發現問題時及時調整，確保運行正常即可。在這個結構中，校長才是最大的受益者，中層和教師關注的是對方而不是校長，沒人有精力來打校長的主意。再說，學校搞好了，有了發展，校長受益也會最大。校長必須懂得一點：極權專制的管理中，教師不可能有主人翁精神。只有在民主管理中，教師才可能做到「愛校如家」，全心全意地學校做貢獻。

誠然，中國學校普遍都採用的是這種科層體制。不過，既然是校長責任制，校長便有權改變一下組織結構，使之更為合理化。校長不要只會照章辦事，成了一個簡單的政治棋子，而應警惕手中的權力，並學會合理運用權力，讓權力發揮更有效的作用。

第七章　教育與生態

第一節　尼采與中國教育

導讀：

在世界的教育史上，教育家的名單裏沒有尼采的名字。其實，這是一個致命的錯誤和偏見。康得曾說：「哲學實在是一種實際的對人的認識，除此之外，它什麼也不是。」總體上來看，哲學是一種人學。教育工作的對像是人，教育學首先應該是人學。由是觀之，教育與哲學是統一的。

對人的理解與定義不同，必然產生不同的教育思想。

尼采的思想帶來了非理性主義的狂飆，他深刻地影響了狄爾泰、海德格爾、佛洛德、柏格森等20世紀的思想家們。尼采是非理性主義代表人物，而非理性又是人性的重要一面。因此，我們不妨借用尼采哲學來剖析一下中國教育。

在尼采的思想體系中，我以為至少有兩點對中國教育有著意義：

一、生命的本質是什麼？

在尼采那裏，生命就是衝動，就是權力意志，或者說生命乃是權力增長形式的表現。這裏的權力不是政治概念，而是生物學概念，準確地說，權力是指強力，即生命自我擴張和發展，或者叫生命的「沖創力」。

我們可以看到，世界上一流的大家都有著衝動與激情，並積極地投入到文化領域，或是社會實踐中。尼采在《權力意志》中說：「對激情的統治，並不是削弱和取消激情！意志作主的力愈大，激情就會有更多的自由。」生命就是這樣，它始終要求自我擴展，它要求不受限制的自由空間。

尼采批判蘇格拉底時代的理性精神，因為古希臘的科學理性的世界觀使西方文化變得膚淺和墮落了。通過對日神與酒神的對比分析，尼采將理性與非理性納入到哲學範疇裏。他認為，人應該是二者的有機統一，是理性與非理性的完美結合。

在中國，傳統文化通過「三綱五常」強調尊卑意識，儒家提倡「紀律」、「秩序」等觀念，加上教育中「師道尊嚴」的思想，遏制了學生的創造，扼殺了學生的天性。今天我們談論創新，還只是停留在思維或實踐層面。我們以為，創新本質上是一種人性的萌動、激情的暴發和靈感的閃現，由於非理性的人性長期受到壓抑，從而就使中國人在根本上缺乏了創新能力。

二、對群畜的批判

尼采還猛烈批判過基督教，因為基督教會反對一切「人的偉大」。在尼采那裏，基督教是為「群畜」服務的，基督教道德是「群畜」道德，或是「末人」道德。由於基督教提倡博愛，主張「上帝面前人人平等」，所以在基督的教統治下，「人們會禁止本來屬於強者特權的那些思想和行動——仿佛強者就不配做人似的。」在尼采看來，作為群畜信仰的基督教扼殺了「超人」的生命，而超人是那些有強力意志，不斷發揮生命沖創力的強者。在信奉基督教的地方，「最美好的東西被褻瀆了，因為弱者，或稱放肆的豬玀，給它們投上了一層陰影——最優秀的人湮沒無聞了——而且他們也經常誤解自身。」他還說：「我放棄的權力愈多，就愈降身以從，而講求平等，我就更深地陷入平庸性的統治，最終受治於烏合之眾。」所以，「群畜」道德是一種沉淪、消極的道德，因為它把偉人從馬上拉下來，並使其成為跟庸眾一樣的人。作為超人的偉人，有著設定價值標準的權力，是一切庸眾的主人。在這個意義上講，中國教育一切以「群畜」為標準，那麼就無法產生精英和偉人。儘管這聽起來有點「殘忍」，但這才是世界的本來面目——雜草永遠無法成為大樹，大樹也無法成為小草。

今天，我們提倡民主教育，這主要是針對不平等的社會制度而言，因為民主本來只是一個政治概念。我們不要忘記，人除了是政治意義上的人外，也是生物學意義上的人，而不平等本來就是生態世界的本真狀態。所以，我們的民主教育，只能說是為民眾提供平等的教育機會並給予每位學生平等的尊重，而不能將其狹隘地理解為「學生的成長的平等」。生態意義的不平等，意味著學生的成長是多樣化的。有的學生能成為總統，而有的學生只能生活在社會底層。人人都若成了總統，社會結構又會是什麼樣呢？所以，如同生態世界一樣，有的學生可成為參天大樹，而有的學生只能是雜草。民主政體在古希臘最早出現，但蘇格拉底堅決反對民主政體，因為他認為統治者應由社會精英擔當，這樣才有利於國家的治理。

當然，我們不得不提及的是，尼采的權力意志的思想也有危險的一面。希特勒就利用過尼采的哲學思想，使納粹在二戰中屠殺了六百萬猶太人。對於這點，我們也必須有清醒的認識並保持高度警惕。在教育實踐中，我們不是要「消滅」學困生，而是要為其成長提供最佳教育——儘管他們可能永遠成不了大師。

有人提出「不讓一個學生掉隊」的口號，我們認為其動機是好的，只是它培養出來的學生必是尼采說的「群畜」與「庸眾」。顯而易見，這個口號仍有「工業生產」思維的影響。儘管這種思維披上了「聖裝」，其背後本質並未改變——或者說，它只是對民主教育的一種拙劣的詮釋。「整齊劃一」這種做法本身就不太合理，儘管它可能打著「人道」與「民主」的旗號——因為壓抑讓優秀學生的「削足適履」，與不顧實際的「揠苗助長」，都是不尊重學生的做法，也違背了「一切從實際出發」的思想。實際上，如果沒有學生掉隊，一切都是整齊劃一，這個世界就不是多樣化的生態世界了。所以，在中國這個沒有精英的國度裏，難道尼采的思想對於中國教育沒有一點啟示嗎？

總而言之，教育的理論基礎是哲學。沒有哲學作為理論基礎的教育理論，不能成其為一種教育理論；不同的哲學思想，也必定有不同的教育理論。尼采不是教育家，其文字對教育的論述也不多，但他畢竟是一個「讓世界戰慄」的哲學家，我們也可借用其思想來透視當今的中國教育。他對人平等的群畜道德的批判，我們可用來批判中國教育的平庸化和整齊化的趨向；他通過批判理性來宣導的非理性精神，我們也可用來提倡彰顯激情和生命感悟的生命化教育。

第二節　對話與認知

導讀：

一個開放系統若要生存，必須從外界吸收一些元素。用普利高津的話來說，一個開放系統是一個非平衡態系統。

一個封閉系統就是一個平衡態系統，一個瀕臨死亡的系統。

認知是一個系統。我們常說，要經常跟人交流或讀書，吸收的資訊多了，頭腦就不會僵化。這個樸素的道理，其實是有科學依據的。

讀書是一種對話，然而我在這裏主要講教師與學生的對話。一般來講，教師的知識水準可能會高於學生。然而，這並不表明所有教師一定比所有學生懂得多。在《文化與承諾》中，美國學者米德曾提出了三種文化傳遞模式，即前喻，並喻和後喻[1]。教師也要接受後喻文化，即晚輩向長輩或學生向教師傳遞的文化。一個能與學生平等對話的教師具有開闊的胸襟，他的認知系統是一個活系統。因此，他的頭腦不可能僵化。

什麼是對話？雅斯貝爾斯說，對話是「人對人的主體間的靈肉交流活動」。對話，有著非常深刻的意蘊。它不僅有認知上的意蘊，而且還有文化上的意蘊和政治上的意蘊。這裏我們僅討論對話在認知上的意蘊。

語言性和社會性是人的存在的重要特徵。人生活中社會中需要交流，而交流需要語言。人的思維也需要語言，因為「語言是意識的物質外殼」。在《語言與思維》一書中，維果茨基將語言分為了「內部語言」和「外部語言」。很明顯，內部語言就是與自己進行的反思性對話，外部語言就是與他人的對話交流。從本質上講，認知就是以語言為媒介的意義與關係的建構。意義的建構，是通過大腦與外部環境的相互作用產生，通過與自我的對話來實現的。關係的

1　前喻文化，指晚輩主要向長輩學習；並喻文化，指晚輩和長輩的學習都發生在同輩人之間；後喻文化，則指長輩反過來向晚輩學習。作為一種生態系統，文化也可以進行自我的複製，這就是人類的歷史文化綿延不斷，經久不衰的原因。不過，生物的複製是垂直型的，而文化的複製卻不只是垂直型（前喻），也可以是「並列型」（並喻）或「逆向型」（後喻）。

建構，則意味著通過與他人進行交流與對話而構築起人與社會、人與客觀世界的關係。

那麼，我們如何來看待對話對認知發展的意義呢？

從系統論來看，系統若要維持和發展，必須與外界不斷交換資訊、能量或物質。封閉系統由於斷絕了與外界的聯繫，因此就會因為不斷消耗能量而成為一個死亡系統。植物要生長，就要進行光合作用來產生新陳代謝，即排除系統內部的不需要的物質，同時從外界吸收一些東西。認知本來是一個系統，一個具有耗散性、生成性和自組織性的開放框架。從熱力學的觀點來看，系統要生長發展，就必須有「熵」的存在，同時還要從外界引入「負熵流」來維持系統的平衡。所謂熵，就是系統排除或消耗的能量，「負熵流」則是從外部吸收進來的，以抵消內部所耗能量的、使系統維持下去的能量。那麼，認知這個系統是如何發展的呢？

懷特海認為，自然不是由一些固定不變的顆粒構成的，而是一個「進化過程」。通過這一隱喻，我們可以明白認知經驗也是一種變化的、有生有死的過程。當我們獲得新知時，新的知識經驗即告產生。我們通過與他人對話交流，從外部引入「負熵流」後，舊的認知被新知代替後即宣告死亡，並被認知系統從系統中清除掉。如此往復，認知系統才得以維持並不斷發展，我們對世界的認識也就隨之愈深刻和全面了。

眾所周知，皮亞傑是瑞士的傑出的生物學家、心理學家和哲學家。在他的圖式理論中，他提出了「同化」和「順應」，以及「平衡與不平衡」等概念。透過這些概念，我們也可以理解對話對認知的意義。當外部資訊與我們原來的認知一樣時，這就是「同化」。如果不一樣，我們的認知就與外部資訊產生了不平衡。此時，我們會自動地調整原來的認知，以達到使我們的認知與新資訊達到平衡。這樣，我們的認知就是一種從平衡到不平衡，再從不平衡到平衡的一個過程，即一個「平衡——不平衡——平衡」的過程。我們的認知也就以一種螺旋式的方式不斷上升，永無止境。

總之，無論從系統論、熱力學，或是生物學的進化論來看，認知都是一個不斷發展的過程。它具有開放性和過程性，因此要不斷吸收資訊，不斷更新認知結構，以實現不斷的生長發展。那麼，對話交流對認知的根本意義，就是使認知系統與外界不斷交換資訊，以求得認知系統的持續發展。

對話，意味著認知的生長。

第三節　中國教師已死

導讀：

幾千年來，中國人飽受了專制的奴役，生命一直沒有覺解，沒有自我意識，沒有精神發育。雪上加霜的是，傳統專制跟現代極權主義的交媾，使中國人的生命更加枯萎。一直以來，中國人都是「死人」，而教育必須為此負責。在教育裏，教師如同僵屍，他們能如何搞教育？又能教出怎樣的學生？

中國教師已死，這要歸咎於極權專制的社會制度。

> 「全體教師應該走向最前哨，面臨世界的永恆的不確定性所構成的危險。」
>
> ——海德格爾

在此，我首先要開宗明義地宣佈：中國教師已死。

在存在主義者看來，人就是可能性的總和。在人的生命展開的過程中，充滿著種種可能性或不確定性。「人性並不是一種實體性的東西，而是人自我塑造的一種過程：真正的人性無非就是人的無限的創造性活動。」[2]當我宣佈教師已死時，指的是教師的生命狀態已停滯。教師表面上活著，實際上他們的生命卻已死亡。

人的存在，最重要的是要有自我意識或存在意識。一旦人有了自我意識，便會開始構築自己的精神世界。在這個精神世界裏，裝滿著人的各種可能性。然而，教師們只滿足於拿課時津貼去吃喝嫖賭，或用所有的時間搞家教賺外快的世俗生活，遠遠沒有發展出自己的精神世界，自然便失去了自己的存在深度。「存在主義者的取向都是動態性的；存在指的是形成、生成。他們的努力都是為了不要將這種生成當做一種感情上的人工製品來理解，而是將它作為人類存在的基本機構。」[3]自己的人生沒有了形成與生成，教師的存在便顯得非常卑微和猥瑣，甚至沒有了作為人的尊嚴和價值。

---

[2] （德）恩斯特・凱西爾《人論》，上海譯文出版社，2005，頁6

[3] （美）羅洛・梅《存在之發現》，中國人民大學出版社，2008，頁42

作為教育者，教師們以真理的擁有者自居。凱洛夫教育思想的三個中心——「以教材為中心、以課堂為中心、以教師為中心」當然給中國教育帶來了不好的影響。然而，中國傳統文化中本來就有的很多糟粕，也給中國教育帶來了致命的危害。

下面，我簡單地從幾個方面來說說中國的傳統文化對中國教育的危害性影響。

中國文化傳統中的「三綱五常」強調君臣父子的倫理關係。「一日為師，終身為父」。那麼，「師」與「父」便開始聯姻。《論語・裏仁》說：「事父母幾諫，見志不從，又敬不違，勞而不怨。」假如說，在父母不接受意見的情況下，做孩子的還只得任勞任怨，那麼，教師也可以不聽學生的意見，而學生仍必須遵從「師道尊嚴」的訓戒。說到底，「師道尊嚴」只是「三綱五常」的倫理關係在教育中的折射。

許慎《說文解字》曰：「教，上所施，下所效也。」中國的傳統教學強調教師的「上」，以及學生被動的「效」，這無疑強調了教師的霸權與專制。這種不平等的關係，剝奪了學生積極主動地學習的權利，給予了學生「真理接受者」的身份。

作為一種國家考試，科舉考試的作用有兩方面：一是為國家選拔官僚或士大夫階層。中國能夠維持一種中央集權制度，一個關鍵的因素便在於，科舉考試能夠源源不斷地為士大夫階層提供新鮮血液，防止特權階層的世襲制度的形成。二是作為灌輸意識形態的手段。通過考試，國家把儒家思想強行推而廣之。大凡想入仕者，必須接受官方的儒家思想。自隋朝開創科舉制度之後，科舉愈來愈成為束縛國人思想和扼殺人才的工具，呈現出腐朽的一面。清人馮桂芬談到科舉時說：「三年一科，今科失而來科得，一科複一科，轉瞬其人已老，不能為我患，而明祖之願畢矣。意在敗壞天下之才，非欲造天下之才。」

眾所周知，教育關乎認識和思想。中國的傳統文化決定了，教師本來就必須是真理的化身，跟「君」和「父」有同等的重要地位。然而，人類已進入21世紀，處在了一個後現代社會裏。在這裏，「認識和思想，它們最終不能達到一個絕對確定的真理，而是與不確定性對話。」[4]也就是說，知識在傳統上的確定性已逐漸轉向了不確定性。20世紀初杜威出版《確定性的尋求》時，還在苦苦尋求和探索確定性。他壓根沒有料到，普利高津在幾十年後出版了《確定性的終結》，給予了確定性以致命的打擊，徹底顛覆了現代主義的確定性。

4　（法）愛德格・莫蘭《複雜性理論與教育問題》北京大學出版社，2006，頁145

應該說，現代社會的封閉性和確定性的世界觀正在向後現代社會的開放性和不確定性的世界觀轉變。這種轉變為世界帶來了深刻和廣泛的影響。在知識和思想領域，在不確定性的浪漫的衝擊下，絕對真理的宏大敘事被解構，最終變成了相對真理。真理的相對性，便是真理的開放性創造出了空間，使對真理的探索成為了可能。或者說，我們必須去探索真理，而不是「守住」或「持有」真理。

真理觀的變化，給教育思想帶來了挑戰。教育應該是傳授真理，還是教師同學生一道探索真理？教育的目標應該是什麼？愛德格・莫蘭認為，教育應該有五個目標——「給予我們組織知識的能力的構造得宜的頭腦，對人類地位的教育，學習生活，學習迎戰不確定性，公民教育」[5]。他所說的人類地位，「被兩個大的不確定性所標誌：認識的不確定性和歷史的不確定性。」[6]換言之，人類的境況充滿著不確定性。人類的知識是不確定的，連人類的歷史也是不確定的。我們從這裏可以看出，馬克思欲為人類找到一條終極出路，只是一種虛妄而已。馬克思主義只是在特定的歷史條件下產生的現代主義理論，無法解釋和應對世界的變化。說到底，它代表的是一種封閉性世界觀，跟現在的開放性世界觀格格不入。

因此，以馬克思主義為圭臬的中共會拚命控制教育，有中國傳統文化方面的原因，也是馬克思主義世界觀的原因。然而，正是這種控制扼殺人了中國人的創造力，成為了中國教育的殺手。當中共的「培養社會主義接班人」的教育方針變成「讓學生成為自己想成為的人」時，中國教育才算真正地融入了世界潮流，中國也才可能有自由和民主。

1927年，柏格森在諾貝爾頒獎大會的演講中表達了他的感受：人類存在由「不斷創生、不可預測的新鮮事物」組成；而且他得出了這樣的結論：時間證明，自然界存在不確定性。我們周圍的宇宙只是許多「可能」世界中的一個。

在這個充滿可能性的宇宙中，一切都只是一種可能。那麼，作為一個生命體，教師的生命又是不是一種「可能」呢？如果是，這種可能性又表現在什麼地方？若僅能維持肉體生命，教師們還算存在嗎？教師們若要想存在，便必須面對生命的不確定性。儘管生命在擴張過程中，必然會遭遇到種種阻礙。然而，若沒有對這些阻礙的克服，便不可能出現生命的自我意識。

中國的極權專制社會，束縛著個體生命的成長。當教師的個體生命開始復蘇時，必然會與體制發生衝突。此時，教師是執著地成長，還是向體制妥協，

---

[5] 同上，頁188

[6] 同上，頁145

取消自己的存在？國家看不順眼的人，必然是個體生命發育健全的人，而國家喜歡的庸眾，都是生命枯萎的人。沒有個體生命的成長，便沒有對體制的反抗。中國教師中，有幾人具有「刺頭」精神？

總之，在我看來，唯有通過不斷的專業化發展，教師才可能不是如同行屍走肉存在於世；唯有通過持續不懈的閱讀，教師才可能真正地存在於世，讓自己的生命復蘇起來，才可能有勇氣去反抗體制；唯有讓自己的個體生命充滿可能性，教師才會有實力去面對處處充滿著生成性和開放性的後現代課堂，也才可能「走向最前哨，面臨世界的永恆的不確定性所構成的危險。」

第四節　內部生成即解放

導讀：

每個生命都有自己的生命密碼。作為人學的教育學，必須能夠解讀出這個生命密碼。

教育必須尊重每個生命的成長邏輯。這個成長邏輯，是從生命的內部生成的，而不是從外部強加給生命的。外部控制即奴役，內部生成即解放。

在本書後面，有一節是對教育目的的「外在論」和「內在論」的分析，可作為本節的補充和拓展。

現代課程的理論基礎是科學管理理論、邏輯實證主義和行為主義，其目標是實現「四化」一制度化、簡單化、效率化和標準化。現代課程的特點是從外部著手，關注外在的規定、控制，追求社會效率。現代課程的知識觀認為，知識是來自「外部」的，可以被發現，但不能被創造；知識是客觀存在的，所以要求教師將知識「客觀」地反映在學生頭腦中。這是一種典型的「知識旁觀者」理論，即學生只是知識的「參觀者」，而不是知識構建的「參與者」。現代課程的教學觀認為，教師的作用就是「郵遞員」的作用，只需要將知識「打包」然後投遞給學生。現代課程中的程式主義思想，要求課程實施者遵守具有高度普適性的程式與規則。在這樣的課程中，教師也就成為了「課程參觀者」，而不是一個「介入者」，即教師無權解釋這種「價值無涉」的課程，只能客觀地「搬運」教學內容。

我們知道，知識總是具有文化性的特點。人總是處於一個文化環境中的「文化人」，有個使其安身立命的文化身份。那麼，無論學習者在學習知識，還是教師教授知識，總免不了要受師生的價值觀念、人生信仰等的影響，人的社會文化屬性總會影響人。這樣看來，學生學習知識，也不是將教師的教授內容照單全收，而是在個人的文化背景的基礎上，有選擇地進行「同化」和「順應」，將知識納入到自己的圖式結構中。同樣，教師在解釋課程時，無論是有意識地，還是無意識地，都會將自己的價值觀、人生觀和世界觀滲透進去。這樣，教師作為有積極意義的詮釋者，都應該有著自己的與眾不同的課程。課程雖然由專家和教育行政主管部門研發，但在教學實踐中，每個教師的課程都不一樣。

如此看來，在現代課程實施中，外部的控制起著決定性作用，即政府控制著教師，教師也相應控制著學生。用後現代主義的觀點來看，「控制」是一種極權主義的霸權。霸權是一個位於中心的、起主導作用的價值觀念或行為系統，而意識形態則是霸權的核心。統治集團正是通過霸權對學校中的教師進行控制的。作為基層單位的學校「生產」出學生個體，是通過「生產」知識一選擇和處理利於利益集團統治的知識，來實現的。因此，學校也成為了一個文化和意識形態的霸權機構，它複製和再生產著統治階級的意識形態。

控制是非人性化的，是反民主的。學生的學習和教師的教學，都應該是「內部」生成的，而不是外部控制而產生的，二者都必須經過師生主體的建構。知識是學生在與環境互動中構建出來的，而不是教師「刻寫」於學生頭腦中的。教師的教學也是由教師自主進行的，課程是由教師解釋的。這樣，無論是學生的學習，還是教師的教學，都飽含著鮮活的生命體驗，或者說，都是主體構建出來的。那種漠視人的主體性的教育，雖然打著「育人」的旗號，本質上卻是對人性的摧殘。

對師生的主體性的承認，意味著尊重學生的個性和學生之間的差異性。學生的學習，總是基於自己的個體文化，按照自己的習慣方式，將知識納入到原有的經驗中的。同時，由於教師本人和其學生的獨特性，教師總是基於自己的個體文化，按自己的方式來針對自己的學生進行教學的，所以教師的教學也是個性化的，而不可能是一種「放之四海而皆準」的模式。誠如杜威所說：「用一種普通採用的模式進行教學，只會塑造出庸才」。「內部」生成的教學觀，意味著對師生人性的解放和主體性的確立。

總之，什麼樣的知識觀，就會產生與之相應的教學觀。客觀主義的知識觀，就有與之相應的客觀主義教學觀；建構主義的知識觀，也就有了與之相適應的建構主義教學觀。當我們承認知識是由學生自己建構時，我們也會認為教學是教師自己建構的，學生不是白紙由教師肆意「印刷」，而教師不是上級行政管理部門的機器。教與學，都應是由師生從「內部」生成的。外部控制即奴役，內部生成即解放。

第八章　管理與教師文化

第一節　後現代：教育・女性

導讀：

隨著課程改革的深入進行，國內興起了一股教師的反思之風，寫教學劄記或教育日誌已成了一種時尚。

寫反思日記，其實只是後現代主義在教育中的折射。現代主義彰顯男權主義，而後現代主義中的女權主義則是要解構和顛覆男權主義。理性是男人的特點，而反思日記卻有很強烈的「女人氣」。這種寫作更關注生命，不需要多少理論。

反思日記有助於教師養成反思的習慣和提高教師的專業化水準。只要學校認識到寫教學劄記或教育日誌的重要性，也就會重視校園文化的營造和教師文化的提升。

(一) 反思性實踐——教育的後現代性

人類進入現代社會後，文藝復興運動和啟蒙運動解放了人類思想。此從，人類開始在理性大旗的指引下走向成熟，人類社會進入了跨越式發展的階段。在培根「知識就是力量」的現代主義旗幟下，生產力得到了不斷的提高，知識的客觀性、普遍性和中立性的特點開始被確立起來。

20世中葉，人類進入後現代社會後，知識觀發生了根本性的變化。「絕對主義」、「客觀主義」的知識觀開始成為歷史，「歷史主義」、「相對主義」的知識觀開始凸現出來。知識的普遍性也開始隱退，取而代之的是知識的境域性。人們也開始認識到，知識並無中立性，它有的僅是價值性。

在知識觀出現巨大變化的背景下，哲學家波乃尼區分出了兩種知識：顯性知識和緘默知識。對此，波氏有個著名的「冰山比喻」：「顯性知識可以說只是冰山的一角，而緘默的知識則是隱藏在冰山底部的大部分。緘默的知識是智力資本，是給大樹提供營養的樹根，顯性知識不過是樹上的果實。」通俗地講，顯性知識可以表達，而緘默知識卻難以表達。對教師而言，工作經驗即屬於緘默知識。經驗豐富的教師處理問題時，不一定非得套用某個宏大理論，而是根據自己的經驗作出判斷，而且往往有「藥到病除」的效果。年輕教師想套用老教師的經驗時，效果不一定好，而且往往還可能弄巧成拙。須知，教師的緘默知識是自足的，不可外傳的。一位經驗豐富的教師，其緘默知識是由知識結構、經驗背景、性格特徵、思維模式、情感意向等綜合而成的，而這些方面是因人而異的。

波氏對兩種知識的區分，肯定了經驗性知識或實踐性知識，承認了知識的相對性的合法性。這種不被現代主義承認的知識，受到人們的普遍認同後，為專業技術的培訓帶來了變革。

一般來講，專業技術人員的培訓模式多採用「理論基礎—方法學習—實習教學」的模式。這也是醫學界採用的模式，因此也可叫「醫學模式」。這種模式強調生產效率，追求解決的問題，漠視了人的存在，淡化了問題的發現。顯然，這是一種線性化的技術理性的培訓模式。師範大學對師範生的培訓，採用的正是這種模式。師範生畢業成為教師後，其教育工作必是技術理性的再現。

「技術性實踐」一詞源於馬克斯・韋伯的「技術理性」這一概念。技術理性否定了實踐主體所親身體驗的真實世界，容易導致科學主義和技術至上的傾向，造成人的精神貧困、人性貶損和道德墮落。技術理性沒有了人，便成為了冷冰冰的概念。技術理性一旦進入教育，教育實踐便成了一種「技術性實踐」，缺少人的主體性和能動性。教師們在線性課堂上的教學，不正是一種技術操作麼？

在這種背景下，美國麻省理工大學教授舍恩（Schon.D）提出了「反思性實踐者」理論。舍恩的「反思性實踐」理論對教育產生了極大的影響，立即成為了教師行動研究和教學研究的理論基礎。所謂行動研究，即教育在行動中研究，再把研究成果應用於行動。換言之，行動研究是一種「反思性實踐」。「反思性實踐」要求教師不斷豐富自己的緘默知識，通過反思使自己長期處於「形成性」過程之中。一句話，教師的專業化發展是一個沒有止境的過程。

現代主義製造著神話，追求某種宏大敘事。現代性的宏大知識觀只相信知識的絕對性、普遍性和價值無涉性，不承認知識的相對性、情境性和價值性，抹殺個體的緘默知識，必然帶來技術理性至上的後果。與此相對，後現代主義不相信宏大知識觀，力求對其進行瓦解。後現代的知識觀承認知識的相對性、境域性和價值性，而且也使個體的緘默知識合法化。後現代主義的尊重實踐主體的知識觀，廣泛地影響了社會的各個領域。

在這種背景下，宣導教師進行「反思性實踐」成為了流行主調。教師只能將問題視為特定的、個人的和不穩定的個案，而不能將問題簡單地視為某種宏大理論的複製。從知識觀來看，教師的「反思性實踐」可以增加教師的緘默知識，提高教師的專業化水準。目前，教師們進行「反思性實踐」的方式，一般是寫反思箚記或教育日誌。關於這種女性化的行動研究，本書後面還有論述。

誠然，後現代主義為社會帶來了很多積極的東西，卻有一個最致命的問題：極端的相對主義。

以寫博客為例。時下，人人都在寫博，人人都在言說，人人都成了作家，可真正的優秀作品有多少？它們又在哪兒呢？作為一種後現代的生活方式，博客充分體現了後現代主義的相對性。

緘默知識得到承認，必然會對顯性知識帶來衝擊。宏大敘事不一定絕對正確，可全盤否定宏大敘事也是同樣危險。每個教師若只相信自己，一些宏大的理論總結失去應有的價值時，我們是否又會陷入經驗主義的泥潭呢？當世界只有緘默知識時，我們還能言說什麼呢？

（二）女性與課程

反思教育事件，寫教育日誌這種行動研究，有著深刻的思想背景。這跟方興未艾的女權主義運動及其理論，即「酷兒（Queer）」理論有關。從上世紀90年代起，西方那些在性領域的少數邊緣分子，如同性戀者、雙性戀者、易裝者、虐戀者等，開始自稱為「酷兒（Queer）」。自此，「酷兒理論」從女性主義、性學等領域中開始傳播開來，進入了各個領域之中，包括課程研究領域。

自啟蒙運動以降，理性得到高度重視和宣導，代表著理性的父權也隨之統治了世界。父權的話語方式是男性化的，或者說是陽性的。它建構出了一整套宏大敘事，將女性視為缺乏理性，使女性從話語空間中消失。理性帶來的科技發展，卻並沒有為世界帶來和諧，人類並沒有享受到幸福。在世界的思想舞臺上，一批思想家，如尼采、車爾尼雪夫斯基、馬爾庫塞和福柯等，發起了一場反啟蒙運動。

啟蒙運動代表的科技理性，只是凸現了工具理性。它直接造成了女性在話語體系中的結構性缺席，致使女性被邊緣化，從一些語彙使用上就可略見一斑。女權主義的傑出代表波伏瓦曾說：

> 女人不說「我們」，除非是在女權主義者的某個重要集會或正式的示威遊行上；男人們說「女人」，而女人也用同樣的詞指呼她們自己。她們不會自動採用一種主觀的態度……

在《女性主義和科學》中，伊夫斯・福克斯・凱勒認為，某些語彙「把對自然的統治和自然作為女性的一貫形象結合了起來，這種做法在法蘭西斯・培根的著作中顯得尤為突出。在培根看來，知識就是力量（權力），科學的允諾就是『把你引向自然和她的孩子們，讓她保證為你服務，並成為你的奴隸……』。」

不過，20世紀期間，女權主義運動風起雲湧，在世界範圍取得了驚人的發展。九十年代以來，女性主義開始進入課程研究領域。女性主義課程研究，是對一直占主導地位的「男性課程」的反動，它標誌著在課程研究領域中不再沉默，「躊躇的低語正在成為一個大合唱」。女性開始發出聲音，要求分享話語權了。

我以為，女性主義進入課程研究有兩點意義：一是肯定了女性的理性。作為人類的一種性別，女性也肯定有理性，雖然可能不及男性。二是肯定了女性主義課程研究的方式，打破了課程領域被男性化的理論研究所壟斷的局面。相比之下，第二點是我要重點闡述的。

在女性主義課程研究中，一個最重要的特點就是寫自傳體的日誌或日記。女性主義課程專家甘妮特（Cinthia Gannett）認為，日記或日誌「是一個變幻的寫作場所，在主導的與無聲的話語之間、寫作與文學之間、傳統與自我建構之間流動，為追溯社會性別與其他社會建構通過話語的折變提供了獨特的機會。」

父權建立起的話語體系中，話語方式都是理性化的，屬於一種「公共寫作」。它沒有激情與溫柔，沒有自我與感情，一切都是高度抽象的、概念式的和冷冰冰的演繹。在這裏，日誌被看作是「軟性的」，「特例的」和「私人的」，當然也是沒有理論的。

女性自傳是一種邊緣化和私人化的文本，是後現代語境中對傳統的反擊和解構。作為一種課程研究方式，它充分肯定了隱含的意義、自我出席和自我的存在。把教育事件視為文本進行解讀，其目的是構造過去的「我」，發現「我」的「無縫」成長，為將來的「我」創造出某種可能性，「帶我們到從來沒有去過的地方」。

書寫自傳，可以反思自己的教育工作。也就是說，在特定的時間與地點中，自傳的主體及其記憶的過程與歷史進行對話。過去不再是靜態的，而是不斷變化的。自我也變成一個反思性計畫，一個連續不斷的敘事計畫。在這個過程中，自我也建構著自己的未來。

我以為，教育工作是個性化的，體現著教師的個體文化，甚至包含著教師的大量的「緘默知識」。這意味著，他人的任何經驗都不可能建構出新個體，個體只有被自己不斷建構出來。從這點來看，把女性主義引入課程研究是有積極意義的。通過書寫日誌，教師就能夠不斷地創造著自我，在專業發展水準上走向一個更高的層面。

我們的教育目的是要培養出人格完整的人，全面發展的人。僅把追求分數作為教育目的，只是一種片面的教育觀。為了學生和自己的成長，教師們不妨拿起筆寫點隨筆日誌。這會讓教師擁有教育機智，讓教師發現人生的意義，人生與教育才會和諧地統一起來。

（三）另一種科研

在傳統的課程觀中的「時間即效率」，是一種工業生產的思維模式。然而，學校畢竟不是工廠，而是一所「文化療養院」。佔用師生過多的自主時間，勢必使師生喪失自由。當人沒有自由時，人的尊嚴亦即喪失，人的存在便毫無意義了。也就是說，「時間即效率」的教學觀，沒有尊重師生作為人的存在。這樣的教育，只是一種物化的、奴役性的、工具化的教育。

教學效果的優化，主要有兩個途徑：增加教學時間和改進教學方法。在布盧姆那裏，時間是單向的線性物，增加時間就會優化教學效果。這個觀點至今還是中國現實中的主流思想——補課、加課、提前上課等，都是司空見慣的作法。不少學校還開始實施所謂的「精細化」管理，大搞「月考」、「周考」，要求教師不斷拿出考試成績，並借此對教師進行考核。這種經過「任務分割」，把考試要求分配到各學年、各單元的作法，依據的是「泰勒原理」的「任務分析」。這種觀點認為，教學是個機械的框架，把教學分解到最小部分，累加起來後就可得到整體。考試任務被分解到最小單位，故曰「精細化」管理。「精細化」管理所肢解的，不僅是教學內容和任務。在更深層次上講，它也是對人性和人格的肢解。

「精細化」管理的思想根源在於「還原論」。在課程領域，泰勒原理是「還原論」的具體體現。它旨在追求效率與控制，以單位時間為基礎，使教師牢牢地依附于各階段的任務，致使教師沒有時間進修學習，無暇顧及教育科學的研究。況且，人生的時間有限的，即使師生二十四小時不睡覺，能供支配的時間總是有限的。既然如此，最根本的辦法不是剝奪師生的自主時間來抓教學，而應該是在保證師生有時間來全面發展的基礎上，依靠科學研究來提高教育品質。

一般認為，科學研究有兩類：一類是專家教授在書齋裏完成的理論研究。這類研究旨在建立一套完整的理論體系，要求嚴格按科學的方式來進行。這種「理論－理論」的研究，絕非一般教師所能達到。另一類則是一線教師在教育實踐中的研究。它不需要教師具備高深的理論知識，只是要求教師反思自己的教育實踐，達到改善行動品質的目的。這是一種「實踐一實踐」的研究，或稱作「行動研究」，即要求教師立足於教學實踐以改善教學實踐。這種研究實際上主要是一種個案研究。教師的行動研究，改變了教師只是課程「旁觀者」的角色。教師在行動研究中，不斷地創造出屬於自己的課程，這就肯定了教師在課程中的主體地位。

行動研究也有兩種情況：一是單純地思考教學問題，如備課、講課，其根本目的是提高學生的學業成績。另一種是教育反思，解讀教育事件中所蘊含的意義，一般的作法就是寫教學箚記、隨筆和沙龍討論。如果說前者僅是側重於教學，後者則主要側重於教育。人是理性的動物，人的實踐活動都是理性的，我們的教育實踐活動總是含有理性思考或研究。反過來講，也沒有獨立於行動之外的研究。勒溫的名言「沒有無研究的行動，也沒有無行動的研究」，清楚地闡明瞭研究與行動之間的辯證關係。

我認為，行動研究的兩種方式都應該受到重視。反思教育事件的第二種方式，它對教學業績的作用不是直接的，也不一定是明顯的，但是真正的教育是必不可少的。它通過重述教育事件，發掘在教育實踐過程中湮滅的主體意識和存在價值。對教育事件的回憶和反思，能獲得對事件意義的重新理解，也能對「過去的再建構」。這種把教育事件視為文本來解讀的方法，是一種「人文－理解」的方法，而不是科學實證的方法。這樣的研究結果，能讓教師睿智地從一句話裏「聽出」一顆滾燙的心，從一個錯誤中發現一個瓦特，一個愛迪生……。

第二節　如何搞好讀書活動？

導讀：

讀書活動更屬於文化範疇，而非行政範疇。然而，在教育官僚化的今天，文化活動都被行政命令而行政化了。

值得我們注意的是，文化是一種生態。它需要有寬鬆的環境，體現著自組織的原理。任何強調控制的行政命令，都會「殺死」文化活動。因此，我們看到，教育局每年的各種行政命令，要求教師這樣或那樣，結果都無一例外地流於形式，沒有多少實效。

讀書活動和其他文化活動，都要求行政不應過多干涉。在寬鬆自由的環境裏，生態會出現自組織的「成核」現象或草根式的自發現象。

令人遺憾的是，教育管理者已被行政化和官僚化。他們沒有了自己的管理哲學，只知道上傳上達，照章辦事。

從另一側面講，教育在本質上講屬於文化範疇。然而，政治過多地涉入教育後，不可避免地把教育官僚化了。如今，校長不是教師，更不是學者，而只是政治奴才或政治棋子——或者說，只是「意識形態幹部」。

政治奴才關心的是政治，而不是學術或文化。蔡元培那樣的校長，還會出現在中國嗎？

時下，為了促進教師的專業化發展，各校紛紛搞起了「讀書活動」。誠然，活動的動機是好的，這點毋庸置疑。然而，這種活動結束時，教師交來的讀書總結或文章，往往只是草草應付，或者是直接從網上列印一篇。領導們大傷腦筋，不明白活動為何成為了走過場的形式主義，卻也苦於沒有更好的對策。

細胞是生物世界的最小單位，細胞的分裂與繁殖體現了世界的本來面貌。細胞分裂（cell division）是活細胞繁殖其種類的過程，是一個細胞分裂為兩個細胞的過程。分裂前的細胞稱母細胞，分裂後形成的新細胞稱子細胞。在單細胞生物中，細胞分裂就是個體的繁殖，在多細胞生物中，細胞分裂是個體生長、發育和繁殖的基礎。1855年德國學者魏爾肖（R.Virchow）提出「一切細胞來自其他細胞」的論斷，即個體的所有細胞都是原有細胞分裂產生的。

在學校裏，領導發佈指令，為教師分派各種任務，以實現學校的「宏偉藍圖」。為了提升學校文化品位，提高教師的素質，實現自己的「名校夢」，領導們要求教師讀書，卻沒有達到預期效果——在這種封閉框架中，當讀書成為了任務，那便是一種負擔。在強迫狀態下讀書，不是奴役又是什麼呢？此時，教師們採用應付對策也在情理之中。可見，這樣的讀書活動，不會有多少實效。

一些領導發現教師不讀書，便可能會採取恐怖政策，強迫教師讀書。然而，「恐嚇、強制和壓迫是一種完全適合於管理牲畜的手段，而只有牲畜，才可能必須在恐嚇、強制和壓迫這才被推動、驅趕或脅迫而進入一種與其現存不同的形式中。」[1]領導的恐怖政策將教師視為沒有自發性的牲畜來加以管理，是一種赤裸裸的極權主義。

若要取得讀書活動的實效，那就必須把學校視為生物世界，充分保護和利用少數人的讀書習慣，採用「草根式」的發展模式。如同細胞分裂一樣，一個人讀書會帶動另一人，即一變二，二變四，直至讀書氛圍蔚然成風。校園文化，本來就是一種文化生態。「一切細胞都來自其他細胞」，這句話應用於校園文化就是「教師讀書來自他人讀書」。若有教師自發讀書，會影響周圍的教師。這種草根式的讀書，可以算是細胞的自發進化。一所學校裏，若沒有教師喜歡讀書，校長則應肩負起這個責任。校長讀書可以逐漸分裂與繁殖，從自己到中層，從中層到年級組，從年級組到班主任／教師，一直向下蔓延，直至整個校園中讀書蔚然成風。這符合「協同學」的原理：一旦系統的某些元素開始有序的集體行為，他們將成為系統的「序參數」，並裹挾其他元素以同樣的方式運動，最後形成整個系統的有序運動。如此一來，草根式的發展必然會形成星火燎原之勢。當然，領導必要時也可採取適當的「催生」措施，儘量縮短讀書成風的時間——但千萬不能搞成強迫與奴役了。

上級要搞讀書活動，學校領導別無選擇，只有執行。但是，領導們必須清楚，這種奴役式的讀書，不會走進教師心靈的。此時，領導不妨先物色兩三個資質比較好的教師，「請」他們開始讀書（「請」的含義心照不宣）。平時，領導偶爾關心一下，請他們喝茶聊一聊讀書，或在大會上表揚一下。他們覺得領導關心此事，也會繼續讀下去。

慢慢地，喝茶時領導可以多請幾個教師，擴大讀書圈子。大家都知道，校長若請幾個教師吃飯喝茶，便有更多的教師加入進來——有飯吃有茶喝，還能

[1] 齊格蒙・鮑曼《生活在碎片之中—論後現代道德》，學林出版社，2009，頁187

跟校長「套近乎」，一般人都應該樂意加入。這樣長期下來，讀書的教師就會越來越多。通過大會表揚或發放「讀書獎」等權力運作的方式，領導們可把起步的教師樹立為榜樣，以提高大家讀書的積極性。

至於吃飯喝茶的錢，一是由學校出，二是大家可以實行AA制輪流買單。當然，最重要的是，通過這些活動，領導不僅能跟教師溝通感情，而且也最終形成讀書的「燎原之勢」。

上級規定搞讀書活動，這是一種官僚程式。學校領導不得已而為之，但這遠遠不夠。學校領導應該積極扶持民間的讀書活動，將其作為「細胞」或「星火」，以「草根」促發展，把行政權威下的「要我讀」變成在周圍教師影響下的「我要讀」。當讀書融入了教師們的生活，完全走進教師們的靈魂時，文化引領即宣告大功告成。

有了讀書氛圍作為基礎後，教育科研也會容易得多。那麼，搞科研課題時如何選題呢？是強迫教師在規定的範圍內選題，還是發動教師自發組織選題好一些？回答不言自明。當然，若沒有教師自願選題，這說明領導對校園文化引領不夠——領導們只會應付官僚事務，已墮落成了沒有文化素養的政治官僚。

第三節　教師發展性評價

導讀：

對教師的評價，不能採取終結性評價，而應該採取動態的發展性評價。作為一個生命體，教師也需要一個成長過程。終結性評價動輒給教師貼標籤，把教師列入「差」類後，讓其「永世不得翻身」，容易打擊教師向上追求的積極性。

發展性評價能給教師以積極的心理暗示。它關注教師的發展，不斷地告訴教師說：「來吧，不要怕，你行的！」顯然，這種評價方式容易走進教師的內心，幫助教師重新找回自我意識，不斷地塑造出新的自我。

簡單地說，發展性評價有著明顯的「進化論」色彩，它相信教師能夠不斷進步，幫助教師去實現自我。它體現出了生命倫理，是一種人道的評價。

從受評價者來劃分，教育評價可分為學生評價和教師評價。概括地說，教師評價有兩種目的不同的方式：一是獎懲性教師評價，二是發展性教師評價。我們的研究的問題在於，如何結合這兩種評價，改善和提高教育管理水準。

教師評價屬於管理範疇。從一般管理學角度來看，麥格雷戈的管理理論—— X 理論和 Y 理論認為，管理者對員工的不同看法或人性假設，會導致管理方法截然相反——換句話說，不同的人性假設導致不同的管理思想。X 理論認為，人的本性是好逸惡勞，因此人需要懲戒手段來強制、監控或威脅。與此相反，Y 理論認為，人都有精神追求，願意通過自身的努力來獲得成就感。可見，獎懲性教師評價體現的是 X 理論，而發展性教師評價體現的卻是Y 理論。

獎懲性教師評價以獎勵和懲處為終極目標，通過對教師的評定，作為解聘、晉升、降薪、獎勵等決定。這種「外部評價」將教師視為需要層次很低的動物，從外部採用福利性的激勵因素，輔之以恐嚇威脅的手段，因而不能真正進入教師的心靈，無法從根本上解決教師的問題。嚴重的情況下，這種評價還可能引起教師的抵觸。

歸納起來，獎懲性教師評價的主要特點有：

（1）控制學校管理的權力，強化教師的服從意識

（2）強調幹勁、成就、效率和效果

（3）頻繁使用獎勵、表揚、處罰等手段

（4）確立教學目標，最大限度地實現教學目標

（5）經常對教師進行評價

發展性評價以促進教師的專業化發展為根本目的。它建立在相互信任的基礎之上，和諧氣氛始終貫穿整個評價過程。這是一個連續的、系統的過程，旨在幫助教師規劃自己的教育生涯，使教師的「個人願景」與學校發展的「共同願景」結合起來，實現學校的可持續性發展。跟獎懲性評價相比，發展性評價可以讓教師發現自己、認識自己和改造自己，在教師與學校之間建立起一種內在的、牢固的和長久的精神聯繫。

歸納起來，發展性評價的主要特點有：

（1）重視教師的終身發展，將教師的發展與學校發展結合起來。

（2）關注教師的個性發展，承認教師的主體性和能動性。

（3）採用教師互評和教師自評方式，打破由領導評價的單一模式。

（4）評價雙方配對，制訂雙方認可的評價計畫，雙方共同承擔發展目標的職責。

（5）提高教師的參與意識，擴大交流管道。

幾年來，我校在管理上狠下工夫，使辦學業績每年穩中有升，辦學品牌不斷提升，取得了良好的社會效益和經濟效益。

然而，這樣辦學的問題也是明顯的。首先，由於教師的業餘時間用來教學和輔導學生，使得教師沒有多少時間進行研修，造成了我校教師的專業化水準不高，校園文化的氛圍也不夠濃厚。其次，為了在市場中得求生存機會，我校一直採用獎懲性評價，激勵機制單一。儘管收入相對較高，教師們卻沒有多少安全感，終日生活在恐懼之中，談不上有歸屬感。由於缺乏安全感和歸屬感，教師的人心不穩，流動性太大，每年要引進二十多位教師，且大部分是大學生畢業生。單一的獎懲性評價暴露的問題越來越多，不利於教師實現穩定的專業化發展，不利於引進優秀教師，不利於校園文化的沉澱，不利於學校實現可持續的發展。從國內情況來看，民辦學校在教師評價上都有類似的問題，都面臨著如何實現可持續發展的問題。因此，研究教師如何利用時間進行「充電」，如何恰當運用教師的發展性評價來提升教師的專業化發展，如何通過營造健康的校園文化來吸引人才，有著深刻的現實意義。

在馬斯洛的「需要層次論」中，安全感居於第二層，往上依次是歸屬和愛的需要、尊重需要和自我實現的需要。

如圖所示，人的生理需要是最低需要，自我實現是最高的需要。可以發現，隨著需要層次的提高，人在精神層面的比重也逐漸增加。僅重視教師的生理需要，難以讓教師有理想或精神追求，真正做到愛崗敬業或「以校為家」。

無須贅述，文化需要沉澱而成。缺少文化，對學校品牌是一個致命的缺陷。學校可將教師發展性評價方式提到日程上來，採用「X + Y」管理理論，逐步引入教師發展性評價，以利於實現學校的可持續性發展。

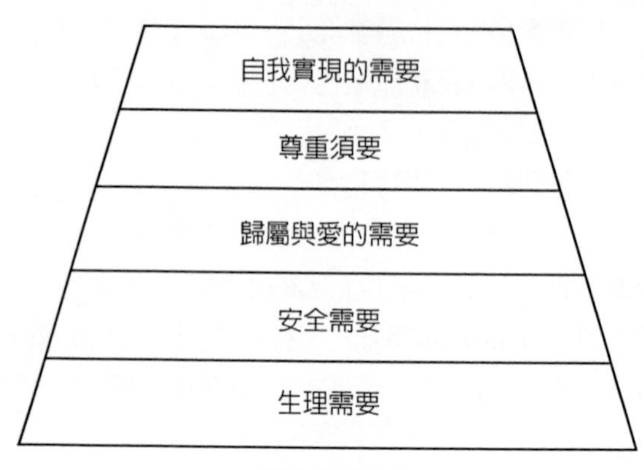

馬斯洛需要層次

發展性評價是80年代以後發展起來的一種教育評價。發展性評價的要旨在於通過系統地搜集評價資訊和進行分析，對評價者和評價對象雙方的教育活動進行價值判斷，實現評價者和評價對象共同商定發展目標的過程。

英國最早開始實施教師發展性評價，且取得了相當的成功，引起了全世界的廣泛關注。20世紀90年代中期，美國在反思傳統教師評價弊病的基礎上，把教育教學的保證與教師專業化發展結合起來，聚焦於學生學習，形成了發展性教師評價理念。

專業從事教師發展性評價的英國薩福克（Suffolk）研究小組認為，發展性評價要取得較好的效果，必然與獎懲性評價脫鉤。我認為，考慮到我國的教育現狀和我校現有師資情況，有必要保留獎懲性評價的部分評價方式。

教師的專業化發展是終身的，教師一生都在「成長」。形成性評價能正視教師的不足，通過督促和幫助來促進教師的不斷發展。這種評價方式要求杜絕「一次考核定終身」，給教師終身貼上標籤。

在教師評價上，在搞好常規的師培和科研工作，沿襲傳統評價方式和借鑒他校的經驗的基礎上，學校可依據教師發展性評價的主要特點，將兩種不同評價有機結合起來，設計出一套有創意的評價量表，有針對性地、創造性地採取一些措施。這些措施可以包括：

（一）建立教師「成長檔案袋」

內裝教師的教案、個案反思、獲獎證書、文章、課件等各類反映教師綜合素質的材料，作為教師形成性評價的依據。

對於檔案袋的評價，可以結合「學校評定」和「教師互評」。

（二）領導談話制

建立領導談話制，校長、副校長、教務處主任、教科室主任包乾，定期找教師進行談話。談話內容主要是瞭解教師的思想動態、專業發展的目標、個人研修的進展情況、專業化發展中的困難等。領導記錄談話主要內容，作為下次談話的參考內容和進行發展性評價的依據。

自評是促進教師提高反思能力的很好方式。因此，談話時領導不能先給教師貼上標籤，而應允許教師先自評，為自己「畫像」。領導也要注意保持民主與協商態度，既要指出缺點，又要熱心幫助。談話目的不是恐嚇或威脅教師，而是要通過交流，幫助教師反省自己，促進教師的專業化發展。

（三）開發網路資源

加大對校園網的利用，開展網上交流和研討，以利於教師思考和學習，如開設教師博客點、教師論壇、教師論文徵集等板塊。

（四）建立名師工作室

為名優教師建立「個人工作室」，帶動師培工作。鼓勵教師的個性發展，提倡教師成名成家，營造多元化校園文化。

（五）建立榮譽室

開設「教師榮譽室」，陳列教師的成長檔案袋，通過對外開放和展示，培養教師的榮譽感，確立教師的自我意識。此項工作也可以在網路平臺上開展。

（六）輕個體重團隊的評價

學校設立一些團隊獎項，如「最佳合作獎」、「最佳團隊獎」等，注重團隊建設，注重團隊的評價與獎勵，讓教師在團隊評價中找到歸屬感和榮耀感，從而減輕獎罰性評價造成的巨大心理壓力，搞好教師的心理健康，促進教師的愛崗敬業。

（七）開展「百家講壇」活動

聘請校內外名優教師主持「百家講壇」活動，對教育教學進行交流。提倡教師的反思精神，豐富教師的文化生活，引領教師文化的發展。

要說明的是，依據操作過程中出現的問題，某些措施將會是動態的，每個措施可能有所變化，甚至可能有替代方式。同時，我們將分期分批、有計劃有步驟地開展，注意在過程中進行調整和補充，並在每一階段進行總結和提煉。

（八）構建多層次的教師發展性評價體系

教師發展性評價指標體系包括一系列相關評價量表，如教育反思評價量表、聽課記錄量表、教師互評量表、教師自評量表、學生評價教師量表、領導評價教師量表、教師師德修養評價表等。

（九）建立促進教師專業化發展的機制

要求教師制定個人願景，建立多元激勵機制，探索名師、骨幹教師和青年教師成長的規律。

第四節　教師文化在哪兒？

導讀：

辦學特色的形成，需要有一支素質很高的師資隊伍，這便要求有健康向上的教師文化。當一所學校還在利用每分鐘抓分數時，教師便沒有時間進行研修，提高自己的素質。然而，問題恰好在於，很少有學校把教師文化當成一回事，或將其放在非常重要的戰略地位來加以審視。

教師文化的缺席，使得中國教育一片荒涼。

一般來講，經過一段時間後，學校的發展便會處於一個「高原狀態」上，即發展到一定階段後必然會出現的「上也不能上，下也不能下」的局面。要突破這種局面，恐怕唯有一系列的創新舉措才能實現。

在學校文化的各個維度中，教師文化尤為重要。它不僅關係到課堂教學，課程研發，更關係到學校的聲譽和影響力——最為重要的是，教師文化是學校發展的最根本的前提。

學校要有蓬勃生機，必須要有一個先決條件——每個教師充分地自我生長。誠然，每個教師的生長是有差異的，然而這正是生機逢勃所在。在一個整齊劃一的花園裏，每個生命都受制於外在的壓力，高的被抑制成短的，短的被拉成長的，這樣便會造成了生長的不充分。領導要讓每個教師充分生長，必須要給予教師生長的空間和自由。

一個辦學規劃，不應是校長坐在辦公室裏炮製出來的，應該是基於每個教師生命的生長要求。校長的辦學規劃僅屬於校長，跟每個教師沒有關係。當校長把規劃強給教師時，奴役便產生了。在奴役狀態下工作和生活，教師們的幸福指數便可想而知。校長也常要教師從或工作中尋找幸福，然而教師工作時真的很幸福嗎？幸福，到底是來自於內心的充實與滿足，還是來自於外在的奴役和壓迫？

校長會時常教育教師們，說要能走進學生的心靈，教育才能有較好的效果。教育管理有兩個維度——一個是班級管理，一個是行政管理。那麼，作為「教師的教師」，校長是否也走進了教師的心靈？

我以為，校長不妨將生態觀念引入管理中。要實現生態化管理，為了避免完全的無序，必須同步做好一個工作——引領教師文化。適度減少外在的行政壓力，改善學校的文化氛圍，用文化去影響教師，讓教師把外在的奴役和壓力轉變為內在的追求和幸福，無疑有利於教師隊伍的建設和打造。同時，一個溫馨而又積極向上的文化氛圍，更有利於吸引和留住優秀教師。

為什麼要打造教師隊伍？因為教師隊伍才是學校裏最重要的資源。比如，教師隊伍的好壞，直接關係到學校的辦學特色，而辦學特色又關係到招生。毫不誇張地講，學校的核心工作應該在教師文化上。然而，中國學校一直比較功利化，對教師文化沒有充分的認識，重視程度還遠遠不夠，沒能將這個問題放在戰略高度來審視和思考。

一直以來，各校教務處轟轟烈烈地搞教研，要求各教研組每週都開展公開課。對此，我有自己的看法。在我看來，要求搞公開課只是權力的使用，而權力的使用總會伴隨著奴役，這種外在的壓力很難走進教師的心靈——當幾個教師為研究一個問題，自發地舉行研究課時，教育才真正地走進了教師的心靈。再說，教師文化氛圍很差，教師都不學無術時，即使天天上公開課，教師的水準又能提高多少呢？因此，校長千萬不可迷信權力，認為權力可以主宰一切。要記住，校長的權力可以驅使教師走上講臺，卻不能保證教師對教育的熱愛和追求。權力的運用屬於政治，屬於外在因素；事業的追求屬於文化，屬於內在因素。用外在權力代替內在的文化，或者用外因代替內因，有悖於事物的發展規律。

教師文化在哪兒？若無教師文化，學校還能是學校嗎？即使算是學校，也只是一所辦學水準很低的學校。

第五節　為什麼教師即課程？

導讀：

以進化思想去透視和解讀教育，這是本書的主旨思想。事實上，在生物學世界觀的視野下，社會、人生、真理、教育、課堂等都有著類似的進化軌跡。

「教師即課程」，不僅是指教師應該參與到課程的創造與開發之中，也是指教師的人生應該像課程一樣具有開放性。

教師的開放人生，需要校園文化來引領。在新課程改革中，最重要的核心工作便是教師文化的重塑。

諸神自始就未向我們昭示
萬事的秘密，但隨著時間的推移
通過探索，我們會學習並懂得更好的東西。

——色諾芬

「教師即課程」最初是由課程改革專家小組組長、華東師範大學博導鐘啟泉教授所說。多年前初涉課程論領域時，我對這話的準確含義不甚清楚。學習思考了多年後，今天我對此話有了一點自己的理解和認識。

首先，我必須要界定一下課程的定義，以避免理解上的混亂。課程的含義跟教師們所理解的課堂是不一樣的。課程是「在學校指導下所制訂並由學生來完成的一整套相互聯繫的計畫和活動」[2]，即學生的課外活動，課間操，社會實踐等等，一切都是屬於課程的範疇。相比之下，課堂教學則可以被視是課程實施。要注意的是，作為課程的一部分的課堂可以是預先計畫好的，但也會出現沒有計劃的情況，這就是後現代課堂的「生成性」。

在我看來，「教師即課程」主要有兩層含義。

一、教師對於課程的意義

在傳統課程中，教師將客觀和絕對的知識傳遞給學生，無法對課程內容進行闡釋或再生，因此只是扮演著外在於課程的角色。在新課程中，教師用自己獨有的眼光去理解和體驗課程，將自己獨特的人生履歷和人生體驗滲透在課程實施過程之中，並創造出鮮活的經驗是課程一部分。也就是說，教師不僅是課程的創造者和開發者，而且教師本身就是課程的內在要素之一。

在教育裏，任何有教育意義的東西，都可統稱為課程資源。從地域上看，課程資源可分為校內課程資源和校外課程資源。在我看來，校內課程資源可分

---

[2] 馬什《初任教師手冊》，教育科學出版社，2007，頁72

為兩類，一類是教學內容，另一類是活動和事件。前者主要是指課堂教學，後者主要是指學校或班級安排的各類活動，以及所發生的事件。

顯然，任何課程資源都是需要教師解釋的。在課程資源和教育效果之間，教師起著舉足輕重的作用。若不能解釋課程，教師的工作便只是「郵遞員」——將課程資源便會原封不動的「投遞」或「搬運」給學生，這樣會大大削弱教育效果。

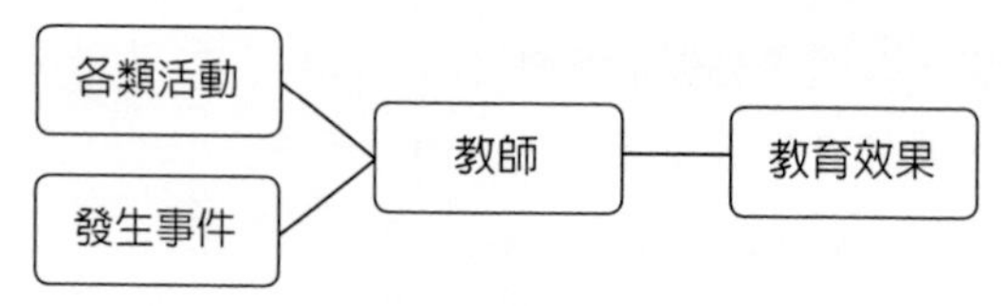

在上圖裏，儘管學校安排了一些活動，也無法取得良好的教育效果。對於所發生的教育事件，教師若不能進行解釋，或挖掘其教育意義，則會將教育事件進行簡單化的處理，浪費掉一個個教育資源。

在上圖裏，教師在進行課堂教學時，若無法解釋課程，發現教學內容中的教育意義，便會把教育簡化為教學，把整個學校變成考試培訓部。教師們搞的家教，或街頭開辦的輔導班，目的都只是為了考試和賺錢。學校必須肩負起教育的重任，不能變成了只為賺錢的輔導班。

可見，課程資源要具有教育意義，必須要有教師的參與和解釋。誠然，中國教育有很多問題，但最重要的問題卻在於教師自己。高素質的教師不會只抓分數，而會具有豐富的文化內涵。他們能充分利用好每個教育資源，在搞好教學的同時，真真切切地進行教育工作。

作為課程的內在要素之一，若不能在課程中起到應有的作用，教師便會遊離於課程之外。後現代主義的知識和真理，具有很強的相對性。教師在解釋課程時，若將自己的真理傳遞給學生時，教師便自然地成為了課程的內在要素。

關於真理的相對性，我們可以用波普爾的科學哲學來解釋一下。在《猜想與反駁》中，波普爾認為科學的本質特點在於批判的檢驗：一個學說或理論的科學性在於它有被經驗證偽的可能性，即它的可證偽性、可反駁性或可檢驗性。波氏超越了「歸納法」和「演繹法」這兩種科學發現的傳統方法，提出科學發現的方法應該是「演繹－檢驗法」，或稱「試探－排錯法」、「猜想－反駁法」。

「演繹－檢驗法」認為，科學理論都只是一種假設，需要檢驗來證偽。每一次證偽，只是對科學理論的完善。在「演繹－檢驗－演繹」中，不斷的迴圈只是比以前更逼近真理。知識的增長過程，是一種類似於生物進化的過程，即不斷的試錯，不斷的超越。在晚年，波氏將自己的科學哲學觀概括為「四段圖式」：

P1（問題 ⇨ TT（試探式理論）⇨ EE（消除錯誤）⇨ P2（問題[3]

在這裏，波氏將「問題」作為整個科學探索的起點，科學探索是一個「無盡的探索」（波氏一生都在努力從事科學探索，也把自己的自傳叫作《無盡的探索》）。這個「四段圖式」說明，世界上沒有絕對真理，真理永遠處於被探索中。

有人會問，既然沒有絕對真理，教師傳授的便是相對真理，那麼，教師若把錯誤思想傳遞給學生，後果會怎麼樣？誠然，謬誤並不可愛，甚至是面目可憎。然而，我們一旦取締了謬誤，便會連真理一同取締了。謬誤與真理始終並存，不可分割。在謬誤的幫助下，我們才可能發現真理。不存在絕對真理，謬誤也是相對的。對於真理與謬誤，我們也只能進行相對的區分。因此，我們不必擔心教師把錯誤思想傳遞給學生。讓人擔心的應該是，根本不讀書的教師，恐怕連錯誤思想也沒有。他們擁有的，只是一點猶如垃圾的知識，和一個不會思考的僵化頭腦。

後現代課堂承認教師的相對真理的合法性，這就為教師成為課程的內在要素提供了可能性。那末，教師如何才能成為課程的內在要素？這便要說到下面的第二點了。

二、教師的開放性

眾所周知，後現代課程強調課堂的開放性和生成性。課堂的開放性，要求教師的思想必須具備開放性。這種開放性，不僅是指要求教師對學生的質疑開放，或文本對不同解讀的開放，或是課堂的開放式互動討論，而且也是指教師的人生應該是開放的。

3　李露亮《科學哲學基本問題與經典文本解讀》，中山大學出版社，2009，頁184

當教師融入課程，與學生共同去探索真理時，教師的人生也隨之發生著變化。在《全球化與後現代教育學》中，加拿大教育家大衛・傑佛瑞・史密斯這樣說道：

> 「真理的流動性質，既指『揭示』又指『隱蔽』。就在成真的那一刻，所實現的東西又開始溜走，我得重新求索，既發現又喪失。就在發現與喪失之間的某個地方，我找到真正的我。在『我』不斷與世界、與他人往來的過程中，『我是誰』、『我是什麼』的存在既顯示又消失於我本人和他人的視野之中。」

真理是用來探索的，而不是用來掌握的；真理是用來發現的，而不是用來灌輸的。波普爾曾說過：「所有的科學都建立在流沙之上。」那麼，教師給學生傳授的科學知識，難道一定是真理嗎？

真理具有流變的性質，我們只能暫時獲得真理，這是後現代真理觀的重要思想。同樣地，個體生命也都處於進化的流變之中。今天的我是「我」，明天的我便可能不是「我」。在《權力意志》中，尼采說中：「存在對我們說，像我這樣吧！我，在外表的永遠變幻下；我，永遠在創造，在促進生存；我，萬物之母，隨時用這形象的變化來滿足自己。」在前面關於尼采的一節中，我們就談到尼采認為存在就是變化，萬物是流變不居的。柏格森也曾說：「我將自己的每一種狀態都描述成一個片斷，仿佛是個分割出來的整體。我說我確實在變化，但在我看來，這變化存在於從一種狀態到一種狀態之間的過渡中。對於每個分割出來的狀態，我們往往會認為，在它作為當前狀態的全部時間裏，它始終如一。然而，只要稍加注意，我就會發現，在每個瞬間裏，所有的感情、意念和意志都在發生變化。倘若一個精神狀態停止了變動，其綿延也就不再流動了。」[4]在柏格森看來，每個時刻的我，只是一個片斷。唯有處於時間的綿延中，我才是一個持續的我。他繼續說道：「我越是研究時間，就越是會領悟到：綿延意味著創新，意味著新形式的創造，意味著不斷精心構成嶄新的東西。」[5]

柏格森的綿延思想，同樣適用於課堂上的教師。在與文本和學生的互動過程中，我發現了自我時，便已進化到一個更高水準。不過，我馬上又會迷失自我，開始重新去尋求自我，如此周而復始，永無止境。可見，教師在課程中不

---

[4] 亨利・柏格林《創造進化論》，華夏出版社，2003，頁8

[5] 同上，頁16

僅幫助學生尋求自我，教師自身也應尋求自我。如同真理的探索過程一樣，人的一生也永遠只在能「途中」——套用存在主義的經典語錄來說：「人生是可能性的總和。」

開放的人生，一定是進取向上的人生。向真理敞開，向學生敞開，向文本敞開，向質疑敞開，這便是開放的人生。人生觀會影響教師的人生，進而給教師的課程帶來差異。

總之，「教師即課程」不僅要求教師成為課程的創造者，也對教師文化和教師的人生提出了更高要求。沒有覺解的教師，他的人生肯定會處於蒙昧狀態，他的生命層次肯定會處於很低水準。無論他如何給學生灌輸什麼知識，他也只能算是一個低級的教書匠——或者說，是一個隻會機械運動的機器。

第六節　教師也需要偶像

導讀：

在中國各校，校長都會將教師視為「被管理」的對象，處處以家長式的權力來壓服教師。即使讀書這種與個體生命有關的活動，校長也要通過權力運作來實現。

然而，中國的校長們，不必那麼迷信權力。因為，生命的成長總是反對外在壓力，而遵循著自己的邏輯。

如何走進教師的精神世界，讓教師產生「內驅力」，這個問題是校長們應該思考的問題。

事實上，人的精神發育都需要一個偶像。行政不妨捨棄權力運作，積極為教師牽線搭橋，讓偶像取代行政權力，去引領教師的生命成長。我不是說，行政領導沒有引領的能力，而是說，行政是一個權力符號，而權力總是外在的，這就註定了權力運作的失敗命運。

一位在江西兼做行政工作的教師，跟我講起了她們學校的情況。據她說，學校領導非常重視教師文化，這些年來也積極地開展了很多工作。目前，校園裏的硬體設備很差，但師生的精神面貌都不錯。

我以為，這所學校抓住了文化的本質的東西。一般認為，文化分為三種：器物文化、制度文化和精神文化。其中，器物文化處於最外層，而精神文化卻是最內核的東西。無論學校修了多少高樓，有多少現代設備，這些都是一種器物文化，是給人展示的表像而已。相比之下，精神文化顯得是無形，然而對人卻有著最深刻的影響——教育的作用，不正是如此嗎？

在全體行政的努力下，她們學校在精神文化方面取得了一定的成績。說到她們學校時，「走遍了全國很多學校後」，她說道，自豪與驕傲溢於言表，「我還是發現我們學校最好，儘管我們這兒算是窮山溝吧。」

然後，她說到了她的苦衷與困惑。雖然學校行政做了很多工作，也有一定成效，但要改變教師是非常困難的。教師都是成年人，要改變過來實屬不易。我幹過幾年行政，對此也深有體會。然而，這些年來，我都一直在研究教育管理和教師文化。對於她的觀點，我持一半的理解，一半的反對。

我認為，每個生命都有自己的成長邏輯，無須外在的壓力。從本質上來說，行政工作是一種權力運作，而權力運作必然會讓教師反感和抵觸。比如，領導要求教師讀書，會直接讓讀書變味了。教師會把讀書視為權力的外在壓力而加以抵觸，最後導致「領導越讓教師讀書，教師越反感」的現象。羅伯特・比爾施太特認為：「權力本身是一種實施暴力的傾向或先在的能力。只有擁有權力的集團才能使用暴力進行威脅，而這威脅本身就是權力。權力就是使用暴力的能力，而不是暴力的實際使用。權力是把暴力用於社會範圍的能力，它是暴力的引力……權力象徵在任何範疇內都可以行使的暴力，象徵對權威的維護。因此，權力既不是暴力也不是權威，在某種意義上，它是兩者的結合。」[6]校長運用權力來要求教師讀書時，背後的潛臺詞便是：若不執行，當心我的處罰！既然權力已是一種暴力，那麼，教師會喜歡權力的運作嗎？

行政領導管理教師的工作，似乎不應關注教師的個體生命。然而，我認為這種觀點是大錯特錯的。在前面一節中，我談到了人生的開放的問題。教師的人生若是開放的，他便必然會努力上進，提高自己的素養，敢於挑戰自我，勇敢地面向學生的質疑。這樣，他的課堂觀也必然是開放的。

一個不開放的教師，會將自己龜縮起來，不敢面對學生的質疑，不願意與學生共同探索真理。他的內心充滿著恐懼，他怕自己的權威被顛覆。所以，他在課堂上必然會採用灌輸式的教學方法，借此來維護自己的權威人格。

尋求自我的過程，是一個面對不確定性的過程。教師一旦將自己開放，便要面對很多不確定的東西。他會發現，自己開始流動變化，真理無法永遠掌

---

[6] 轉引自左高山《政治暴力批判》，中國人民大學出版社，2010，頁68

握。於是，他便會去不斷地尋求自我。正是在這個過程中，教師的生命才能夠成長起來。

人的成長，不僅是肉體，而是更在於精神。我以為，在人的精神發育的過程中，都需要偶像的出現。看看青少年們的「追星」現象，我們便能明白這一點。教師雖已是成年人，但精神發育卻可能尚未開始。這些教師的自我尋求，也需要一個精神偶像。

四川省三台縣有位鄉村中學的校長，多年前在K12網站接受了啟蒙後，便開始帶領教師讀書思考。幾年後，一批教師開始成長了起來。後來，這些教師又調到城裏各校，影響和引領了周圍的一批教師。現在，這個農業縣已初步形成了教師自發研修的群體，讀書思考已蔚然成風。去年「國慶」時，那兒有三批教師約見我，跟我進行了廣泛的交流。

幾位教師告訴我說，他們想認識範美忠。我回來跟範講了後，範表示非常樂意前往跟教師們交流。其實，我們心裏都清楚，這種方式是典型的草根式發展。我們是普通教師的身份，交流時教師們心裏沒有疙瘩或戒備，我們的話更能走進教師們的內心。相比之下，若是通過權力運作來搞，只要領導一出現，教師心裏便會有想法。在教師的心裏，領導就是一個權力符號。「領導在這裏，他肯定又要我們做什麼了。」教師們見到領導時都會這樣想。

最後，我跟她提了一條建議。假如她們學校的教師喜歡哪位比較有名的教師，行政們不妨相互介紹，讓他們認識一下。比如，一位女教師喜歡竇桂梅，便把竇介紹給她。一位男教師喜歡範美忠，就把範介紹給他。讓他們的精神偶像來帶領他們，效果肯定要行政來引領好得多。行政扮演的往往是家長的角色，成天要求教師做這做那。我們知道，在孩子成長的過程中，都會有逆反的心理。孩子在尋求自我，而家長總是想通過權力，按自己的方法來改變或塑造孩子。此時，家長和孩子之間便會出現矛盾和緊張，甚至是一種敵對狀態。假如領導跟教師處於這種狀態，又何以能引領教師的成長？

我認為，行政需要瞭解教師的精神狀況，知道教師的內心世界。行政要學會在幕後工作，不必直接露面。把精神偶像介紹給教師後，行政便只需觀察教師的變化，必要時也可適時地進行調整。行政要學會「放手」，把教師交給他們的精神偶像，而不必處處以家長式的父權去管住教師。

家長應該學會對孩子放手，教師應該學會對學生放手，那麼，難道行政領導們就不能放手，讓教師跟著自己的偶像去尋求自我？須知，偶像所起的作用，便是為教師提供一個標竿和方向。

第七節　兩研與兩眼

導讀：

教研和科研，即「兩研」，本是學校工作的重點。然而，分數主義至上已使課堂教學成為了簡單的技術操作。同時，教師被逼著抓分數後，自身缺乏了文化涵養，搞的科研也只是一種垃圾生產。

「兩研」工作涉及文化和生命。中國教育是否關注文化和生命，我們從學校的兩研工作便能夠看出來——當教育不再跟文化和生命有關時，教育還能是教育嗎？

在學校裏，研究工作主要有「兩研」——教研和科研。儘管一般都將它們視為獨立的研究活動，但我以為教研應該屬於科研，因為我們可以把教研看作一個科研片斷。不過，如何看待二者的從屬關係，我們可暫存作疑，我們這裏只需討論二者的共同基礎——教師文化——的重要性。

本來，學校是一個文化場所，校園文化對師生有著深刻的影響。在校園文化的諸多「亞文化」中，教師文化應該是最重要的，直接關係著「兩研」的效果和實際意義。說得更高一點，它也關係著民族與國家的興亡。

我們先看看教研活動。什麼是教學呢？用餘秋語的話來說，「教學，說到底，是人類的精神和生命在一種文明層面上的代代遞交。」人是文化意義上的動物，沒有受過文化洗禮的人，只是「未受胎的卵」和「未得花粉的雌蕊」（林語堂語）。教育與教學都是文化活動，教研也應該是一種文化研究活動。文化關乎生命，關注人性。教研活動若能超越教學研究，而成為文化研究時，便更能夠關注人，體現「以人為本」的思想理念。

若用文化觀點來透視當前的教研活動，我們必將會感到非常遺憾。因為，目前中國學校普遍都還沒有真正的教研。校本教研仍然僅停留在教學操作技術的研究，討論教師如何在課堂教學中操作得更好，如何提高灌輸效率，以及如何編制試題，甚至是討論分數的統計意義等。這些研究都帶有很強的行為主義色彩，它們隱含著一個隱喻——教師即技師。眾所周知，行為主義強調以教師為中心。若只是討論教師如何操作，便會把課堂文化的全部重心放在教師一方。教師的作用雖然不可低估，但課堂文化不是教師單獨創造的，還需要學生文化來作「舞伴」。

教學有沒有技術問題？回答是肯定的。教學確有操作問題，教師在某種程度上確有技師的特徵。但是，課堂教學是一種複雜的文化創造活動，簡單的技術操作遠遠不是教學的全部內涵，甚至說，只是微不足道的一部分。一些為世界的思想文化作出了傑出貢獻的名家並沒有接受過多少正規的學校教育，這樣的例子不勝枚舉。那麼，學校教育過分強調操作技術又有多少意義呢？從心理學角度講，只是討論教師如何操作，而忽視學生一方的情況，仍然還屬於行為主義的窠臼，這種教研活動也無疑是開「歷史的倒車」。因為，新課程改革引入了認知心理學和人本主義心理學，開始強調要「以學生為中心」的課程觀。教師應該是人類精神文化的傳遞與守護者，而停留在技術層面的教研的結果，只會讓教師淪為簡單的技師和低級的勞動者。[7]

課堂中的文化創造應該有教師與學生兩個要素。創造文化的文化就是通過兩個主體的互動來相互傳遞文化，共同構成課堂文化。學生文化與教師文化的相互浸染，其結果表現出來就是學生學業成績有進步，受教師文化的感染，學生在情感、態度等人文方面也有提升。同樣，與學生互動過程中，教師可能發現自己在知識上的不足，也可以在情感、意志等方面受到學生的濡染。課堂文化應該是一個開放的系統，在這個系統中師生的生命能夠共同成長。

誠然，我們可以說餘秋語不是教師，不懂什麼是教學。那麼，作為教師的我們，應該懂得教學了吧？那麼，教有什麼原則與方法？教有什麼理論基礎？學生的「學」是如何發生的？有什麼心理學基礎？……唯有能夠回答這些問題，並使自己具有廣博的知識，我們才能擺脫「匠」氣，成為真正地有思想有文化的教師。

我們再看看學校的科研。在追求分數與效率的指導思想下，教師沒有了理想、精神或文化，逐漸失去了應該有的文化身份，淪為了靠苦力掙工資的體力勞動者。真正在做科研的學校，都是建立在對教師文化有所建設和引領的基礎上。一所教師文化沒有經過努力營造的學校，教師的科研只能是形式主義假科研。看看現在國內的學校裏，教師連自己用的什麼教學法都不知道，卻還在冠面堂皇地做科研，不少人甚至是剽襲、請「槍手」代寫來領取所謂的「科研基

[7] 很多領導都將教師視為農民或簡單勞動者，也只知道安排教師補課，這種情況下要推動學校的教研有多難！所以，學校的教師越來越是簡單的勞動者了。在很多學校裏，校長本人也公開自稱是「生產隊長」。

金或獎金」——連中國的最高學府北京大學的教授也概莫能外。[8]當教師失去文化身份時，教師做科研就是不可能的了。同時，由於教師缺乏文化涵養，教師在課堂上的教學也只是一種機械操作，傳遞給學生的也只是冰冷的死知識，不可能是關乎人性與生命的文化。

可見，學校要搞好「兩研」，必須從建設教師文化做起。因為校園文化中少了教師文化，無疑少了「脊樑骨」；當校園沒有文化氛圍時，校園就不是校園，而墮落成一個普通的勞動場所了；當校園成為簡單勞動的場所時，一個國家或民族就沒有了文化基礎，也就不立於世界的民族之林了。學校要對民族與國家肩負起責任，說到底，也必須通過營造教師文化來實現的。

有個學生跟我講，「現在的教育簡直把學生的靈魂抽空了！」我在嘆服學生的觀察力之餘，也在反思我們的「兩研」。當教學已把學生的靈魂抽空了，教研又該研究些什麼呢？據我所知，2006年北大有16名學生自殺。這裏面若有我們的學生，我們難道沒有一點責任嗎？若有責任，那麼教學是簡單的技術性工作，還是一個更深刻更複雜更富有意義的教育活動？

事實上，「兩研」如同學校的「兩眼」，而眼睛又是心靈的窗戶。那麼，師生的心靈是乾涸或是豐潤，或者說學校是不是培養人的場所，學校的「兩研」工作都能將其暴露無遺。

---

[8] 在中國，高校教授剽竊他們研究成果的現象時有爆料。比如，2012年3月，北京大學中文系教授孔慶東在1995年出版的《青樓文化》被指涉嫌剽竊南開大學教授陶慕甯於1993年出版的《青樓文學與中國文化》。關於此事，各大主流媒體和網站都作了報導。

第九章　極權與教育

第一節　極權主義的產生

導讀：

關於極權主義，本書前面已有零星提及。在本章中，我們將系統地論述極權主義的起源和特徵，以及中國正諭意識形態中的極權主義。

極權主義有「紅」與「白」之分，前者是共產主義，後者是法西斯主義。極權主義是如何出現的？為幹什麼出現在現代？極權主義的出現純屬一種偶然嗎？……

在本節中，我將為讀者揭開極權主義的出現之秘。

一般來講，極權主義可分為希特勒式的和共產黨式的兩大類，二者有著「近親的血緣關係」。前者屬於右翼極權主義，後者屬於左翼極權主義[1]。是否希望通過革命來實現政黨的理想，這是區分左翼和右翼的一個重要標準。共產黨希望通過革命來改變社會，實現那個美麗的人間天堂，右翼極權主義卻並不想革命，反而是想強化和鞏固現有秩序。無論是哪種極權主義，我們都會不禁要問，為何極權社會沒有出現在古代，而出現在人類文明高度發達的社會？對於這個問題，我有自己的思考和觀點。

阿倫特的《極權主義的起源》，是公認的研究極權主義的開山之作，我沒有能力挑戰她的思想觀點。然而，我感覺在《極權主義的起源》中，阿倫特對於極權主義的現象，而不是起源，研究得更多——或者說，她在起源問題上的分析研究並不是那麼深刻。在她的研究中，我認為她對「將人原子化」的分析

1　安東尼・吉登斯《歷史唯物主義的當代批判——權力、財產和國家》頁251

最為深刻，揭示出海德格爾欲為希特勒極權統治提供哲學思想基礎的趨向，或者說，海德格爾跟希特勒之間骨子裏的默契。關於海德格爾跟希特勒的聯繫這一點，福柯後來也曾深刻地指出：「一個人的哲學觀念和他具體偏好的政治態度存在『邏輯』上的微弱聯繫；『最好』的理論也不能有效阻止你做出災難性的政治選擇。」

在我看來，極權主義的起源有四個：一是國家的現代化進程問題，二是啟蒙運動以來的理性氾濫，三是現代科技為進行大規模清洗和高效洗腦帶來的便利，四是被極權主義所利用的民族主義。下面，我們分別來說說這四個方面。

一、國家的現代化進程

沒有發達開放的資本主義經濟，沒有自由主義的思想基礎，沒有民主的政治基礎，這是出現極權主義的德國、蘇聯、中國等幾個國家的共同特徵。德國在「一戰」後受到經濟制裁，全靠希特勒整合國家力量而興起；蘇聯被英美視為洪水猛獸，後被邱吉爾稱為「鐵幕」，被美國冷眼敵對；從1949年後，中國關閉國門，大興「共產主義運動」，落到跟蘇聯同樣的境地。

這幾個國家都從農業社會開始進行現代化的轉型，通過國家力量強力推進現代化，在民眾中沒能打下民主思想的堅實基礎。無產階級革命發生在蘇聯和中國，這絕不是偶然。兩國都是貧窮落後的農業國，發生革命的可能性更大。社會主義追求公平和平等，這種價值觀對於窮國和窮人更有吸引力。

在德國，希特勒顛覆了魏瑪共和國的民主，開始了自己的獨裁專制。很多人以為，這是希特勒的陰險所在，而忽視了當時德國政治的不成熟。其實，跟希特勒篡權相似，中國也出現過類似現象。當年，孫中山履約將總統職位讓給袁世凱後，國民黨想用憲政限制袁。當時的憲法不倫不類，總統不能組閣，不能任免官員，完全成了國民黨的傀儡。於是，袁索性便解散了國民黨。此時，他發現沒有了制衡力量，便想起要當皇帝了。我們只知痛罵袁的復辟，卻很少知道當時的政治形勢。

在國家力量的主導下，德國開始了現代化的急行軍。然而，由於德國的現代化不徹底，民主觀念和公民意識還沒有深入人心，民主的成果很容易被獨裁者篡奪。同時，當時的民主政治沒有能解決好德國的通化膨脹和失業問題，部分民眾開始不看好民主，希望有強權出現整飭一下，這便為希特勒的上臺提供了基礎。

一般來講，現代化意味著資本主義經濟的興起和資產階級的出現。資產階級的價值觀是自由和民主，他們會要求更多的經濟利益和政治權益。對於這種要求，專制獨裁的君主要考慮「鎮壓成本」。若是能鎮壓資產階級，君主肯定不願意出讓利益。然而，資產階級有經濟實力，完全可能團結起來對著幹。他們可能用錢招兵買馬，組成軍隊來推翻君主統治。面對資產階級的興起，君主若願出讓部分利益，便會和平地解決爭端。發生於1688年的英國「光榮革命」，堪稱這種情況的典型。

英美國家不一樣，它們代表著經驗主義的進化論。英國在17世紀，法國在18世紀便出現了資產階級，而德國到了19世紀才出現資產階級。在1871年實現統一之前，德國一直只是由300多個農業城邦組成的鬆散國家——或者說，還不是一個統一的民族國家。德國資產階級沒有法國資產階級的激情，也無英國資產階級的可以跟皇室貴族較勁的實力。他們只是躲在書齋裏，努力調和唯理論和經驗論，在哲學領域掀起了一波又一波的思想。也正是在這個時期，康得、黑格爾等一批頂尖哲學家在德國紛紛脫穎而出。

有人說，德國人要麼用哲學拷問世界，要麼用戰爭拷打世界。德國人確有一些特別之處，我在這裏就多說幾句。對於德國人的特點，恩格斯曾指出：「德國人是一個從不計較實際利益的民族，在德國，當原則和利益發生衝突的時候，原則幾乎總是壓倒利益。對抽象原則的偏好，對現實和私利的輕視，使德國人在政治上毫無建樹。」[2]在我看來，恩格斯的話有兩層意思。第一層是德國人很注重原則，沒有中國人的小聰明。相比之下，中國人有點「實用理性」，追求實際利益，不太講原則。關於德國人的這個特點，我還有個小故事。

一位義大利攝影師穿過阿爾卑斯山，逢上大風雪。次日到達德國時，感覺到饑餓難忍，於是便來國一個飯店。他點了食物後，飯店老闆卻說：「你想要的那個是中午吃的，按照規定現在不能吃，你只能吃早上的那個，要不，你也可以坐到中午再吃。」

這個故事表明，德國有點古板、不靈活的特點。不過，這種古板也是一種優點——德國一絲不苟地遵紀，不折不扣地服從。正因為如此，德國人工作起來很有效率。無論是從德國連續兩次發起世界大戰，還是從德國在「二戰」中的迅速崛起，我們都可以看出德國人的工作效率。

第二層意思是，德國人對「抽象原則」的偏好，使德國哲學家輩出，在政治上沒有建樹，即沒能建立起民主社會。然而，德國哲學追求的抽象原則，即

---

[2] 《馬克思恩格斯選集》第一卷，人民出版社，2007，頁592

歐洲大陸理性，跟英美的經驗主義傳統不同，是一種潛在的危險。黑格爾、馬克思這些哲學家從抽象的基礎出發，推演出人類的歷史命運。歷史已經證明，這種宏大的敘事，危害了整個人類。

出現過極權主義的國家的情況有些不同，但共同之處都是現代化進行得不夠徹底，導致公民意識淡漠，沒有民主思想的根基。在這種情況下，國家極容易被少數人利用而搞起極權主義。正如德魯克所說：「沒有公民意識，這個政體是無根的，可能會演變出國家主義。沒有公民意識，愛國主義可能會蛻變為沙文主義。沒有公民意識，就不可能有責任承諾，也不可能有參與與貢獻的滿足感與認同感。沒有公民意識，任何一個政體只是一個『權力』，而不是『政權』」[3]。在極權主義國家，國家權力是至高無上的。這種國家主義，正是極權主義思想的真正內核。

跟專制統治相比，「極權統治以更為集中的形式把政治、軍事和意識形態權力連接在一起，這種權力的結合形式在民族國家產生之前幾乎完全是不可能的。」[4]統一的民族國家，是實現現代化的基本條件。唯有在統一的民族國家，各種權力才有可能高度集中起來，對整個社會進行普遍幹預。

二、理性的氾濫

極權主義主義的產生，從本質上講，是人類理性的濫用導致的。社會學的創始人孔德認為，物理學代表了科學的最高水準，其方法用於社會研究後，必能發現人類的歷史規律。他將物理融入到社會學，創立了「社會物理學」（social physics）。他的論敵採用相同名稱跟他爭論，他才被迫改用「社會學」（sociology）一詞。然而，「科學企圖把世界上的一切事物都將包容在一個範疇體系中，於是把個別事物和人類社會都變成抽象的世界，因此便為極權主義意識形態奠定了基礎。其根本原因在於，科學主義與極權主義的通力合作，理論上的根本原因是邏輯推理發展為抽象思維的普遍性。其實，這種理論概念上或思想上的統治，正是在實際極權主義統治的現實基礎上產生的。」[5]

假如說，孔德是用科學為極權主義奠定了基礎，黑格爾則是用哲學為極權主義鋪平了道路。眾所周知，西方哲學的理性精神，從古希臘一路發展到黑格

---

[3] 彼得・F・德魯克《後資本主義》，東方出版社，2009，頁136

[4] （英）吉登斯《現代性的後果》，譯林出版社，2011，頁7

[5] 曹興 薑麗萍《兩極理性——德國人的哲學智慧》，民族出版社，2005，頁255

爾那裏，已達到巔峰之極。可以說，黑格爾是人類理性精神的集大成者。克爾凱郭爾談到黑格爾時，無不用一種揶揄的口氣評論道：「黑格爾教授說了關於宇宙的一切，他就是忘了他自己是誰。」克氏開創的存在主義哲學，大體上屬於非理性主義哲學。黑格爾用理性征服了人類，而卻忘了自我，失去了人對自我的關懷。

黑格爾的絕對精神，讓世界對理性頂禮膜拜，也讓馬克思著魔得魂不附體。馬克思念出了「我已發現人類歷史發展的規律」的魔咒，用鬥爭哲學使共產黨神魂顛倒，產生了人間天堂的幻覺，於是便將馬克思主義視為指路燈，採用血腥暴力的革命方式，欲率領人類踏著鋪滿屍骨的道路，去那個美麗新世界。然而，歷史證明，那只是一個到處掛著屍體的人間地獄。

在哈耶克看來，黑格爾和孔德「所追求的規律——孔德稱之為『自然規律』，在黑格爾看來是形而上學原理，但這並沒有什麼不同——首先是指人類思維的發展規律。換言之，他們都宣稱，因為這一發展過程而形成的我們的個人頭腦，也能夠從整體上理解這一過程。人類的頭腦必然經歷的各個階段，是由這些運動規律決定的，它們解釋了不同的文明、文化、民族精神或社會制度相繼出現的順序。」[6]可見，二人都追求人類歷史的發展規律，妄圖永恆地為人類解決歷史發展的問題。「這些偽造的理論逐漸被人們看作成社會科學的代表性成果；利用一種『制度』一定會被新的不同制度所超越是歷史的必然現象這種信念，它們給社會演化造成了深遠的影響。它們能夠做到這一點，主要是因為它們看上去就像是自然科學所確立的那種規律：在一個根據自然科學來確定衡量一切知識努力的標準的時代，這些歷史理論關於能夠預見未來發展的聲明，便被當做它們有著突出科學性的證明。」[7]這些偽理論都打著科學的旗幟（馬克思自稱自己的理論是「科學社會主義」），力圖證明它們才是人間的終極真理。

然而，科學理性加上哲學理性後，這種理性的擴張極容易走向獨斷論。啟蒙運動後，人類發現了理性，並認為理性是人類的根本特徵。黑格爾大加讚揚理性，認為理性是人類的根本特徵和尊嚴所在。理性成為人類的最高榮譽後，人類的思想便開始出現了獨斷論。

所謂的獨斷論，是一種只認為自己正確的觀點。假如雙方都認為自己有理性，並堅持認為對方是錯的。此時，爭執便不可避免地會發生。有武器的一方若用武器消滅對方，或利用武器強行給對方洗腦時，極權主義便產生了。無論

6　哈耶克《科學的反革命——理性濫用之研究》，譯林出版社，2003，頁250

7　同上，頁75

是希特勒的奧斯威辛集中營，還是共產黨的古拉格群島，都是大規模地，有組織有計劃進行清洗的場所。極權主義的獨斷論，則往往是通過清腦來實現的。

應該說，自從啟蒙運動發現了理性以來，人類通過科技提高了生產力，改善了自己的生存狀態。然而，理性為人類帶來的災難也同樣多。除了環境污染、能源危機、價值真空等一系列問題外，還有一個我們不能忽視的問題——那便是獨斷論者採用的極權主義方式。

在《現代性與大屠殺》中，齊格蒙・鮑曼指出，現代性跟極權主義有著內在的聯繫，或者說，現代性已為極權主義提供了土壤。現代性要求的科學的理性精神，科學中立的「價值中立」，官僚體系的效率運作等等，協力使對猶太人的大屠殺成為了可能。

關於共產主義的世界觀問題，我在《共產主義的終結》一文中還有更多更詳盡的分析，這裏勿需贅述。

下麵，我接著說說極權主義的洗腦。

三、高效洗腦的條件

在古代，生產力發展水準極低的情況下，資訊傳遞方式有限，統治者要給民眾洗腦並不容易。民眾分散居住，通訊和交通工具非常落後。統治者搞點專制，已算是相當不錯了。然而，人類社會開始進入現代後，反而還出現了極權主義。其實，極權主義跟科技水準有著密切關係。在我看來，極權主義有兩大特徵：恐怖和清腦。通過現代科技，極權主義者才可能實現高效清腦。

希特勒的宣傳部長戈培爾曾說，沒有高音喇叭，就沒有宣傳。在當年德國，整個國家都充斥著高音喇叭，國家嚴格控制著收音機，禁止民眾收聽敵國電臺。通過滾動重複，高音喇叭將法西斯主義觀念強行灌輸給了民眾。對於這種重複灌輸，戈培爾總結出了一句驚世駭俗的名言：「謊言重複一千遍後便成為了真理。」德籍猶裔維克多・克倫貝勒在分析了「第三帝國的語言」之後發現：「納粹主義之所以能滲進人的血肉，靠的是一些單詞、片語和語句的結構，靠著廣泛、機構而又不自覺地重複使用它們達到百萬次以上。」

在阿倫特看來，極權主義的宣傳已不是宣傳，而是一種灌輸。她認為：「凡在極權主義擁有絕對控制權的地方，它就用灌輸來代替宣傳，使用暴力與其說是恐嚇民眾，不如說是為了經常實現其意識形態教條和謊言。」[8]通過這

---

[8] 漢娜・阿倫特《極權主義的起源》，三聯書店，2008，頁441

種灌輸，極權主義者將謊言變成了民眾條件反射認為的真理。這些謊言「對於運動的成員們而言，不再是人們有可能產生意見的客觀問題，而是像數學定律一樣，變成了他們生活中真實的，而又不可觸及的成分。」[9]此時，民眾便會失去思維能力，徹底地淪為極權主義者的工具。

納粹上臺後，把收音機的效用發揮到了極致。1939年，德國已擁有1,100萬台收音機，產量僅次於美國，位居世界第二。1933年之前的11家獨立的廣播電臺被先後解散，政府開始對廣播電視實行國有化，並把他們置於『國民教育和宣傳部』的直接控制下。

稍有點年紀的人一定還記得，在「文革」時期，每個公社和工廠都有一隻高音喇叭，成天播放共產黨的意識形態。那時候，「收聽敵臺」是一個莫大的罪名。共產黨實行「紅色專政」時，根本勿需審判，便可把人殺掉，比如，林昭未經審判便被秘密槍殺並棄屍荒野。「收聽敵臺」的罪名可以讓人掉腦袋，一般人都會很怕這幾個字。

時至今日，極權主義的洗腦和灌輸仍然存在。在網路發展起來後，官方專門雇用了20多萬（龍應台的說法）網路員警整日監視網路，採用高技術封鎖外界資訊。國內目前流行的各種「翻牆」軟體，便是在這種條件下應運而生的。

每天晚上七點鐘，電視臺各頻道無一例外地轉播「極權主義中央」給民眾灌輸的資訊。北京流傳著的一個故事說，一位外國人下榻於北京的旅店。晚上七點時，他打開電視機，發現各頻道播放著同樣內容，於是便找到店主說，電視機有問題了。這個故事，諷刺了極權主義對媒體的壟斷和對言論的控制。

極權主義都會設立宣傳部，專門負責對民眾進行灌輸洗腦，或對意識形態的控制和監視。中共中央宣傳部（即戈培爾的部門）至今仍在大搞新聞審查，隨意刪節、修改任何人的言論，通過控制媒體來禁止人民的言論。在教育中，文科教材到處充斥著的謊言，通過教師和高考而灌輸給了學生。對此，中國的教師們體會最深。

四、民族主義

什麼是民族主義？作為一種觀念，民族主義「自稱要為適當的人口單位作出獨立地享有一個自己的政府的決定，為在國家中合法行使權力，為國際社會中的權利組織等，提供一個標準。簡言之，該學說認為，人類自然地劃分為不

9　同上，頁465

同的民族，這些民族由於某些可以證實的特性而能被人認識，政府的唯一合法形式是民族自治政治。」[10]這種定義強調，民族自決產生的政府才是一個民族的合法政府，因為唯有如此才是民族的自由意志的運用。「歸要結底，民族自決是一種意志的決定，而民族主義首先是一種教導正確的意志決定的方法。」[11]

人們普遍認為，民族主義的出現肇始於18世紀和19世紀初，其標誌性事件是北美獨立，法國資產階級革命和費希特的《致德意志民族演說集》的發表。在法國資產階級革命，拉美等地掀起了民族獨立的浪漫，出現了一批獨立的民族國家。

1807年，普魯士被拿破崙征服後，費希特發表了《致德意志民族演說集》。在演說中，費希特聲稱，拉丁民族和猶太民族都是腐朽民族，只有日爾曼人才有中興的可能。費希特的話，對尚未統一的德國起到了激勵和鼓舞民族精神的作用。

黑格爾也對民族主義的發展起到推波助瀾的作用。在黑格爾看來，國家就是一切，是世界精神的最高表現。個人的聰明才智只有通過國家這種形式才能獲得發揮。國家對個人擁有無限權力，個人只能服務於國家利益。這樣，黑格爾不僅推動了民族主義思潮，同時也為極權主義鋪好了路。

「馬克思主義理論認為，統治階級對它的子民犯下的最大的過錯之一，就是讓他們看不到他們真正的利益，用自己的意識形態去感染他們，為了自身的利益去驅使他們，卻偽裝他們的利益跟受壓迫者的利益是一致的——而民族主義不正是馬克思主義理論的一個最佳例證嗎？」[12]在極權主義社會裏，統治者假借民族的名義，表面上是捍衛民眾的利益，本質上卻是奴役民眾。「法西斯主義與社會主義和共產主義有著相同的目標，即都代表人民。」[13]共產黨聲稱「代表人民的利益」，卻把「人民專政」變成了「對人民實行專政」。

作為一種觀念，民族主義也可以上升為一種信仰。它「相信某一國家負有獨特的使命，本質上高於任何外在的目標或屬性。」[14]由是觀之，民族主義很容易演變成國家主義，而國家主義正是極權主義的典型特徵。「nationalism」一詞中，「nation」既可是國家，也可是民族。「nationalism」便既然可譯為國家主義，也可譯為民族主義。當民族國家獲得獨立後，國家利益與民族利益

---

10 （英）埃裏・凱杜裏《民族主義》，中央編譯出版社，2002，頁1
11 同上，頁76
12 以賽亞・伯林《扭曲的人性之材》，譯林出版`社，2009，頁264
13 馬克・尼古拉斯《法西斯主義》，吉林人民出版社，2007，頁69
14 同12，頁180

便合二為一了。我以為，民族主義一旦上升為信仰，便可能形成宗教般的狂熱。縱觀極權主義，無論是法西斯主義還是共產主義，都是以政治運動的方式來掀起民族主義狂潮。

民族主義狂潮，往往會演變成愛國主義。當年，希特勒曾大搞過公路建設和發展汽車工業。希特勒認為，公路建設的最高原則是不影響風光的美麗，是增添祖國山川的秀色。汽車不僅應給人們帶來旅行的方便、快捷，還應該讓人有機會觀賞祖國的大好河山，激發人們的愛國熱情。目前，中國教育仍死死抓住愛國主義教育不放，任何一項活動或工程都是「為了激發人們的愛國熱情」。從「奧運聖火」事件，到「抵制日貨」的遊行，表明中國人的愛國熱情非常狂熱。不過，愛國熱情容易被人惡意利用，這是值得我們警惕的地方。

民族主義和愛國主義包含著對祖國的認同感，本應該是積極的情感。德國飽受法蘭西文化的歧視和羞辱，蘇聯受到歐洲文化的衝擊也很大，中國在鴉片戰爭中更是受盡了列強的欺壓，這些國家在民族意識上都有一種「創痛感」。為了民族的崛起，民族主義可謂是功莫大焉。然而，當極權主義者為了自己的利益而煽動民眾愛國時，民族主義便被極權主義利用和收編了。同時，一旦民族主義出現「炎症」或「紅腫」，人們便會開始認為本民族才是上帝的選民，其他民族都應被消除掉——此時，一種以種族進化論為特徵的法西斯主義便出現了。

五、浪漫主義

啟蒙運動確立了人類理性的地位後，歐洲開始形成一種共識，即牛頓的物理學定律不僅可用來解釋宇宙，而且還可以用於倫理學和政治學。這樣，理智一躍成為高於一切的東西。隨著理性的節節勝利，非理性和教會的節節敗退，整個歐洲到處是秩序、安寧和雅致。殊不知，此時暗流湧動，昭示著一場暴風雨悄悄來臨——一次反理性、興人欲的思潮的興起。事實上，自從啟蒙運動以來，人類一直在理性與非理性之間左右搖擺。理性壓抑了情感時，非理性必然爆發出其力量；而當非理性氾濫成災時，理性必將出來為之收場。

從18世紀70年代到80年代中葉，德國知識份子在法國啟蒙運動思想的影響下，掀起了一場文學革命，以表達他們擺脫封建束縛、解放個性和建立合乎自然的社會秩序的新時代的要求，這便是「狂飆突進」。克林格爾寫過一部《狂飆突進》劇，運動名稱由此而來。「狂飆突進」未能發展為一場社會政治運動，卻促進了德國民族意識的覺醒，給了封建專制秩序以猛烈的一擊。從其核心思想來看，它是啟蒙運動的繼承和發展，也揭開了浪漫主義的序曲。

浪漫主義是反理性的，只會出現在啟蒙運動之後。浪漫主義認為，人能夠隨意塑造事物——事物的存在僅僅是人的塑造活動的結果。浪漫主義還堅持自主決定自己的生活，擺脫別人的束縛，個人對自己的行為負責。浪漫主義的這些特點，存在主義全盤繼承了下來。

「狂飆突進」中，出現了一部最有價值和影響的作品，這便是歌德的《少年維特的煩惱》。維特反對封建習俗，渴望真正的愛情，要求個性自由，但他卻四處碰壁，不幸的愛情又給了他沉重的打擊。維特無可救藥，不可避免會走向自殺求得解脫。一般認為，小說反映了青年要求擺脫封建束縛、建立合乎自然的社會秩序和平等的人際關係、實現人生價值的心聲。這本被認為是反傳統的書，讚美了自殺的行為。據說，許多青年模仿了自殺行為。

其實，《少年維特的煩惱》既是浪漫主義文本，同時也是反啟蒙的文本。「浪漫主義是從啟蒙運用發展而來的，就像反題對正題一樣。」[15]這句話怎麼理解呢？對於此話，我們應該這樣看：「浪漫主義正好寄居於那些僅僅作為資產階級理性主義威脅要制服的殘餘潛流的生活態度和領域。它讓搶救這些因素，賦予它們新的尊嚴使它們免于滅絕成了自己的使命。」[16]可以這樣說，對於啟蒙理性要制服的生活態度中的一些非理性元素，浪漫主義正是要使它們復活。

法官女兒綠蒂與維特相愛，維特只能讓她跟別人結婚。最後，故事走向了暴力、衝突、騷動、無序，甚至是死亡。一位農夫被解雇，原因是他大膽地向女主人表示了愛情；另一位青年愛戀綠蒂，丟了工作後發瘋，又殺死了一個農夫……整個故事都充滿著衝突，顯得混亂無序。為什麼會這樣？以賽亞·伯林認為：「浪漫主義是原始的、粗野的，它是青春，是自然的人對於生活豐富的感知，但它也是病弱蒼白的，是熱病、是疾病、是墮落，是世紀病，是美麗的無情女子，是死亡之舞，其實就是死亡本身。」[17]浪漫主義的更為典型的表現，「是癲狂、自戀地頂禮膜拜自己的內心真實、私密的情感，血液的成分，頭顱的開頭，出生地，而不敬奉那些與別人共用的東西——理性、普世的價值、作為人類共同體之一分子的感覺。」[18]維特之死，為非理性與理性之戰劃上了一個句號。

---

[15] 卡爾·曼海姆《保守主義》，譯林出版社，2006，頁46

[16] 同上

[17] 以賽亞·伯林《浪漫主義的根源》，譯林出版社，2011，頁23

[18] 以賽亞·伯林《扭曲的人性之材》，譯林出版社，2009，頁200

浪漫主義之父是費希特，一個唯意志論和主觀主義的熱情宣揚者。「唯意志論和主觀主義，的確，最終會走向狂熱的無政府主義和非理性狀態，導致拜倫式的自我陶醉。」[19]自我陶醉的狂熱使非理性達到極致時，必然使人墜入死亡的深淵。後來，費希特在崇尚暴力美學的希特勒那裏發出了歷史的迴響。希特勒經尼采之手接過了費希特的唯意志論，對世界進行了一次近乎於病狂的征服。他的最終自殺，可以被視為德國浪漫主義運動的一個休止符。事實上，藝術家們的自殺行為，是浪漫主義的自身特點所決定了的。

黑格爾認為，促使人以極大的熱情去行動的因素主要有兩個。第一個是「理想」，第二個是「原動力」，即人類的需要、本能和激情等。黑格爾的話，恰好揭示了極權主義的產生條件：理想和激情。理性產生出烏托邦，一個完美的理想之後，便需要付之實踐的動力——激情，而這是浪漫主義的非理性提供的。

在浪漫主義看來，「畫家就是創造，而不是在複製……價值，不是被發現的，而是被創造的；通過想像活動、創作意志，不是去找到價值，而是製造出價值。」[20]他們相信，「世上不存在事物的結構，人能夠隨意塑造事物——事物的存在僅僅是人的塑造活動的結果。」[21]

慢慢地，最初興起於德國，只是一個文學藝術流派的浪漫主義，逐漸開始被應用到了社會和政治領域。從浪漫主義那裏，極權主義者發現了自我。他們擁有滿腔的熱情，無須從歷史或他人那兒複製價值。他們懷著理想（在他們自己看來，這種理想還是崇高的，乃至是一種「善」），想要創造出全新的價值。他們將社會視為畫布，在上面任意進行創作。在他們那裏，社會改造工程成為了一件作品的創作。

無論是「紅色」極權主義，還是「白色」極權主義，都是人類社會在現代化過程中產出的「怪胎」。而且，它們在以國家的名義搞極權主義統治時，都有一種血腥的「潔癖」，喜歡清除社會中的「病毒」或「雜草」。「納粹和共產主義在把極權主義傾向推向極點方面表現突出——它們以現代方式簡化了純淨難題的複雜性，前者使之簡化為種族純淨問題，後者使之簡化為階級純淨問題。」[22]

[19] 同上，頁60。關於拜倫，以賽亞・伯林有過如下描述：「他無法忍受現存的世界，因為這個世界容納不下他過於巨大的靈魂，因為他有理想，預設了永恆而熱烈的前進運動的必然性，而這一運動總是被現存世界的愚蠢、想像力的缺乏和單調所限制。因此，拜倫式人物的命運始於輕蔑，漸入惡習，走向犯罪，走向恐懼直至絕望。」（以賽亞・伯林《浪漫主義的根源》，譯林出版社，2011，頁133）

[20] 以賽亞・伯林《扭曲的人性之材》，譯林出版社，2009，頁45

[21] 以賽亞・伯林《浪漫主義的根源》，譯林出版社，2011，頁127

[22] （英）齊格蒙・鮑曼《現代性與大屠殺》，譯林出版社，2011，頁10

1961年，以彭真為首的北京市委便提出把北京變成「玻璃板、水晶石」，將「階級敵人」或「無產階級專政的對象」清理出北京。對於清理無業人員，共產黨採取了動員其「支邊」的策略。這類驅趕行動，一直持續到了文革前夕。

現在，共產主義者們不再強調階級的淨化，但淨化的思維方式仍然保持著強大的慣性。關於這點，我們可以舉出很多例子。

2011年，深圳發生了一起政府非法趕走八萬居民的事件。截至2011年4月10日，八萬餘名「治安高危人員」受到震懾離開深圳，接下來，深圳警方將繼續對該群體進行嚴格監管。這是一種赤裸的「清洗」行為，本質上跟希特勒對猶太人的「最終解決方案」沒有兩樣。唯一不同的是，深圳政府只差一件事沒有做了——建立集中營或毒氣室，讓8萬邊緣分子從煙囪中「升天」。

最近，北京大學還搞起了「會商」制度，對「思想偏激」等十類學生進行「學業會商」。顯然，這又是為了保證北大的「思想純潔」性而進行的一次「清除」行動而已。在中國，凡事種種，不勝枚舉。

從這些事件中，我們都可以清晰地洞察出中國政府的思維方式。這種思維方式，便是把藝術家的「潔癖」性格廣泛運用到社會和政治領域之中。事實上，極權主義社會裏的「和諧」景象，不過只是極權主義者的「潔癖」的直接表現——或者說，是他們改造社會的藝術作品。

德國成為民族國家後，統治者的理性開始與民族主義熱情和浪漫主義狂潮相融合，「受傷的民族情感則滋養了浪漫主義思潮，最終成為對於民族意志的肯定。」[23]關於這點，費希特身上有充分的表現。由是觀之，從其誕生之日起，浪漫主義便與民族主義有著密不可分的聯繫，二者共同為極權主義的出現奠定了基礎。

當然，極權主義出現在德國，也是因為德國的現代化實現得並不徹底，或者說只是處於現代化的道路上。徹底的現代化，意味著追求自由和民主的資產階級的出現，也意味著公民意識和民主思想在社會中已紮下根基。在一些老牌資本主義國家，不可能會出現極權主義。

以德國為代表的歐洲大陸理性抽象地演繹出一套理論後，獨斷論者認為自己掌握了真理，便不惜一切代價去實現它，結果很容易走上極權主義道路。繼德國之後，蘇聯和中國「在馬克思主義的指導下」都先後出現了極權主義。與此相反，英美的經驗主義跟民主有密切關係。經驗主義認為，社會是逐漸進化

---

[23] 以賽亞・伯林《浪漫主義的根源》，譯林出版社，2011，頁110

的，只能實行改良。有經驗主義傳統的國家，皆不會用某種宏大敘事的理想來進行翻天覆地的革命，而只是通過漸進方式來變革社會。這是英美民主國家都沒發生國內革命，也沒出現極權主義的深層原因所在。

第二節　極權主義的特徵

導讀：

無論是「紅色」極權主義或「白色」極權主義，都有著一些共同特徵。本節將通過對極權主義的共同特徵的分析說明，讓讀者更好地識別出極權主義。

那麼，極權主義有哪些特徵呢？

所謂極權主義，「它在本質上是這樣一個政府體制，在其中一個政黨掌握所有政治的、經濟的、軍事的和司法的權力。這個政黨試圖按照政黨的價值觀來重構社會並且廣泛幹預公民個人的生活。」[24]也就是說，政黨按照自己的價值觀來重塑社會。政黨全面幹預社會和個人生活，自由必然會隨之消失——當然，也不可能有真正的民主。

同時，政黨還會企圖改造人性，以一種新道德來塑造民眾，以符合政黨的意識形態。然而政黨忘記了，當人性被改造後，人便不再是人了。比如，共產黨提倡「大公無私」，這明顯是違背人性的做法。共產黨搞「吃大鍋飯」，結果必然是沒人想幹活。

「一戰」後，世界上出現了幾個極權主義國家。這些極權主義國家，有著某些共同的特徵。卡爾弗裏・德里希和茲比格紐・布熱津斯基曾概括出極權主義的六個基本特徵。

一、包羅萬象的意識形態

在我看來，「包羅萬象」有幾層意思。第一層意思是，極權主義的意識形態是一個適用於人類生活各方面——政治、經濟、文化——的官方學說，經常指向一個人類未來將會達到的完美社會。

[24] 邁克爾・羅斯金《政治科學》，中國人民大學出版社，2011，頁94—95

第二層意思是，極權主義的意識形態「不可能」出錯。即使有了錯誤，也不是意識形態本身的問題，而是實施環節有問題——要麼實施者有問題，要麼實施辦法有問題。

中國引入了資本主義經濟的元素，但社會主義還是叫社會主義，最多加上了一個定語，叫「中國特色的社會主義」。無論官方怎麼做，中國仍然只能叫社會主義國家。在極權主義社會裏，「意識形態是個筐，什麼東西都可裝」。換言之，它的「容錯」性能必須非常好，這樣便能保證官方的永遠正確。

共產主義運動失敗了，但不意味著馬克思主義的失敗。改革開放後，共產黨聲稱要「發展馬克思主義」。然而，馬克思主義若是絕對真理，它就不應該為中國帶來災難。如果它是錯的，就應該將其拋棄——至少，它不應該比其他任何學說更優越——那麼，為何還要「發展」它呢？

其實，馬克思主義本身沒有對與錯的問題，關鍵在於以其為圭臬的共產黨是不可能錯的，否則，它作為執政黨的威信便會受到挑戰——與其說馬克思主義一定正確，不如說自己一定正確；或者說，馬克思主義的正確，就是自己的正確。因此，共產黨一定不惜重金請吹鼓手來粉飾馬克思主義，將其說成是絕對真理，為自己的合法性找到依據。

總之，意識形態為政黨的執政提供辯護。政黨無論如何也不會允許意識形態有問題，否則便會動搖自己執政的合法性基礎。對於政黨來說，自己的意識形態「必須」正確，絕對不容懷疑。要達到這一點，就必須使意識形態成為一套萬能的，包羅萬象的說辭。

二、單一政黨

只有一個政黨是合法的，即使有其他黨派，人數受到嚴格限制，因此頂多作為陪襯，被利用來搞一點假民主或「政治協商」。這個政黨要求其他社團或黨派註冊，自己卻可以不註冊。加入該黨的人可以享受特權，比如出任政府官員，享受腐敗的特權——當然，他們還必須宣誓效忠政黨才行。這個政黨滲透到社會的每個角落，牢牢地控制住整個社會。

通常，這個政黨由一個人領導，並圍繞他建立起個人崇拜。墨索里尼、希特勒、史達林、毛澤東和金日成等都是典型的極權主義國家領袖。

三、有組織的恐怖

為了控制社會，極權主義都會採取恐怖手段對待民眾。納粹的蓋世太保、史達林的「人民內務委員會」、墨索里尼的「奧夫拉」（OVRA）和東德的「斯塔西」都不受司法部門的限制。黨就是司法，甚至是憲法。這些恐怖組織代表了党，自然也就是司法和憲法。

在某些時候，清洗和大屠殺的恐嚇也可能不那麼露骨，轉而變得稍微「溫和」一點，比如剝奪「反革命分子」的工作機會，或將其關進「牛棚」，或將其送到勞改農場，或將其流放到邊遠地區。比如，1980年，持不同政見的蘇聯物理學家薩哈洛夫被流放到一個偏遠城市，以避開西方媒體的報導。

四、傳媒壟斷

官方必須壟斷媒體，以更好地給民眾灌輸意識形態。而且，壟斷媒體還有另一個目標，即不斷宣傳在偉大領袖及其政黨的領導下的「太平盛世」，讓民眾堅定擁護領袖及其政黨是正確的信念。

顯然，被官方壟斷的媒體只會「報喜不報憂」，而且通常還有一種手法，那便是對節目進行剪輯，而不採取現場直播的方式。剪輯遵循的原則必須是樹立政黨的正面形象，以達到強化意識形態，使民眾輿論對政黨有利的目的。

五、武器壟斷

毋庸置疑，極權主義政府要操控社會，肯定都會禁止民眾持槍，以防止民眾進行武力反抗。

「二戰」之前，德國人民可以合法地擁有武器，然而希特勒上臺後，搞起了槍支登記，然後設法逐步沒收槍支，以致猶太人最後只能束手待宰。由是觀之，沒有自衛武器是猶太民族的悲劇原因之一。

六、經濟管制

極權主義都要管制經濟，使其服務於政黨的意識形態，其中最為典型的便是「史達林模式」。在這裏，經濟受到全能政府的操控。簡言之，對經濟的管制就是「計劃經濟」。

在不同的極權主義國家，經濟模式也有所不同。「史達林模式」是政府對經濟的全面幹預，而「希特勒模式」是指政府保留市場經濟，但不會對市場放任自流，而會對其進行一定控制。假如說，1949－1978年間中國經濟屬於「史達林模式」，那麼，在引入市場經濟後，便更接近「希特勒模式」了。至今，中國政府仍然堅持干預市場，只是干預的程度肯定不如希特勒政府。然而，若是以武力來經濟開路，中國便極可能成為當年的德國，因為二者的意識形態都有著法西斯主義的思想。

總的來講，這六個特徵都還是非常具有代表性。然而我以為，只要我們繼續梳理，還可以發現更多的共同特徵。比如，極權主義者們都喜歡軍事化管理，用恐怖來將個體「原子化」，最終實現理想中的秩序。又如，極權主義都必然將集體主義作為價值觀，而集本主義又可表現為民族主義和國家主義，因此極權主義總是會將民族利益或國家利益視為至高無上的利益，以此來侵犯個人的自由和剝奪個人的權益。

對於中國的政治制度，有些學者認為中國政治是威權主義。威權主義（Authoritarianism），又稱為專制政體或獨裁政體。「威權主義政權反對個人自由而更偏愛命令、服從和秩序。他們把社會看作是由一個統治者或統治集團領導下的控制鏈構成的等級組織。公民被要求遵守法律和繳納稅收，他們對此卻沒有什麼發言權。雖然威權主義國家裏也可能存在民主的因素，但它幾乎沒有什麼作用。立法機關通常只是個『橡皮圖章』，用來批准獨裁者的法律。」[25]威權主義的特點是嚴格遵從政府的權威，而政府常運用壓制性手段，用來維持和執行社會控制。一般指依靠各種行政手段、法令、軍警以控制國民言論、結社、集會等自由之政府。

威權主義和極權主義具有類似的特徵，比如政府的權力很大，但威權主義不如極權主義那麼強調意識形態，也通過沒有鮮明的個人崇拜。目前，中國沒

[25] 邁克爾・羅斯金《政治科學》，中國人民大學出版社，2011，頁98

有了個人崇拜，但意識形態的灌輸卻仍然存在，尤其是在教育中特別明顯——你要相信這點，因為我本人就是一線教師。同時，中國的「紅色恐怖」也仍然存在——你若敢於大膽發表意見，那麼你多半已被秘密特務組織列入了黑名單，查封你的博客就不用說了。你還會經常被請去「喝茶」，交待自己的「反動」思想，並接受威脅和恐嚇，甚至是被打入大牢。同時，你的電話會被監聽，甚至行蹤也會被監視——你若拿著什麼「反動」資料出門，便隨時都有可能被便衣特務搶去。你遭搶劫後若去報案，警方也不可能會受理。然而，官方卻總在國際社會中賣乖，鼓吹自己是如何注視人權的，如何大搞民主建設的。總而言之，上文所說的極權主義的六個特徵與中國政治的現實完全符合。

無論學術界怎麼看，我個人比較趨向認為，威權主義適用於非共產主義的獨裁專制國家，極權主義卻更適用於共產主義國家——法西斯主義和共產主義都有極權主義的典型特徵。也就是說，中國政治制度在專制的基礎上還多了一層極權主義色彩。不過，中國已引入市場經濟，還加入了「全球俱樂部」，那麼，中國的共產主義變成了「後共產主義」，中國的極權主義也可被稱為哈威爾所說的「後極權主義」。在本書中，我堅持把中國政治稱為極權主義，而不是威權主義，其原因便在於此。

第三節　盧梭與中國極權主義

導讀：

讓・雅克・盧梭（Jean-Jacques Rousseau，1712年～1778年），法國偉大的啟蒙思想家、哲學家、教育家、文學家，18世紀法國大革命的思想先驅，啟蒙運動最卓越的代表人物之一。

啟蒙運動宣導人的理性，使人類從宗教束縛之中走了出來。進入以理性社會後，人類的理性開始氾濫，而極權主義正是其惡果之一。

作為啟蒙運動的思想家，盧梭自然也以其理性見長[26]。事實上，學術界一致認為，盧梭的理性為極權主義思想的形成鋪平了道路。

26　應該說，作為啟蒙運動中理性主義的傑出代表，盧梭也為非理性主義狂流起到了推波助瀾的作用。在《盧梭和他的戀母情結》中，朱學勤通過對盧梭生平的疏理，發現了盧梭飽受女性的浸潤。從成長經歷到巴黎貴族婦女，從受虐狂到華倫夫人，都證明瞭盧梭有明顯的女性特徵。在朱先生看來，盧梭提出返回自然的復古主義思想，是

> 盧梭是19世紀許多運動發生的原因——社會主義和共產主義、獨裁主義和民族主義、民主主義和無政府主義等幾乎所有的思潮，除了對文化情有獨鐘的所謂自由主義的文明之外。
>
> ——以賽亞・伯林

在近現代史上，盧梭的思想給人類帶來了深重的災難，對人類產生過極其重要的影響。有人說，假如羅蘭夫人知道自己的理想落實到現實的層面上，就是法蘭西第三共和國（1870－1940）的話，當年她就不會有勇氣走上斷頭臺了。羅蘭夫人為了理想光榮獻身，斷然不知盧梭設計出來烏托邦在操作層面必然會發生變化，最終演變成一種血腥的暴政統治。

在盧梭的政治哲學裏，公意是一個重要的概念。在盧梭看來，公意作為向善意志的普遍化，本來就是一種道德。理想的社會制度承載著公意，也就必須要有新的道德。然而，「一旦把社會制度作為道德價值的實現，必定包含著用理想原則來設計的含義，它極易轉化為烏托邦。因此更準確地講，自由變成一種新道德並非僅僅是因為人們誇大理性力量，而是堅信可以從理性或感情推出道德。也就是說，從理性或感情推出自由平等這些新價值時，有意無意都需要運用道德論證的模式。」[27]極權主義往往跟道德有密切關係，其原因便在於此。極權主義者有著高調的道德激情，運用積極自由去剝奪別人的消極自由。

眾所周知，伯林將自由分為了積極自由和消極自由。歐陸理性主義更強調幹預別人的積極自由，英美更強調免於別人幹預的消極自由。作為歐陸理性的一部分，盧梭的思想明顯有積極自由的痕跡。積極自由強調自己有做什麼的自由，全然不顧別人也有不做什麼的自由，因而跟極權主義有著密切關係。盧梭揚言要強迫別人自由，把公意強加給別人，便為極權主義提供了理論基礎。

盧梭相信，「公意永遠是公正的，而且永遠以公共利益為依歸。」[28]大公無私才能體現是公意，自私自利只是私意的表現。從這裏我們可以看到，集體主義價值觀在中國大行其道，背後便有著盧梭思想的影子。在這套話語的支持下，「高尚」道德在中國受到極力推崇，而捍衛個人權益卻被視為了「自私」或「無恥」之舉。

因為戀母情結必然希望複歸陰性狀態。女性更接近自然，返回自然即重歸「子宮」。朱先生認為，盧梭的著作使非理性主義開始彙集，並成為一股強大的洪流。

27 金觀濤《中國現代思想的起源》，法律出版社，2011年，頁341

28 盧梭《社會契約論》，商務印書館，2010，頁35

在西方，自私卻是一種善，一種道德。因為，「只有每個人自己才最清楚他需要什麼和他能做什麼；社會只能最大限度發揮個人自主性，即讓每個人去做他想做或能做的事，才能具有最大的活力。將這一假定運用到文化、經濟和政治制度上，就可以得到當今西方自由主義的基本信條。在文化上強調信仰自由、價值判斷的自主，這就是多元主義。把個人自主性運用到經濟上，就是市場經濟的基本原則和出發點……人人自主原則表面在政治上，是每個人交出部分權利以使政府能執行處理公共事物的功能。因為政府權力來自於人們自願交出之部分權利，故政府的統治必須取得人們同意，人們可以用民主選舉來改變政治結構和統治者，而且政府的權力必須受到限制，以免其損害人們的個人自主性。」[29]可以看到，西方普適價值可以追溯到一個源頭——對個體生命的尊重。有了這個前提，便可以引發出自由主義，也能引出自由、民主和法制等政治哲學的概念。以賽亞・伯林說「除了自由主義之外」，其原因便在於此。

盧梭還認為：「為了很好地表達公意，最重要的就是國家之內不能派系存在，並且每個公民只能是表示自己的意見。」[30]國家之內若有幾個黨派，各自都聲稱代表了人民的利益，唯有自己才是公意的化身，便會出現混亂不堪的書面。唯有執政黨才能表達公意，這便為一黨專政提供了話語支援。

根據盧梭的人民主權論，主權在民，政府只是人民自由意志的產物，人民和政府之間的關係是一種契約關係，即人民讓政府代表公意。然而，如果有人不承認公意，此時又該怎麼辦？盧梭說：「為了使社會公約不至於成為一紙空文，它就默契地包含著這種一種規定——唯有這一規定才能使得其他規定具有力量——即任何人拒不服從公意的，全體就要迫使他服從公意。這恰好就是說，人們要迫使他自由；因為這就是使每一個公民都有祖國，從而保證他免於一切人身依附的條件，這就是造成政治機器靈活運轉的條件，並且也唯有它才是使社會契約成其為合法的條；沒有這一條件；社會規約便會是荒謬的、暴政的、並且會遭到最嚴重的濫用。」[31]對於那些不承認公意者，人民便有必要對其實行專政，強迫他自由。人民民主專政的思想，在這裏已呼之欲出。

所謂的人民民主專政，是指執政黨紿終代表最廣大人民的根本利益，可用專政的方法來對待敵對勢力，以維持人民民主政權。誰是人民的敵對勢力，

---

[29] 金觀濤《中國現代思想的起源》，法律出版社，2011年，頁333

[30] 盧梭《社會契約論》，商務印書館，2010，頁36

[31] 同上，頁34

這完全由政府來定，而非由人民說了算。美國若反華，美國就是中國人民的敵人。然而，人民若反對政府，也會成為「人民的敵人」，即被專政的對象。可見，人民民主專政必然會演變成「對人民實行專政」。

中國的執政黨為何要代表人民？因為「最好的而又最自然的秩序，便是讓最明智的人來治理群眾，只要能確定他們治理群眾規是為了群眾的利益而不是為了自身的利益。」[32]那麼，為何執政黨必須要代表人民的利益？羅馬皇帝卡裏古拉（西元37－41年在位）說過，因為領導羊群的人並不畜牲而是人，所以統治人民的人就必定不是簡單的人而是神。那麼，畜牲就只能盲目地使自己的意志屈從於一個人的意志。在卡裏古拉那裏，人民根本就不是人而是牲畜，因此必須聽從人的使喚。

盧梭借用了卡裏古拉的思想，認為執政黨就是牧羊人，人民只是被驅趕的畜牧。「正猶如牧羊人的品質高於羊群的品質，作為人民首領的人類牧人，其品質也就同樣地高於人民的品質。」[33]既然如此，畜牲們肯定不知道自己的幸福在哪兒，因此須由牧羊人來帶領，才能抵達一個人間的天堂；同時，畜牧的智力水準也不夠，只配做被使喚的奴隸。

即使人民只是畜牲，執政黨才配稱為人，那麼如何能證明他們真的是為了「畜牲」的利益？如何能證明他們以集體的名義壓制個人權利真的是為了公意，而不是借用國家權力肥了自己的私囊？如何證明執政黨就一定是「偉光正」？……然而，這一切卻都成了絕對真理，根本勿需證明。

馬爾庫塞認為，國家機器有兩種。一種是「軟性」的國家機器——文化教育，即把這一切勿需證明的真理灌輸給人民，而這個偉大的任務就交給了教育。在《論國家的作用》中，德國教育家洪堡說：「從根本上講，教育只應該造就人，不要考慮確定的、經予人們的公民形式，因此，它不需要國家。」[34]洪堡創建的洪堡大學，有著完全的學術自由，普魯士政府只是提供資金，不得干涉學術。這所大學被譽為「現代大學之母」，對世界教育產生了廣泛和深遠的影響。可以說，中國教育的種種異化，本質上是由於受制於政治或意識形態。在執政黨看來，教育只能是一項「政治任務」，必須給民眾灌輸真理，以確保自己的「牧羊人地位」。

另一種則是「硬性」的國家機器——軍隊，員警，監獄等。在強大的國家機器面前，你不得不接受統治者宣揚的真理。即使你心裏不接受，但也不敢公

---

32 同上，頁88

33 同上，頁5

34 （德）威謙・洪堡《論國家的作用》，中國社會科學出版社，1998，頁86

開表露出來，統治者也不會為你的表達提供任何平臺。整個權極主義機制，便是這樣運作下去的。

自孩提時代開始，我們便聽慣了執政黨的話語，如「抵制資產階級自由化」等等。今天，我們才終於認識到，共產主義是一種反人類的極權主義。只有自由主義，才是普適的價值觀念。

第四節　「紅色教育」是怎樣煉成的？

導讀：

私立學校的校長以嚴格和權威著稱，聘請的手下個個都很兇狠，甚至如同狼狗一般。在選聘教師方面，校長也喜歡聘用那些黨員教師。比如在某校，黨員教師占教師總數的比例高達43%。那些「忘我」地工作，將學生「往死裏教」的教師，有很多都是黨員教師。根據我的觀察，班主任大多是黨員，而班主任每天晚上十一點才下班。他們身先士卒，甘為應試教育「浴血奮戰」。為了升學率的節節攀升，黨員教師們正進行著「艱苦卓絕的努力」。

在很多學校裏，校長兼任了黨支部書記。一個教師給我講，某位校長曾有個提議，要求教師宣誓效忠校長，結果遭到了教師的質疑和反對，最終只好悻悻收場。這讓人不得不想起了毛澤東。當年，他叫秘書在文件上寫的一句「毛主席萬歲！」，不幸地成為了全體中國人的誓言。

當「文革」思想重返校園時，極權思想便死灰復燃了。在學校裏，思考只是校長一人的事，教職員工必須服從。極權管理、分數至上、文化沙漠、物化師生等等，這些都是「紅色教育」的典型特徵。

在世界上獲得大獎的華人，都沒有接受過「紅色教育」。為何出現這種現象？「紅色教育」有什麼樣的本質？它的思想基礎是什麼？它培養的是什麼樣的人才？它何以無法培養出大師？同時，「紅色管理」為何具有極權性質？極權管理下的教師是什麼樣？……

1859年，達爾文的《物種起源》問世。此書在20年前早已寫成，出於種種顧慮，達爾文一直不敢出版。我猜想，達爾文有兩個顧慮：一是西方宗教是一種目的論，即上帝創造出人類，而達爾文卻認為人類是猿猴進化而來，這無疑會「將上帝殺死」，引起人們的驚恐和反對；二是那個時代是物理學世界觀占主導的社會，達氏的理論必然會對這種世界觀帶來衝擊。在這種時代背景下，達爾文若是出版《物種起源》，不知要面對多少學術辯論和民眾責難，甚至可能是宗教迫害。

然而，《物種起源》是偉大的，它開創了生物學世界觀的先河，堪稱是思想史上的一次「哥白尼革命」。我們要理解《物種起源》的意義，最好是先來看看兩門學科的不同特點。

物理學認為，預測是必需的，而且預測要準確。比如，水在一個氣壓的狀態下，溫度達到100攝氏度時就會沸騰。這兒有兩個條件，即氣壓和溫度。只要滿足和控制好實驗條件，（比如，不能讓風吹向火苗，否則火的溫度便無法保障），任何人都能讓水沸騰，實驗結果可以精確預測出來。生物學卻認為，以自然選擇為機制的進化是偶然的，不是能預測的。人類的出現也不是必然的，而只是自然選擇而產生的或偶然的結果。

物理學的誕生先於生物學，成為了科學的傑出代表。牛頓物理學，改變了人類對世界的認知。以孔德為代表的社會學家，認為物理方法既然是科學方法的代表，那麼它也應該適合於社會。以牛頓物理學的思想為基礎，孔德創立了社會學，成為社會學的開山鼻祖。

牛頓的世界觀是封閉的，這就意味著，以這種世界觀來改造社會，必然把社會弄成一個封閉社會。封閉結構只會增加熵量，使系統趨於無序或「熱死」。在生物世界裏，新陳代謝是生命的標誌，它要求生物與外界交換物質和能量，以從外界吸收養分來維持生命。新陳代謝要求生物必須是開放的，否則生物體必然會死亡。因此，生物學世界觀是一種開放的世界觀。開放系統的特點是它會進行自組織，降低熵量尋求生存。

社會學第二號人物，繼孔德之後的社會學家是馬克思。他沿襲了孔德的思想，認為整個社會只是實驗對象。共產黨只要控制實驗條件，便可通過改造社會，最終實現共產主義社會——這種思想的內核便是物理學上的預測。然而，把社會作為實驗對象，這種思維會引發一系列問題。

兩種世界觀的差異

物理學世界觀	生物學世界觀
預測	偶然
人為控制	自然進化
封閉	開放

為了便於理解，我舉個不太恰當的例子來說明。教師要在班上搞「狂歡節」，以應付上級對「和諧班級」的檢查。教師規定，只要領導來光臨，所有學生便必須載歌載舞，不想笑也得大笑，跳不動也得跳。若有學生困極了，趴在桌子上睡覺，這會影響狂歡效果，教師只有把他趕出教室。若有學生表示異議或反對，教師也會將其趕出去——領導看見有人沒有狂歡，會對教師的工作評價大打折扣。對於不合作，幹擾狂歡的學生，教師也可以將其殺掉——只要領導允許這樣幹。

把這種思維放大到整個社會中去，由此而生的悲劇是顯而易見的。為了實現共產主義，人民不得亂說亂動。為了迎接新社會的到來，每個人的道德還必須提高，於是便有了「大公無私」、「狠鬥私字閃念間」等高尚道德。這種無條件的利他主義，並不符合的生態世界的法則。在這種社會裏，個體都必須規矩和服從，甚至連做愛也被監管——反正，任何人都不能影響共產主義的實驗條件。若有人反對或拒不執行領導的指示，結果就是被批鬥後蹲牛棚或被拉出去槍斃。共產主義打著「解放人類」的旗幟，不惜犧牲人類最寶貴的東西——生命和自由，最終成為了反人類的「紅色法西斯」。

物理學是研究物質世界的學問，一旦用於人類社會，必然將人視為物質，將人物化後變成自己欲達目標的工具。共產主義觀念的本質，是以物理學世界觀來改造社會，而不是以生物學的眼光看待社會，並讓其遵照自己的邏輯自行演化。物理學世界觀是一種「理性的氾濫」，必然會為人類帶來災難，這已被人類的歷史所證明。

生物學世界觀將世界視為自動進化的結果，無論是社會還是自然都是這樣的。在哈耶克看來，市場經濟只是一種自發秩序，是一種進化的結果。亞當・斯密是市場經濟的理論提供者，而他卻是植物分類學家林奈的弟子。由此觀之，市場經濟的理論可能受到生物學理論的影響。不過，這不足為奇。自然界和人類社會不屬於物質世界，應該由生物學世界觀來主導。

牛頓開創了現代主義，達爾文將其基礎破壞，為尼采將其全面顛覆奠定了基礎。自尼采開始，整個世界逐漸進入後現代社會。尼采之後的哲學思想，無論是佛洛德的裏比多，還是柏格林的創造進化論，或是存在主義的生命擴張，都有著一個共同的主題：生命的激情，非理性主義，等等。在這裏，「上帝死了」，個體價值受到尊重。個體開始發出聲音，解構著宏大敘事。後現代主義的世界觀，是一種生物學世界觀。

共產主義社會，或者社會主義社會，採用的是物理學世界觀。中國的共產主義歷史無須贅述，我們瞭解物理學世界觀後，可將目光投向中國教育，看看「紅色教育」是如何煉成的。

前面說過，要實現共產主義，必定以控制社會為前提。在這種社會裏，每個社會成員不得成為自己，每個生命也只能成為工具。現在，不同政見者不會被拉去槍斃，卻不可能允許全體人民表示異議。表示異議只能是私下的，這就是要控制媒體的原因。當然，當政者不斷表達自己的「善意」，聲稱自己比民眾還懂得他們自己，聲稱一切都是為了帶領民眾進入人間天堂。相應地，教育必然會要求學生成為「社會主義建設人才」、「共產主義接班人」等，不可能讓學生如自然界的生命一樣自由成長，而是要把人改造為工具，以實現領袖心中的美麗新世界。

臭名昭著的共產主義運動迎來了慘敗，使其落得反人類的「紅色法西斯」或「紅色專制」之惡名。然而，這些意識形態還沒有退出教育，師生仍然是被利用的工具。中國特色的社會主義意味著，師生都是被控制和奴役的對象——在我看來，社會主義的最大特徵就是國家的「控制與幹預」。在這種環境下，師生都不能逃脫被奴役的命運。考試制度讓學生無法逃逸，教師退出教育也沒有飯碗。生物學世界觀允許師生作為生命有成長的自由，對中國教育有著極其重要的意義。我們說民主可以拯救中國教育，其實民主社會又何嘗不是民眾獲得解放，可以自由成長和表達的社會呢？

以生物學世界觀來看，這個世界本是多樣化的世界。每個個體都是獨特的，而且是不可替代的。個體的這種獨特性，要求教育尊重學生的個性化發展。然而，在封閉的世界觀看來，錯落有致是邪惡和罪過，而整齊劃一才是和諧美麗，因此教育應該控制——要麼揠苗助長，要麼削足適履，來產生整齊劃一的「美景」。目前，分數教育將每個學生「整齊化」或「平均化」，其結果必然是使民眾平庸化。

在古希臘的神話故事中，有個叫普羅克路斯忒斯的強盜。他終日守在路邊，將被捉到的人按住躺在鐵床上量一量。凡是身體超過床長者均被他用斧子砍去腳截短，而不及床長者則要被他硬拉成與床一樣的長度，以便使他們的身體與鐵床的長度相等，從而符合自己的標準。結果，被他「取長補短」的人全部一命嗚呼。

「紅色教育」又嘗不是普羅克路斯忒斯呢？這種教育，怎麼能培養出世界頂級的人才呢？

朝窗外看看吧，參天大樹只可能生長在荒郊野嶺。那兒的多樣化世界，才是生命可以自由生長的環境。普羅克路斯忒斯的鐵床，是破壞和摧殘生命的絞架。被「取長補短」的生命是什麼樣呢？在普羅克路斯忒斯的鐵床上煉成的「紅色教育」，為民族的未來帶來的必然是平庸。

被譽為「現代管理學之父」的德魯克，曾是經濟學大師熊彼特的弟子。熊彼特的創新經濟學理論，是以生物學世界觀為基礎的。德魯克強調經濟管理中的創新，認為只有不斷創新才能生存，也有著明顯的生物學痕跡。儘管世人稱其為「經管學之父」，德魯克卻說自己的學術是「社會生態學」。

受德魯克的啟發，我希望能創建一門「教育生態學」，把教育與生物學結合起來，為新教育提供一套理論——本書的出版，正是這種想法的結果。我篤信，只有「教育生態學」的觀念被普遍接受時，教育中的「紅色」才會淡去。中國人的個體生命不再被奴役和壓迫，「紅色教育」轉變為「綠色教育」時，中國人才可能走上諾貝爾領獎臺。

第五節 「外在論」的悲劇

導讀：

對於生命內言，最重要的是「內驅力」，即一種自我向上發展的「強力意志」。任何外在的力量，都會造成生命的壓抑和扭曲，使生命得不到充分的生長。

中國教育的「外在論」，是中國人的生命枯萎的主要原因。「外在論」跟極權專制有著密切的聯繫，甚至本身就是極權專制的產物。極權專制的教育目的，必然是「外在論」。

> 生命之目的即在生命本身；為自由而奮鬥，目的是求個人今日、此地的自由；個人各自有其自身目的，個人的目的對他們自己是神聖的，他們為此而奮鬥。[35]
>
> ——以賽亞・伯林

[35] 以賽亞・伯林《俄國思想家》，譯林出版社，2006，頁113

就教育目的而言，主要有兩種不同觀點：一種觀點認為，教育目的是外在的，需要從外界施加給兒童，讓兒童成為家長和教師滿意的人，或對社會有用的人。另一種觀點認為，教育目的是內在的，需要尊重兒童自身的要求和發展。教育目的即教育過程，且目的在過程中自發呈現。

教育目的的「外在論」「把生長當作一種用來補滿未長成的人與已長成的人中間空隙的東西。我們所以有這種趨向，是因為我們僅就比較上看兒童時代，不就內性上看兒童時代。我們所以僅把兒童時代當作缺乏，這是因為我們把成人做固定的標準，用來量度兒童時代」[36]。教育若把自己的標準作為教育目的，勢必忽視學生作為生命內在的東西，犧牲掉學生的興趣、個性、情意等。杜威猛烈地批判了生活預備說，認為教育過程之外沒有目的。教育目的存在教育過程之中。過程與目的，是合二為一的。他認為：「生活即是發展；發展、生長，即是生活。如把這個意思，用教育上的話來說，就是：1）教育的歷程，除了這個歷程自身之外，沒有別的目的，它就是它自己的目的話；2）教育的歷程，即是繼續不斷的重新組織、重新構造，重新形成的歷程。」[37]

除「生活預備說」之外，「紅色教育」以「培養共產主義事業接班人」或「社會主義建設人才」為目的，也是一種教育目的的「外在論」。可以看出，無論哪種「外在論」，都以物理學世界觀為導向，不尊重兒童的個體生命。尤其是國家的什麼接班人或建設人才，這套說辭背后隱藏着不可告人的政治陰謀。其實，教育目的具有「生成性」和「自發性」。教育過程而不是外在的要求或壓力，其本身就是教育目的。國家大搞以高考代表的應試教育，聲稱要為國家選拔人才。讓兒童成為被利益集團利用的工具，這是國家權力的最大罪惡。

普遍認為，共產主義是一種紅色法西斯。關於這一點，中國的紅色教育便是一個明證。「有一種方法，可以界定民主政體與法西斯主義之間區別的真正含義，民主政體是一種為個人的充分發展創造經濟、政治及文化條件的制度。法西斯主義，無論打什麼旗號，都是一種使個人臣服於外在目的，削弱真正個性發展的制度。」[38]使學生成為國家權力的工具，把學生培養成為國家的奴僕，通過整齊劃一的方式來削弱學生的個性發展，不正是中國的紅色教育的目的嗎？

---

36 杜威《民主主義與教育》，人民教育出版社，2001，頁74

37 同上，頁88

38 弗洛姆《逃避自由》，國際文化出版公司，2007，頁185

如前面所說，達爾文的《物種起源》的出版標誌著，整個世界開始從現代社會轉向後現代社會。然而，這種轉變是漫長而緩慢的。在長達一個世紀的過渡期裏，先後出現了尼采、柏格森等的生命哲學，以及皮亞傑、哈耶克、懷特海、杜威等思想家。生命是生物世界的根本標誌，因而二者是緊密相關的。這些思想家的共同特點，便是秉持生物學的世界觀來看待世界。因此，杜威的思想已具備了後現代主義的特點。

一位教師聽了課改示範課後，告訴我說他深感失望。教師們素質之差，不僅不懂新課程，而且連怎麼上課，教什麼內容，都是稀裏糊塗的。我以為，這種現象在全國肯定很普遍，這是教師現有的整體素質所決定了的。在這種現象的背後，最重要的原因是教師的學習生涯結束了。學習生涯一旦結束，教師也就沒有了專業化發展。難道說，教師的現狀跟國家的「外在論」教育目的沒有一點關係嗎？

教師在中小學時，接受的是「目的外在論」的教育。按前面所述，教育是為未來生活做準備，或是成為國家的接班人。大學畢業後，教師幹上教育工作，便實現了成為接班人這個教育目的。教育目的一旦實現，意味著教師的生命不再需要生長，即「教師已死」。誠然，教師沒有專業化發展，這有多方面的原因。在這裏，我只想分析批判國家的「外在論」教育目的。這種「外在論」可追溯到國家所奉行的世界觀。實際上，正諭意識形態要為中國社會的道德淪喪、教育落後、國民素質低下等各種問題負責。把人「物化」或「工具化」是正諭意識形態的核心目標，它把中國變成了一個「人吃人」的社會。

教師們不讀書學習，不會懂得教學或教育，可能連文本也讀不懂。沒有了求知欲，教師便把自己裝裹「套子」裏，拒絕跟學生一起探求真理。此時，為了讓自己能站在講臺，教師只有靠樹立神聖權威來壓服學生。教師的現狀跟新課程的要求之間的落差太大，註定了新課程必然失敗的命運。我對新課程的看法是：若不積極引領教師文化，教師沒有專業化發展，新課程只能是一場遊戲。我也可以毫不客氣地說，不讀書學習的教師沒資格談課程改革。這類教師搞課改，只能是給新課程抹黑。

今天，我看到一份市教育局的文件《關於推進普通高中課程改革的實施意見》。在文件裏，市教育局提出了如下七條實施意見：

（一）提高認識，加強領導；
（二）加強教研，專業引領；
（三）抓好培訓，提升素質；

（四）深化改革，創新機制；
（五）加大投入，提供保障；
（六）督導考評，推動課改；
（七）宣傳引導，營造氛圍。

這些措施大多是套話，頗顯國家把教育納入官僚體系的惡果。成天坐在局裏不學無術的官僚，怎知教育的問題出在哪里？只有「專業引領」和「營造氛圍」這兩個詞語還讓人看到了一點希望——不過，在這兩句後面的闡述中，根本沒有「文化」或「讀書」兩個詞。文化教育是一種生態環境，而官僚只知自上而下地施壓。官僚體系收編教育後，便註定了教育的悲劇命運。

教師長大成人，實現了教育目的後，便不再銳意求知，認為自己的知識終身都夠用。其實，「關於專門應付特別科學問題與經濟問題的能力發展，我們可以說，兒童應該向成人方面生長。關於同情的好奇心，天真爛漫的反應能力與虛心，我們可以說，成人應該像兒童一樣生長，這兩句話，都是一樣真確的。」[39]可見，教師需要保持一份好奇心。有了好奇心，才會有求知欲。有了求知欲，才能跟學生共同成長，才能實現專業化的無止境的發展。

「外在論」的教育目的若不改變成「內在論」，我們便有理由相信，今天教師的狀態，就是明天學生的狀態。那麼，我們不禁要問問，當全民已「死」時，整個民族能有多大前途？

「人本身就是目的，他應當自己決定自己，絕不應當讓某種異己的東西來決定自己；他之所以應當是他所是的東西，是因為他希望成為這種東西，而且應當希求這種東西。」[40]這種內在論的思想，才是我應該所秉持的價值信念。

第六節　私立學校的極權管理

寫作背景：

對教育的研究，應該「跳出山界外」，從他它角度來審視教育。僅在教育內部進行的研究，其深度、廣度和角度都是非常有限的。教育深受政治、經濟和文化的影響，教育研究也應該有更為廣闊的視野。

[39] 同上，頁89
[40] 費希特《論學者的使命》，商務印書館，2008，頁9

教育管理屬於行政，跟國家政治有著千絲萬縷的關係。畢竟，校園政治只是國家政治的細胞，或是國家政治的一個縮影。對政治哲學和管理學有所瞭解，更有助於我們剖析學校的管理。

多年來，我一直嘗試著用政治哲學的眼光看待學校管理，運用系統論的思想去思考整個組織。什麼樣的組織構架才是最有效的？管理跟人性有什麼關係？極權與民主，各有何優劣？哪個更有利於生命的生長，有利於整個組織的發展？………這一系列的問題，總會讓我夢牽魂繞。

最近讀了漢娜・阿倫特的《極權主義的起源》後，我的感觸很深。聯想到中國的政治和教育，我禁不住寫下此節。

漢娜・阿倫特的《極權主義的起源》，是公認的研究極權主義的開山之作和政治哲學的名著。《極》書中的極權主義，主要包括德國納粹主義和史達林的大肅反，沒有包括中國的三十年共產主義運動。《極》書以「內部發行」的形式出版，足見其政治敏感性之高。《極》書的初版發行於1950年，時值中國的共產主義運動伊始之際，中國的極權主義政治來不及被包括在內。

三十年的極權主義意識形態，在中國留下了深深的痕跡。時至今日，極權主義管理思想仍然處處可見。在學校裏，尤其是民辦的私立學校，管理思想完全是極權主義。這套管理辦法，也可以稱為法西斯主義管理模式。

> 「極權主義……是一個毫無法紀的管理形式，權力只歸屬於一人。一方面是濫用權力，不受法律節制，屈從於統治者的利益，敵視被統治者的利益；另一方面，恐懼作為行動原則，統治者害怕人民，人民害怕統治者——這些在我們全部的傳統中都是暴政的標誌。」（頁575）

民辦學校一般採用校長責任制，校長的權力非常大。在這種情況下，校長的權力意識會不自覺地膨脹，經常幹些「違法亂紀」的事。

比如說，校長週末召集教師大會而分文不給。按理說，週末是法定假日，召開教師大侵佔職工的休息時間，那就應給教師適當補貼（根據《勞動法》，應給平時的300%的工資）。然而，校長卻可以不顧法律，濫用權力命令教師開會。

強迫教師晚上加班，若不按《勞動法》給予補貼，嚴格來講也是違法行為。如此一來，教師的利益經常受到校長的漠視，甚至是「敵視」。

在民辦學校裏，校長可以隨時炒人。教師怕校長，被侵權時也不敢提出異議。反過來講，校長在本質上也會懼怕教師。校長想從老闆和教育主管部分那兒多獲得利益，怕教師罷課出亂子壞了事。

如同教師是校長的工具，校長也是別人的工具。既然只是工具，必然也會怕被別人拋棄。

> 「只有在一個使人毫無自發性的傀儡一樣，僅能作出有所限制的反應，只有在這種世界裏，極權的權力才能獲得和維護。」（頁570）

民辦學校都是靠經濟利益來推動，而只有分數才能有經濟效益。為了提高升學率，必須高度規範教師的行為，讓其像台機器一樣自動地瘋狂運轉。在這裏，什麼文化、學術、思想等，對於民辦學校來說，都是無關重要的。教師不用多少思考或反應，也不需有主體性或能動性，只需像傀儡一樣工作即可。

在這種學校裏，校長的權力無限大，便會形成「一人思考，萬人作注」的局面。辦學是校長的事，一切由校長作主，教師沒有思考的權力，只需做一台機器即可。當校長權力無限大時，校園政治便是一種極權專制的政治。然而，作為領袖，校長的智慧真是無限的嗎？

當年，毛澤東把自己神化成有無限智慧，為中國社會帶來了難以估量的惡果。在當今臺灣，國民黨主席馬英九沒有無限智慧，卻不會妨礙臺灣的發展。因為，民主政治能充分發揮民智，彌補領導人的不足。

> 「分子化的個人形成的孤立狀態，不僅為極權主義統治提供了群眾基礎，而且孤立狀態一直延伸到整個結構的頂層。」（頁513）

極權主義的典型特徵就是使人孤立。在極權統治下，為了確保自己的安全，人們相互都不信任，從而使個體的存在總是孤立的。

在民辦學校裏，教師是沒有安全感的。一方面，教師面對高強度的工作，背負著升學的壓力，帶著被解聘的恐懼，根本不可能有安全感。另一方面，教師也必須謹言慎行。一句牢騷話，便可能讓教師面臨失業窘境。

在這種學校裏，教師也不可能有歸屬感，因為歸屬感的前提是有安全感。

然而，校長也是孤立的。他怕升學沒有搞上去，被老闆炒掉，或損失巨大，或丟盡臉面，或面對失業。校長把教師視為自己達到目標的工具後，對教師也不可能會有仁愛之心。換句話說，民辦學校的校長不會把教師當作朋友。他必須將自己塞進神龕，居高臨下地實行法西斯式的管理。

只要這套機制開始運作，人人便會生活在孤立之中，彼此之間沒有溫情和信任。

> 「恐怖只有對那些相互隔離孤立的人才能實施絕對統治，所以一切專制政府主要關注的事情之一就是造成這種孤立。孤立會成為恐怖的開端；它當然是恐怖的最肥沃土壤；它總是恐怖的結果。」（頁49）

若要馴服教師，首先是要造成教師的孤立感。

民辦學校普遍實行全面的封閉式管理和監視，整所學校都被裝有鐵絲網的圍牆所封閉。這種監獄似的環境會讓人感到自己與世隔絕，從而有一種無助感和孤立感。

在這基礎上，民辦學校還對教師實行高壓管理，進一步強化教師的孤立感。這種管理中，濫罵是家常便飯，對女職工動粗也不奇怪。據說，富士康職工若在上班時間說話，會被管理人員罵得狗血淋頭，甚至會被保安毆打[41]。個別人受辱時，多數人旁觀。下一次換個人，還是多數人旁觀。這種孤立感，便把所有人納入到管理者的軌道中。

人人都有孤立感後，便會更加屈從於極權管理。少數人看到多數人的屈服，產生孤獨無援之感後，也會開始屈服，以加入到多數人中尋得安全感——庸眾就是這樣的。可以說，極權與庸眾總是相伴而生的。希特勒深諳此理，便在德國實行了極權主義統治。他深知，庸眾像女人一樣沒有安全感。他們所需要的，只是外在的「強有力」的領導。

緬甸民主派領袖昂山素季曾指出[42]：「極權主義是一種建立在敬畏、恐怖和暴力基礎上的系統。一個長時間生活在這個系統中的人會不知不覺成為這個

---

[41] 在《富士康科技集團員工手冊》裏，僅僅懲處的規定就有127條之多，懲處的方式包括從警告、記過到開除處分等——上廁所超過10分鐘會被口頭警告；工作時聊天會被書面警告；消極怠工和罷工將會被開除；懲罰的內容除了形式上的，還包括扣績效獎、一段時間內不允許晉升，甚至是《員工手冊》允許之外的責罵、罰站、罰抄郭台銘語錄、當眾做檢討等方式。

[42] 昂山素季（臺灣譯為翁山蘇姬，港澳譯為昂山素姬，馬、新譯為昂山舒吉，拉丁轉寫：Aung San Suu Kyi，1945年6月19日－）生於緬甸仰光，是緬甸非暴力提倡民主的政治家。1990年帶領全國民主聯盟贏得大選的勝利，但選舉結果被軍政府作廢。其後21年間她被軍政府斷斷續續軟禁於其寓所中長達15年，在2010年11月13日終於獲釋。1990年獲得薩哈羅夫獎，翌年獲得諾貝爾和平獎。

系統的一部分。恐懼是陰險的，它很容易使一個人將恐懼當作自己生活的一部分，當作存在的一部分，而成為一種習慣。」在民辦學校裏，隨時隨地都彌漫著一種恐怖氣氛。這種恐怖，賦予了民辦學校以極權色彩。

「恐怖、強迫以及壓制是一種完全適合於管理牲畜的手段，而只有牲畜，才可能也必須在恐嚇、強制和壓迫下才被推動、驅趕或脅迫而進入一種與其現存不同的形式中。」[43]當民辦學校的教師被作為牲畜後，其生命便永遠也不可能成長起來。他們在校長眼裏，最多只是一匹騾子。

> 「在完全極權主義的政府裏，所有的人都變成了『一個人』……在可以完全依賴恐怖來保持運動的經常性的條件下，根本不需要與其本質相分離的行動原則。」（頁582）

為了提高升學率和工作效率，民辦學校的管理者會千方百計地把所有教師變成「一個人」。每人都在為學校的升學抓狂，保持著嚴格而統一的步調。對於校長而言，唯有把所有人變成「一個人」，這樣才利於控制教師。多樣化的個性發展，在民辦學校變成了「千人一面」。

通常認為，極權國家的效率比民主國家高。極權主義分子注重紀律，強調服從，憎惡民主社會的自由散漫，認為那是沒有效率的社會。日本敢於偷襲珍珠港，挑起太平洋戰爭，因為他們認為美國人貪圖享樂，沒有鬥志，是一群只會嚼口香糖，只能請雇傭軍打仗的紈絝子弟。

然而，歷史證明瞭，兩次世界大戰中，獨裁專制的國家都輸給了民主國家。這說明，民主國家並不一定弱。這是為什麼呢？因為民主管理能夠尊重人，而不是單純地壓制人，因而更有利於個體的自由發展，使個體更為強大。在戰爭形勢下，這些強大個體組合成的國家，斷然不會比極權專制的國家差。國家的強弱，根本在於個體的強弱。

一句話，極權管理的學校所追求的效率，皆以扼殺掉師生的生命為手段來實現。眼下，極權主義使整個中國教育都在瘋狂追求分數效率，那麼，這會為師生帶來什麼呢？

---

[43] （英）齊格・鮑曼《生活在碎片之中──論後現代道德》，頁187

第七節　從「學在民間」說起

導讀：

「學在民間」的現象，似乎是社會問題。然而，通過對這個問題的分析，我們便明白一點：極權主義政治造成了「學在民間」的現象，那麼學校的極權管理也會帶來同樣的問題。

在一所學校裏，教師應該享有讀書自由和科研自由。然而，當教師成為校長的工具後，教師在科研時便會簡單應付或抄襲，致使教育科研成為一種垃圾生產。

學術是一種生態，教師的教育科研也是一種生態。權力的運作可能對對於生態系統帶來致命的危害。

> 在自由的國家裏，一切都充滿著活力和發展，而在不自由的國家，所有的東西，都似乎在靜止不動。
>
> ——托克維爾《論美國的民主》

> 言論、思想自由是自由社會的偉大推動力，這樣，探索者才可能隨真理漫遊。
>
> ——羅素

雅斯貝爾斯曾說，「大學是一個由學者與學生組成的、致力於尋求真理之事業的共同體……就像教會一樣，它的自治權——這種自治權甚至都得到國家的尊重——是來自一個具有超國家、普世性特點的不朽理念：學術自由。這是大學所要求的，也是它被賦予的。學術自由是一項特權，它使得傳授真理成為一種義不容辭的職責，它使得大學可以橫眉冷對大學內外一切試圖剝奪這項自由的人。」[44]然而，中國卻出現了「學在民間」的現象——學術不在官辦學府，而是轉移到民間中去了。中國的思想家，與其說在官辦學府，毋寧說在民間。那麼，「學在民間」這一現象，是怎麼產生出來的呢？

---

[44] （德）卡爾‧雅斯貝爾斯《大學之理念》，上海人民出版社，2007，頁19

「學在民間」的出現，主要是因為官方強行收買了學術，造成學術不自由。學術無法在官府生存，只有逃離到民間的寬鬆環境中去。現在的官辦學府中，只剩下一些「有機知識份子」或「雅各賓型」知識份子。他們只為稻粱謀，其工作是為官方炮製意識形態。

這種解釋看到了現象，還沒有對現象進行高度抽象。對於「學在民間」現象，我們也可以從哲學層面，從世界觀的角度來探討分析。

19世紀，世界思想在經濟學中出現了變化的契機。從達爾文的《物種起源》開始，一直到20世紀五十年代，生物學世界觀開始風起雲湧。物理學開始讓位於生物學，由其來主導哲學了。開放的世界是一種自發秩序，或自組織結構。這便是生物學世界觀的主要思想。

生物學認為，生命的基本單位是細胞。從單一的微觀生殖細胞成長為高等有機體。通過胚胎發育的過程，每個細胞追求其自己的生命，同時每個細胞又在不斷地調整自己的生長，以符合其相鄰細胞的生長，結果就是產生了和諧結構的整體。

根據生物學的世界觀，挑戰和幹擾是組織和再組織的理由（也就是皮亞傑的趨向再平衡化的『驅動力』）；從系統論來看，開放系統的運動需要幹擾，只有混沌和幹擾才能出現再組織。每一次再組織，生命就會進入又一個高水準階段。「整個物種的進化，可以認為是產生於生命物質在外部的複雜環境下，持續達到的內在均衡的過程。」[45]生命物質會根據外部環境進行不斷的自動調節，持續達到一種內在均衡的過程，實現生命體的發展與進化。

無疑，哈耶克的自發秩序思想也屬於生物學的世界觀。哈耶克從經濟領域的角度切入，通過自發秩序和人為秩序的概念來剖析封閉社會和開放社會，得出了作為人為秩序的計劃經濟必然是「通往奴役之路」的結論。其實，自發秩序的觀點也可以解釋學術自由。

什麼是學術自由？學術自由是指，學者或科研者可以自由地選擇探究的問題和自由地從事研究，以及可以在各種場合自由表達自己的見解。也就是說，每個學者能夠自己選擇研究領域，並能夠自由地發表或講解自己對該領域的觀點。學術有自己的內在邏輯和目的，不應該受外界的人為控制或影響。然而，在被強行收買後，學術自由便失去土壤，開始自發地進入民間，重新尋找生存環境。

學術的領域有很多，我們現僅以科學為例。眾所周知，科學可以分為兩類：純粹科學和應用科學。前者主要是理論研究，後者主要是應用研究。搞理

[45] 邁克爾・博蘭尼《自由的邏輯》，吉林人民出版社，2002，頁169

論研究的科學家，都是純粹地「為科學而科學」，「為真理而真理」。然而，他們有各自的經驗背景、知識結構、性格特徵、精神氣質及個人偏好等等。在這種情況下，最好的辦法就是給予科學以充分的自由。有了這種自由，個人可視自己的實際情況（包括學術前沿的動態等）來選擇研究領域，大家的合力就會帶來一個和諧的研究隊伍。這個過程，如同細胞的生長，市場經濟的出現，屬於一種自組織過程。

哈耶克認為，在很多人看來只有通過決策才能做到的事，可以通過個人之間的不自覺的自發努力而做得更好。「如果人們想發揮他們自己的天賦，那麼他們的責任範圍的確定或界分就必須出自於他們自己的活動和計畫。」[46]一旦成為官方的奴婢或御用槍手，學者便不可能擁有研究的自由。然而，卓越的學術成就不是依靠指派任務或劃分責任，只能通過讓每個學者都有發揮天賦的自由來取得。

官辦的研究機構，以計劃性為其顯著特點。一個計劃性的研究機構，一年到頭都會填寫研究計畫的表格，分派研究任務，規定研究領域。但是，分派的研究任務可能並不適合承擔任務的個體。集中力量雖然也能搞出一些研究，但這不能解決根本問題，也不是長久之計。

以「戰時共產主義」為例。蘇聯曾採用過「戰時共產主義」政策，集中資源發展支柱產業，為打敗德國奠定了工業基礎。蘇聯的「計劃性經濟」帶來的短時高效的發展，曾給世界吹來一陣清新的風。人們以為找到了社會發展的新途徑，整個世界都曾為之一振。然而，共產主義實驗的慘敗，讓人們看到了「戰時共產主義」的危害。這種政策只能用於戰備或戰爭期間，否則會貽害無窮。在「二戰」期間，英國也使用過類似於「戰時共產主義」的政策，整合全國力量贏得了戰爭。但是，英國畢竟不是計劃經濟國家，不可能永遠堅持「戰時共產主義政策」。總之，控制，只能是小範圍的。大範圍的控制，只能是暫時的。在科學研究領域，長期實行大範圍的控制，其結果只會殺死科學。

「對於科學追求之組織惟有一種方式，那就是給予一切成熟的科學家以完全的獨立。這樣，他們會把自己分配到可能發現的整個領域，每個人都把自己的特殊能力運用到對他而言最為有益的任務上面。」[47]通過集中力量搞計劃性的研究，蘇聯搞出了氫彈等先進武器，甚至率先發射了衛星，但其科技水準永遠不可能趕上美國，這是蘇聯的計劃性科學研究所決定了的。我確信，羅素大概說過這麼一句話：蘇聯若是這樣搞下去，我敢打賭，蘇聯三百年不可能有

[46] 哈耶克《個人主義與經濟秩序》，三聯書店，2003，頁24

[47] 邁克爾・博蘭尼《自由的邏輯》，吉林人民出版社，2002，頁98

什麼進步。蘇聯模式不利於社會進步，羅素對其顯然是持嗤之以鼻的態度。威廉・鮑莫爾等也認為：「中央計劃經濟就其本質而言不利於任何突破性技術創新，1958年發射了人造地球衛星的『蘇聯空間計畫』可能是一個唯一的例外。但是，這是一種國家社會主義最擅長的事情：為了一件具體的甚至很有限的目標，通過命令和控制而進行大規模活動。它幾乎不能帶來任何長期持續性的經濟益處。」[48]

楊振寧寫過一本書，叫《讀書教學四十年》。在書中，作者認為科研有兩種方式：一種是「攻關科研」，一種是「散兵科研」。作者認為，攻關科研有其意義，是可以搞的。尤其是一些落後國家，更有必要集中科研能力搞一些攻關，以使國家的科技水準實現整體性的提高。比如，中國運用「攻關科研」搞出了原子彈。然而，作者更加強調「散兵科研」的重要性，因為真的有突破性的貢獻，絕大多數不是用攻關式的方法發展出來的。「攻關科研」的主要問題在於：「你必須知道一些具體的問題後，才能提出一個『關』，要不然你看不出那個『關』是什麼問題。而真正科技裏面的發展，很多新東西就是因為當時多半的人都不知道那裏面有問題，而被少數人提出來，所以才能有突破」。

在講述兩種科研方式時，楊振寧還講到了宋人呂本中強調的念詩方法。呂認為：「字字要活，活則字字響。」意思即是，若能一個字一個字都活，那麼每個字都可以響。若要讓每個研究人員都能發揮自己的才能，形成整體的優勢力量，那就必須把研究的自由還給每個研究人員，允許和鼓勵「散兵科研」。楊振寧所說的兩種科研，不僅可以印證我的觀點，而且作為作為對我的觀點的補充。

顧准主張完全的民主，因為科學精神要求民主。什麼是科學精神呢？顧准認為，科學精神包括以下五點內容：

1、承認人對於自然、人類、社會的認識永無止境；
2、每一個時代的人，都在人類時代的寶庫中添加一點東西；
3、這些知識，沒有尊卑貴賤之分；
4、每一門知識的每一個進步，都是由小而大，由片面到全面的過程；
5、每一門類的知識技術，在每一個時代都有一種統治的權威性性的學說或工藝制度，但大家必須無條件地承認，唯有違反或超過這種權

[48] 威廉・鮑莫爾等《好的資本主義、壞的資本主義以及增長與繁榮的經濟學》，中信出版社，2008，頁112

威的探索和研究，才能保證繼續進步。所以，權威是不可以沒有的，權威主義則必須打倒。[49]

顧准已看到，權威主義已對科學進步構成了阻礙，所以呼籲打倒權威主義。「學術自由和思想自由是民主的基礎，而不是依賴于民主才能存在的東西。因為，說到底，民主不過是方法，根本的前提是進步。」[50]要實現科學的進步，民主才是必須採用的方法。

學術被收買後，便可能沒有科學理論的研究，而只剩下應用科學的研究了。中國沒有理論研究成果，只能把別人的理論成果應用工農業生產。世界上公認的創新型國家有20個左右，其共同特徵是：創新綜合指數明顯高於其他國家，科進進步貢獻率在70%，研發投入占GDP的比例一般在2%以上，對外技術依存度指標一般在30%以下。顯然，中國不屬於創新型國家。只能或買或盜別人的理論成果，中國怎麼可能成為創新型國家呢？中國沒有世界級的思想家和科學家，與其說歸咎於教育的問題，或長期的窮困歷史，不如說是一個政治問題——因為意識形態破壞了學術自由的內在邏輯。

生物系統中的自組織概念，對適應和進化的生物學概念、皮亞傑的平衡理論以及普利高津的混沌概念來說，都是非常關鍵的思想。我們也可以將學術圈視為一種生物系統，其基本特徵便是各部分相互作用和聯繫，動態並自主地調整與系統整體的關係。學術圈內的個體，都會依照具體情況進行自組織。這種自組織，是個體無意識的，但卻是世界的本真面目，因而也是最合理的一種狀態。

為什麼第二次工業革命會發生在德國？為什麼德國能夠開始崛起？因為德國統一後，政府致力於搞開放教育。當時，德國政府辦學的宗旨是：僅為大學提供資金，從不幹預學術。難怪有人說，德國的崛起早已被寫進了教科書，早已由教育所決定。研究者個體不能付擔昂貴的科學實驗設備，官方有必要為其提供獎金與設備，卻不能以「指令性計劃」來幹預學術。大規模的幹預，只能培養出平庸，浪費掉公共資金。中國的科研經費大得驚人，可是卻沒有帶來先進的科技水準（這當然也有傳統文化的問題）。

以教育研究為例。意識形態控制了教育，讓教育成為政治的奴婢，致使教育研究不能自由。這樣，上級每年撥發的研究經費所產生出的，可能僅是垃圾，而不是真正的學術成果。在學校裏，校長的權力無所不在，教師文化卻無

[49] 《顧准文集》，中國市場出版社，2007，頁234

[50] 同上

人問津。即使教師做點研究項目，也主要是上級「強行」安排的，因為，教師的草根文化還沒發展起來時，權力的運作便會占上風。

如前所述，共產主義社會強調控制與幹預，這不僅會遏制經濟的發展，也必然會給學術帶來災難，給科學發展帶來障礙，使社會不可能得到發展。當年，羅素曾引用科爾的論述說：「貧窮只是症狀，而奴役才是病根。富與貧這兩極是壓迫和被壓迫這兩極的必然產物。許多人不是因為貧窮才受奴役，而是因為受奴役才貧窮。」[51]因此，中國要想進入強國之列，必須讓意識形態永不染指學術，讓思想能夠享有真正的自由。

最後，我們還是來思考一個問題吧：為何發達國家一般都是民主自由的國家？為何貧窮國家往往都是獨裁專制的國家？

第八節　奴才與接班人

導讀：

極權專制者吹噓它培養出來的學生是「又紅又專」的，可以建設人間天堂的「接班人」，然而，事實確鑿無疑地證明瞭，這些學生大多都是腦殘或智障。因為，極權專制主義的教育，培養的必然是奴才和工具。

教育若是培養了「大寫的人」，必然會危及極權專制制度。為了維持這個吃人的社會，教育只是一種「殺人」的勾當——被愚化了的中國人，斷然不知自己的生命意義及價值。

2004年10月，清華大學美術學院教授陳丹青向學院提交辭職報告。他看好的博士生屢屢因為外語、政治等課程不過關，而與自己失之交臂。「為什麼有藝術才華的學生，我們硬要他們每門學科都得考120分？而每門學科都能考120分的學生，往往又沒有藝術方面的潛力。」我記得他這樣抱怨說。他表示，他不認同現行人文藝術教育體制。「當我對體制背後的國情漸有更深的認知，最妥善的辦法，乃以主動退出為宜。」陳丹青的退出，引發了一場對教育體制的聲討。

[51] 伯特蘭・羅素《自由之路》，西苑出版社，2009，頁94

透過「陳丹青事件」，我們不禁要問問：我們為何硬要學生各門學科都必須考120分？難道說，每門學科都考上120分，才算是「社會主義的接班人」？學生必須學習考試科目，不能按照自己的意願去發展，必然會喪失自己的個性，最終成為一種工具或奴才。此時我們便會有發現：原來，「社會主義的接班人」只是工具和奴才的代名詞，根本不是什麼接班人。有人炮製出「接班人」的概念，只是怕人識破了自己想奴役民眾的陰謀。

無獨有偶，我最近偶然看到了熊丙奇先生的一篇《一個中國「差生」在加拿大的轉變》。在文中，他講述了一個中國女生轉學到加拿大後的奇跡。

有這樣一位中國女生。她的成績全年級倒數第一，飽受老師和同學的歧視。她很喜歡藝術，但學校卻強迫她學習不喜歡的科目，偏偏不開設藝術課程。她呆在學校裏，只能過著度日如年的日子。

初一結束時，父母只得送她出國念書。沒有想到，三年之後，她的學習規劃竟是今後申請美國羅德島設計學院——在美國名列前茅且享譽全球的著名設計大學。對此，她覺得有超過九成的把握申請成功。在溫哥華，她獲得了青少年藝術大賽的第一名，藝術的天賦在三年的學習中，得到充分的施展。

在加拿大，九年級（對應國內的初三）就有實驗性的選修課，學生們可嘗試選修，以發現自己適合學什麼。進入10年級之後，有的學校有多達上百門的選修課程。比如，學表演的就有10多門選修課，學音樂的也有10多門選修課，這些選修課都可以作為高中畢業的成績。她喜歡美術，也就在九、十年級選修了多門課程。至此，她便感覺到自己的生命煥然一新，而且最終成就了自我。

通過這個女生的故事，我們可以發現，中國教育中所謂的差生，其實都不是差生。中國教育的宗旨是培養「社會主義建設的接班人」，實際上卻是通過整齊劃一的考試制度來使學生平庸化。因為唯有成為庸才和奴才，學生才能成為「社會主義建設的接班人」。一個極權專制的國度，總會千方百計使民眾整齊劃一，個性都會被視為對「和諧」社會秩序的威脅。這是「大一統」的專制本質所在。因此，在中國，有個性的學生大概會有四種情況：要麼考不上大學而被打入社會底層，要麼成績太差而跳樓自殺，要麼被迫遠走他鄉去尋找自我，要麼就是還在娘胎裏沒有生出來。

眾所周知，每個生命都必須按自己的邏輯成長，才能臻於自己的生命巔峰。也就是說，生命必須有成長的自由，才能把自己的才華發揮出來。然而，中國教育卻是壓制個體生命，強迫學生學習不喜歡的科目。一味地通過應試來培養「社會主義建設的接班人」，使得教師也成了教學機器。教師更加關注成績優秀的學生，不能認識到中國教育的本質，也無法公正對待所謂的差生。

前面那個「差生」，何以能在加拿大獲得成功？在加拿大，學生竟有100多門選修學科。為了發現學生在哪些方面有特長，學校開設了大量課程，以逐漸引導和培養學生的個性。也就是說，民主國家為人的成長提供了自由的空間。要讓學生能夠成就自己，實現自我，唯有取決於民主和自由。

從女兒小時候開始，我便積極鼓勵她發展自己的個性。有段時間，她愛上了舞蹈，我便送她去學習舞蹈；另一個時候，她又迷上了鋼琴，我也積極鼓勵她去學。我深知，我應該考慮到她的多種可能性。我必須為她提供各種機會，看看她能在哪些方面有所發展。後來，女兒在舞蹈和鋼琴上沒有了興趣，也沒有什麼成績，這說明她在這些方面沒多大天賦，於是我便允許她放棄了。對此，我不認為有什麼大不了的。我以為，我只能為孩子提供多樣化發展的可能性，而不能硬性強迫她去練習。我對中國教育有深刻的認識，知道中國教育的「吃人」的本質。我只希望女兒成為她自己，而不要讓她成為「社會主義建設的接班人」。

在一個自由民主的國度裏，每個生命的發展都會受到重視，都可以得到發展的空間。只有在中國，才會出現這麼多「差生」。然而，中國的「差生」本來不差，他們甚至可能是天才，只是被中國教育塑造成「差生」了。說到底，中國教育培養的不是人才，更不是天才，而只是庸才或奴才。對於這些庸才和奴才，官方卻冠之以一個「光榮」的稱號——社會主義建設的接班人。

第九節　課堂預設的極權主義取向

導讀：

作為造物主的神，不僅創造出大自然的生態，也創造出了社會、校園和班級的生態。無論哪種生態系統，都會通過自動進化來實現自己的生存。任何權力的幹預，都會對生態系統帶來影響，甚至是造成破壞。值得我們警惕的是，極權主義領袖往往會「以善的名義」幹預生態系統，強行推銷自己的真理。為了實現達到這個目標，極權主義領袖便開始為社會改造進行預設，強調自己是為了國家、民族，乃至是整個人類。

在極權主義課堂教學上，教師便是這樣的一個領袖。對於這點，教師尤其需要自我警醒。

預設之後是控制，二者都有極權主義取向。我不是完全反對預設，也承認課堂教學需要一點預設。我們要走的，只是普利高津在評論確定性與不確定性時說的「一條窄道」。

當然，預設到什麼程度，便是教師應該思考的問題了。

春節前夕，我在成都出席了「《第一線向前進》2012教育促進會」。在會上，很多教師都作了精彩的主題發言，範美忠也談到自己的教學觀念。他的切入點是從真理觀，然後談到課堂教學的生成性。由於我們有過很多對話與交流，他的發言對於我而言沒有多大新意，如同我的觀點對他沒有新意一樣。不過，他的發言還是讓我想就課堂教學的預設性多說幾句。然而，會場上我沒有發言機會，現在只得以私下寫作的方式來表達。

在我看來，預設性這一概念，從其誕生起便沾染上了濃厚的極權主義色彩。極權主義有個特徵，便是有一個領袖的出現。無論是德國的希特勒，還是蘇聯的史達林，或是中國的毛澤東，都具有這個特點。極權主義領袖來本具有浪漫主義氣質，希特勒早期在奧地利學過藝術，毛澤東卻是一個地道的詩人，都有著藝術家的精神氣質。在他們眼裏，整個社會被視為一塊畫布。在這塊畫布上，他們要為社會畫出一個美麗藍圖。

當然，領袖也有理性精神，而且他們認為自己的理性高於民眾，甚至說完全是神的化身，才會為社會發展設計出一個宏偉藍圖。極權主義領袖的出現，通常會伴隨著狂熱的個人崇拜。民眾的頂禮膜拜，讓領袖堅信自己就是神的代表，自己的理性是不會有誤的。他們強迫民眾接受自己的理性，這本身就是一種獨斷論的表現，而所有極權主義都是一種獨斷論。當他們的浪漫氣質與理性精神結合起來時，便可能催生出極權主義。因此也可以說，極權主義是浪漫主義與理性主義媾和後產下的謬種。「美學模式套在政治上」，「政治領袖可以是一個崇高的藝術家，能夠依據他的創造性設計來塑造人」等等，都是被以賽亞·伯林稱為的「浪漫運動的怪誕錯誤」。[52]

同樣地，若將課堂教學進行全方位的預設時，教師便會成為極權主義領袖。教師自認為自己掌握著真理，便要強迫學生接受自己的真理。教師在進行預設時，心中會有一個美麗的藍圖。他會盤算這堂課的教學效率，想著能在多

---

[52] 參見以賽亞·伯林《扭曲的人性之材》，譯林出版社，2009，頁239

大程度上完成教學計畫。假如教師對課堂的預設是完成教學任務，那麼領袖對社會發展的「預設」便是完成一項社會改造工程。二者之間沒有本質的不同，只是極權主義思維的應用領域不同而已。

有了想法，便會去實施；有了預設，便會去控制。對於某些「不和諧」因素，極權主義必然採取「清洗」政策，比如德國的「最終解決方案」對猶太人的屠殺。美國作家辛西亞・歐齊克主認為：「德國的最終解決方案是一種美學解決方案；它是某種編輯工作，它是畫家的手指揮去的汙漬；只是消除被認為是不和諧的東西。」[53]在極權主義課堂上，學生的質疑或對話都會被視為對效率的幹擾或「不和諧」因素而加以消滅或「清洗」。可見，預設和控制相輔相成，是極權主義課堂的兩隻魔爪。

羅素曾說：「有計劃的建設所帶來的歡愉，是那些要把智力與權力結合在一起的人最強大的動機之一；不管什麼東西可能按計劃來建設，這種人就會努力建造它……創造的欲望本身並不是理想主義的，因為它是熱愛權力的一種形式，當存在這種創造的權力時，有時就會打算利用這種權力，即使不假外力的大自然所產生的結果，能夠勝過任何精巧的意圖。」顯然，羅素的觀點是強調領袖的權力欲。當領袖享有進行宏大工程時，他便要努力實現它，因為權力欲驅使著他這樣做。這個觀點跟福柯的觀點比較相近。福柯認為，權力與知識是可以轉換的，領袖的權力便可以變成某種真理。他在《規訓與懲罰》中曾說：「我們應該承認，權力製造知識；權力和知識是直接相互連帶的。」

在知識與權力的問題上，法國哲學家吉爾・德勒茲也頗有洞見。他認為：「權力是在知識形式之間或下面穿過的無形的成分，因之稱為權力的微觀物理學。」[54]教師在傳遞知識時，隱含著無形的權力運作。德勒茲將權力運作稱為「權力的微觀物理學」，這點跟我們在前面談到的物理學世界觀有異曲同工之妙。

請注意羅素的最後一句話——「不假外力的大自然所產生的結果，能夠勝過任何精巧的意圖。」生態系統是上帝的鬼斧神工之作，其精巧程度已達到無以復加的程度，遠非人工所不能比擬的。然而，問題恰恰便在於，領袖擅自把自己變成了神，並取而代之。領袖的錯誤在於，他知道自己不是神，無論自己多麼有計劃，始終都不可能成為神。

作為一種生態系統，課堂也是上帝的作品，而不是教師的作品。既然如此，課堂生態充滿著不確定性、斷裂、偶然性，以及若干「分岔」，跟大自然

53 （英）齊格蒙・鮑曼《現代性與大屠殺》，譯林出版社，2011，頁1
54 （法）吉爾・德勒茲《哲學與權力的談判》，商務印書館，2005，頁112

的進化是同樣的。範喜歡用「分岔」一詞，而他思維敏捷語速特快，經常不經意跳過這個概念，沒作較為細緻的解釋，可能會弄得某些聽眾一頭霧水。

所謂「分岔」，是指生態系統在進化到一定程度時進行的一個選擇。以中國社會為例。在國民黨統治時期，1927—1937年出現過「黃金十年」。在這段時間裏，中國的經濟恢復得非常快，然而，卻很快又被「抗日」戰爭所破壞。學界認為，若那樣再繼續一二十年，中國完全可能走上自由民主的道路。1949年，中國走向了極權主義道路，整個社會生態遭到了嚴重破壞。1978年，中國開始改革開放，融入世界潮流之中，走向了另一條進化的道路。前面提到的幾個年代，其實都是一個「分岔口」，中國的社會生態系統處於選擇的關鍵之處。如果選擇有了錯誤，與環境不適，它便會進行重新選擇，確保自己的生存。中國目前的強大，只是幾次進化中的選擇結果而已。

當然，一旦在「分岔口」進行了選擇，進化到更高水準後，生態系統便不可能倒退。即使有人希望再回到文革時期的極權主義時代，那也是不可能的事了。同樣地，課堂生態若進化到高水準，是各種因素合力造成的偶然結果。此時，課堂不可能重新來過，這就是「好課是不能複製」的深層原因所在。

課堂教學的預設性，其極權主義的取向會完全破壞掉課堂生態。教師完全主宰課堂後，便會變成極權主義領袖。教師將權力轉換為真理，在計畫出課堂教學的效率後，將課堂隨心所欲地操控，把學生變成了自己的工具。其實，中國教師本身太孬，並不懂得什麼真理。他們只是極權主義工具，被這個極權主義的社會制度所操控，而他們竟然對此毫無所知。真正的獨斷論者，不是愚昧的教師，而是那些將民眾視為羊群的牧羊者。

師生互動進行民主對話，共同探索真理的課堂，雖沒有所謂的效率，然而這才是真正的生態課堂。在這兒，每個生命參差不齊，卻都能自由地成長，最大限度地實現自我，共同創造出一個美麗的課堂生態。

第十節　校園中的後極權主義

導讀：

一個極權社會，是一個充滿著謊言的社會。在這裏，「瞞」與「騙」是人們的行為常態，都成綁架上了謊言機器。面對漫天的謊言，即使有人心裏明白，可沒人能在現實中逃脫「瞞」與「騙」的浸染。

為什麼會這樣？這個社會裏有著什麼樣的機制，可以讓所有人習慣「瞞」與「騙」？在一個充斥著謊言的社會裏，教育又會是怎麼樣的呢？

這是一個人吃人的制度。教師吃著學生，校長吃著教師，上級吃著校長……。

這個制度的運行機制是什麼？——謊言。

教師如何才能避免吃人？——活在真實中。

真實（生活）的細胞逐漸浸透充斥著謊言的生活的軀體中，最終導致其土崩瓦解。

——哈威爾

高考來臨之際，教室四面到處貼滿著標語。「衝刺高考」、「迎接國家選拔」、「高考代表國家意志」等陳詞濫調，充盈了學生的視線。對於師生來講，這些標語只是符號。通過張貼這些標語，學校和教師掩蓋了自己的價值判斷和權勢者的不可告人的目的。它用某種高尚神聖的符號遮蔽了真實的現實，而這個符號便是意識形態。

馬爾庫塞曾經區分過兩種國家機器：鎮壓性國家機器和意識形態國家機器。前者大量並重點地運用鎮壓，包括了員警、軍隊、監獄等機構，「構成了一個有組織的整體，它的不同組成部分受到一個統一體的集中指揮」；後者「是多樣的、彼此各異的、『相對獨立的』」，包括教育機器、宗教機器、家庭機器、文化機器等。顯然，教育是一種沒有血醒暴力的國家機器，屬於意識形態國家機器。作為現代版的教會，教育承擔著灌輸意識形態的重任。馬爾庫塞說，學校給人傳授用意識形態包裹起來的『本領』，「無非是以保障人們對占統治地位的意識形態的臣服或者保障他們掌握這種『實踐』的形式進行的。所有那些你們事生產、剝削和鎮壓的當事人，更不用說那些『意識形態專家』（馬克思語），為了要『憑良心』恪盡職守，都必定以這樣那樣的方式『浸染』在占統治地位的意識形態當中。」[55]

馬爾庫塞指出，個體的「觀念就是他的物質的行為，這些行為嵌入物質的實踐，這些實踐受到物質的儀式的支配，而這些儀式本身又是由物質的意識形態來規定的——這個主體的觀念就是從這些機器裏產生出來的。」[56]馬爾庫塞所說的「物質的」，包括了不同的形態：跪拜、祈禱、凝視等各種物質性。顯

[55] 馬爾庫塞《哲學與政治》，吉林人民出版社，2011，頁362

[56] 同上，頁359

然，意識形態的運作，是通過權力制度內部的儀式交流來實現的。校園裏的交流儀式，包括標語、口號、集會、班會、升旗等，使權力運作得以實現，同時也使意識形態開始生效。觀念的存在被納入了實踐的行為，而實踐都受到儀式的支配。因此，這些儀式歸根結底又是由意識形態機器來規定的。

意識形態是極權主義和後極權主義的劊子手。哈威爾認為，後極權主義時期，「權極主義的原始動力」已經衰竭，「革命的總發條已經鬆動」。在後現代社會裏，拜金主義、消費主義也開始滲入意識形態，控制著民眾思想意識。後極權主義依靠極權主義的慣性運轉著，意識形態仍然維繫著社會的穩定。這種意識形態以恐懼和謊言為核心，使整個社會成為一種專制制度。所謂專制，哈威爾認為是指「一小撮用武力攫取政權的人，他們的權力是公然的、直截了當的，專制者們隨心所欲地使用手中的權力，他們與大多數統治者之間的分野涇渭分明。」專制制度依靠各種官僚體制、等級制度和種種間接手段來實現整體運轉，其代價必然是巨大的：民眾必須犧牲自己的理性，良知和責任感——中國歷史和現狀，已確鑿無疑地證明瞭這點。

意識形態的運作，必須通過權力運作來實現。根據福柯的觀點，權力的運作來自話語權，即「真理即權力」。當某種話語道出「真理」時，它便籍此享有了權力。福柯認為，龐大的權力機器會伴隨著意識形態的生產。意識形態總是權力通過知識的生產而產生，這樣在權力、知識和意識形態之間，便形成了一種三角關係。正如福柯在《必須保衛社會》中指出：「權力，當它在自己細微的機制中運轉時，如果沒有知識的形成、組織和進入流通，或者毋寧說沒有知識的工具便不能成功，那麼就不需要意識形態的伴隨和建構。」

同樣地，教師的「理的擁有者」的身分，賦予了教師在教室中的權力。作為一個完全自閉的文本，官方意識形態話語只是單向傳遞，不允許民眾質疑和挑戰，也就阻斷了官民之間的互動。通過壟斷的媒體，官方用納稅人的錢，將其強行地灌輸給民眾。根據這個文本，官方代表了世界的普遍真理，代表了歷史發展的規律，代表了民眾的一切。這種「真理擁有者」的身分，賦予官方以權力。

權力的開始運作，先是從外部引入。在《當好人作惡的時候》一文中，社會心理學家贊巴杜總結了權威引誘好人作惡的十個條件因素，這十個條件因素軟硬兼施，威脅和誘惑俱下，同樣適用於教師。比如說，他們起初會用一些高尚的目標來誘惑和壓制教師，如「教師是人類靈魂的工程師」、「培養社會主義建設的接班人」，云云。教師認可這些目的，同時也開始面臨威脅（比如失業）。此時，權力運作便宣告形成。權力開始轉向由內部產生，人們變成權力的活躍的一部分。

當權力從內部產生後，權力開始滲透到社會各個角落。在這裏，人人在不同形式和程度上都成了制度的支持者和受害者，包括國家最高領導人。教師天天抓分數，日日念高考，表面上都成了高考制度的支持者，不過同時也是受害者。河南某中學每日強迫學生學習18小時，這就意味著，不僅學生要學習18小時，教師也要在教室裏守足18小時。校長監督教師工作18個小時後，也總會有人來監督校長。這樣推論，人人都成了支持者和受害者。控制他人的結果，自己卻成了欲達目標的工具，整個社會也就充斥著控制和受控制。

我說恐懼，想必教師們都已體驗。國家搞高考制度，教師若不配合，就會面臨尊嚴的喪失，甚至是失業，至少也要受到經濟上的處罰——獎金和津貼的發放肯定要少一些。四川省綿陽市的學校，每次考試下來，都會把成績不好的教師張榜公佈，進行當眾嘲諷和傷害。毫不誇張地講，教師每天都是活在恐懼與壓力中。

面對這樣的恐懼，教師要生存下去，必然會採取「用謊言換麵包」的策略。教育的核心是高考制度，教師若不抓高考，就是反對我黨的教育。我黨永遠「偉大、光榮、正確」，代表了國家和民族利益，反對我黨就是反對民族與國家，所以不抓高考者就是人民的死敵——槍斃了也不足惜！「天衣無縫」的邏輯可輕易制服教師，讓教師犬儒化起來。於是，教師便會開始哄騙學生，說什麼「你要努力學習，為國爭光」，或「你要考大學，我可是為你好啊！」通過這些瞞和騙，人格已經異化的教師使學生的人格也異化。做穩奴隸的教師，也強迫學生學會做奴隸。

這樣，通過權力的運作，師生都被圈入權力範圍之內。其結果，師生難以實現他們的人性，只得放棄自我和人性，受制於整個系統，變成系統的鏍絲釘和權力的僕人。在這種制度下，官方不是僕人，而是民眾的家長。全民失去了自我，成為了服務於少數統治者的工具。至此，隱秘的專制統治已宣告實現。

那麼，教師如何在這種恐懼與謊言的生活？既然社會生活以謊言為主，那麼在真話中生活就是對它最根本的威脅與瓦解。所以，良知未泯的教師應做到「生活在真實」中，勇於面對來自權力的恐懼，盡可能「用真話換取麵包」——儘管麵包可能會少點，也應該學會真實地生活。自己的努力微不足道，可每個人的努力會成為瓦解專制統治的巨大力量。一個有責任感的教師，會通過盡自己的微薄之力，來促進社會的變革與進步。

第十一節　班幹部制度是一種極權主義制度

導讀：

在一個極權主義社會裏，無處不在的權力運作使每個個體都面臨著被「體制化」。在班級裏，班幹部制度是班主任的權力運作的一種輔助形式。通過班幹部制度，極權主義實現了對每個學生的收編和控制。

在班級中讓學生進行民主自治，可以對抗和瓦解班幹部制度中的極權主義。一個公民社會的出現，需要班主任在思想上的覺醒和在教育中的努力。

民主自治意味著自組織。對於班級生態而言，自組織是班級生態實現進化的關鍵條件。班主任的極權主義管理，必然會使班級成為一個「死班級」。

2011年12月，一件事在網路上引發了一點風波。童話作家鄭淵潔在微博上稱，小學班幹部制度是在培養「漢奸」，並列舉三個特點：為強權效力、告密、奴役同胞。鄭淵潔的觀點引起網友的爭論。一些專家稱「小鬼當官」並不可怕，可怕的是從小就耳濡目染的階級觀念，提倡學生通過民主選舉產生負責人。

據說，隨後《廣州日報》官方微博作了一次調查，1015人參加了投票。其中，45%的網友呼籲取消班幹部制度，讓孩子們平等成長。13%的網友認為，不該取消班幹部制度，因為它能提高孩子們的綜合能力。38%的網友則認為問題的根源在大人。

坦誠地講，鄭淵潔還算是看到了某些現象，比如「為強權效力」等，但他用「漢奸」一詞並不準確。我認為，相比之下，「奴才」或「工具」可能更為貼切。「漢奸」一般指賣國求榮的人，極權主義造就的是奴才或工具，而不應該是「漢奸」。班幹部可能會滋生出階級意識，但這不是我要說的重點。下麵，我只想說說鄭淵潔說的三點。

眾所周知，共產主義的意識形態是一種左翼極權主義。這種極權主義無孔不入，早已滲透到了社會的每個角落。國家權力派校長管理學校，校長派班主任管理班級，班主任又派班幹部協助管理班級。在班級裏，同學若有不良行為或「反動言論」，便可能會被班幹部「告密」。班主任聞知後，肯定會通過懲罰來把學生規訓起來，以保證班級的「和諧」氛圍。同時，學校對班主任的考核標準，也是看看班級是否「和諧」，有多少違規行為等等。有這些繩索套在身上，班主任便只能按要求來管理班級。尤其是一些還處在蒙昧狀態中的班主任，把極權主義思維運用到了極致，處到宣揚事無巨細的「精細化」管理思想，全然不知自己對生命犯下的罪惡。

法西斯主義和共產主義，右翼和左翼極權主義，都有「先鋒隊」組織。當然，共產主義的先鋒隊就是「少先隊」和「共青團」。這些先鋒隊為其他學生樹立起為國家奉獻的榜樣，但同時也會監控他們的行為和言論。在高中階段，班幹部還可以成為「預備黨員」。可以說，這些先鋒隊只是官方培養出來的鷹犬，或是用來監控民眾的耳目，而告密則是鷹犬的日常行為而已。

極權主義還有一個共同之處，那便是設置「宣傳部」，其主要目的對民眾進行意識形態的監控和灌輸。同樣地，班幹部中一般也有一個「宣傳委員」，其大致作用也是如此，即保證學生的「思想純潔」。班幹部制度的極權主義色彩，從中可見一斑。

可以說，班幹部跟社會上到處林立的黨支部一樣，目的都是用來管理和監控民眾。作為極權專制的根基，它們共同構成了極權專制的大網。至於國外有沒有班幹部，我沒有詳細研究過，當然我不能太武斷。不過，在一個民主自由的國家裏，有班長之類的還是可能的，管理一下班級日常事務，也可能還有各種「管理員」，如「水電管理員」，但是至少不可能有什麼「宣傳委員」。「宣傳」在本質上就是灌輸，這跟自由的觀念相悖。

在班級管理上，我主張用民主自治的方式。實行民主的前提，是學生理性和秩序。只要學生年齡足夠大，有足夠的素質，班主任不妨試著自動解除一些權力，看看學生能否自治。學生若有自治的能力，班主任便應該逐漸自動解除更多的權力，甚至完全放開。當然，學生的情況若不適合民主，班主任在初期可適度運用權力來管理，同時應可能引導學生進行自治。

學生若能自治，習慣民主生活，班幹部和班主任的權力便會失去存在的基礎，而這正是自由民主的前提。當學生成長為新一代公民時，必然會在國家層面上要求民主自治。此時，黨國的極權主義便會宣告瓦解，一個自由民主的社會便會出現。

鄭淵潔所說的「奴役」觀點也基本上成立。一般來講，體制化的形成過程都會有一個「標準模式」，即先是反抗，後是訓化，最後是向權力妥協。在鄭州李潔的「性奴案」中，女孩們從反抗到向李浩討好，對同胞進行奴役，便是一個標準化的「體制化」過程。同樣地，班幹部扮演了一樣的角色。他們對同學嚴加看管，目的是討好班主任，希望得到更多的權力或名利。

總之，鄭淵潔確實看到了一些問題，他的觀點也基本上可以接受。一些專家宣導學生的自治，也更是直指問題的核心。然而，問題實際上沒有這麼簡單。在現實中，即使班主任意識到很多問題，也希望能改進班級管理，然而卻很難擺脫校長的控制和壓力，而校長代表的正是國家權力。因此，校長的啟蒙也應該提到日程上來。若有校長的支持，班主任會更容易轉變班級管理的思想。

第十章　生命的反抗

生命的本能就是讓自己的利益最大化。大樹搶佔了雜草的陽光和水份，可能會造成雜草的死亡。然而，大樹卻不應該為雜草的死負責，或接受什麼道德評判。正如尼采在談到基督教時說：「生命意味著，不斷把想死的東西的身邊推開；生命意味著：對抗我們身邊的——也不止是我們身邊的——一切虛弱而老朽的東西。那麼，生命是否意味著，毫無存心地對付瀕死者、可憐人和行將就木者呢？——一直充當劊子手呢？」[1]只要是生命，便必然會是自私的。在公有制社會裏，個人利益得不到承認。這種違背自然法則的做法，必然會導致很多問題。

在本書的最後一部分裏，我們來講講生命的反抗。在教育方面，我們時常可以聽見師生死亡的消息。在學校裏，在被「體制化」（institutionalized）後，師生的生命被抑制，一些人最終經不起折磨而自殺了，另一些人則正在進行著各種形式的反抗。

反抗應該成為生活的一部分，尤其是在極權專制的社會裏。

第一節　反抗與存在

導讀：

專制壓制生命，其本質是吃人。洞察了專制社會的吃人本質，教師應該勇敢地提筆寫作，表達自己的反抗。若不進行反抗，教師的尊嚴便會喪失。教師若表示保持沉默，便是認同了這個吃人的社會制度。

反抗是我們的神秘信仰，與尊嚴同義。

——克利斯蒂娃

1　尼采《快樂的科學》，華東師範大學出版社，2007，頁104

存在主義哲學家加繆在其名著《反抗者》中，明確提出了「我反抗故我在」，把反抗作為了人類存在的基本條件和標誌。在加繆看來，世界是荒繆的，人類要存在，就必須與荒謬進行反抗。在《西西弗的神話》一書中，這種反抗精神得到了充分體現。

確實，教師要生存，還得面對教育中的各種荒繆與不合理。但是，除此之外，教師還要努力反抗教育中通過權力運作來實現的奴化與「操練」。

福柯曾從權力角度出發，解析了整個社會的權力運作，得出了社會即「監獄群島」的結論。在《規訓與懲罰》中，福柯說：「我們應該承認，權力製造知識」，從而給出了「權力即真理」這一命題——誰的職位高，誰的話就是真理。話語權力一直掌握在權力者手中，其餘那些位於權力邊緣的人都成為了控制對象和「語音暴力」的對象，正如另一位後現代主義者羅蘭•巴特說：「語言既非反革命的，也不是進步的，因為它原本就是法西斯的。」

中國的教育管理深受工業理念的影響，處處都打上了工業化生產的烙印，工業管理中的「福特主義」思想在教育管理中還十分普遍。目前，中國的教育管理在主流上仍然是等級性的金字塔型的科層組織，一種建立在權力分工和職能分工基礎上的組織。在這種組織中，教師只有工作的權力，而領導則擁有著話語權。領導要教師抓分數，教師就只有屈從於這種威權。《規訓與懲罰》中福柯還說：「規訓『造就個人』，這是一種把個人既視為操練對象又視為操練工具的權力的特殊技術。」確實，學校行政管理只是簡單而粗暴的管理，根本談不上是管理，更談不上是一種藝術，因為它僅是一種「操練」——把教師操練為抓分數的機器。

中國整個社會都是一個官僚體制，無人能從根本上擺脫科層組織中的權力控制。假如說學校領導操練教師，他們同樣被上級領導所「操練」——當政府把分數視為政績來抓時，學校領導也就成為政治奴才了。我們看到，軍事有著嚴格的、典型的權力運作機制，所以我們才素有「軍令如山倒」之說。在福柯那裏，也有「戰術上有一種連貫的軍隊—政治系列。」之說，因為「政治作為防犯國內動亂的基本手段，即使不是被嚴格地視為戰爭的延續，也至少是被視為軍事模式的延續。」

既然政治的運作跟軍事管理一樣，都是圍繞著權力來實現的，所以教育成為政治的奴婢時，教育內部也有由權力來實現的機制。至於學校為何拼命抓分數，校長若找到局長問，局長會說：「此事沒有討論餘地，一切服從上級。」局長若找到廳長，廳長也會說：「此事沒有討論餘地，一切服從上級。」……體制內部的權力運作機制就是這樣的。

權力的壓制，有時候是隱而不現的，這需要一雙慧眼來識別。比如，體制通過權力要求教師成為「人類靈魂的工程師」——儘管教師根本還達不到這麼高的要求——教師應該能夠判斷出這只是一種權力的運作，通過它奴役與壓制才得以實現。教師們若將自己定位於「人類靈魂的工程師」，那勢必會犧牲自己的生命成長。一位女教師不顧自己孩子的病情，只想到自己要高尚而堅持上課，最終造成了孩子病死的慘局。還有一位教師幾十年如一日地兢兢業業，早上六點過就到校，晚上十一點才離校。這類教師可能得到榮譽稱號，但僅是權力的犧牲品而已。可悲的是，他們還沒有意識到自己被奴化和操縱，更沒有意識到自己的「努力」是奴化學生的罪魁禍首。

壓制與成長是一對對抗著的矛盾，但對權力帶來的壓制，我們也不妨將其視為我們生命成長的一部分。生命的成長總是通過克服外界的壓制來實現的，所以從某種意義上講，外界的壓制是生命的成長的必要條件。尼采說：「一棵巨樹如果昂首于天宇，是否有惡劣氣候和暴風雨之助呢？」確實，沒有對環境不斷的突破和超越，也就沒有了生命成長的過程。有了這種思想後，我們對待權力的壓制就不會偏激，而只是多了一些平和。

面對現實中的權力，教師只是作為權力的邊緣群體。但是，教師不應該失去自己的主體性。因為在邏輯上，教師的主體性從來就沒有失去過。上級強迫教師做起早貪黑抓分數，忽視教師的文化需要與生命成長，也就使教師在其視線內消失了。而當教師已不存在時，上級又是誰的上級呢？上級的意義又何在呢？既然上級沒有了教師，那麼教師心目中也不必有上級。「當我對於你已經不存在時，你的存在對我又有何意義呢？！」這是教師對上級權力的最為鋒利的「解構之刀」[2]。

作為處於權力機制下層的教師有出路，這點是非常肯定的。福柯說：「哪里有權力，哪里就有相應的抵抗權力。」教師們不妨樹立起「我反抗故我在」的人生觀。為何要反抗呢？因為教師是生命，而生命即權力意志。在尼采那裏，權力意志就是自我肯定與否定——肯定自我的存在，以否定自我來實現自我的不斷生長，實現自我價值。生命的成長總會受到權力的壓制，而生命不應該屈服於這種壓制，生命的成長總是伴隨著權力的壓制。權力是罪惡的，非道德的，因為它扼殺人作為生命的生長；權力是奴役性的，是「操練性」的，它的旨趣在於使教師工具化。生命的生長僅是藝術。它不接受規訓的道德，總會積極抵抗來自權力的幹預。

---

[2] 參考本書前面「德里達」一節中講到的「增補邏輯」。

那麼，教師應該如何進行反抗呢？反抗可以是在精神和思想上，而不一定是指武力反抗。克利斯蒂娃說：「進步的反抗，並不是在行動中，而是在精神生活及其社會性表達（書寫、思想、藝術）中實現的。」在顧准那裏，也就是要以筆為槍，以血為墨地進行抗爭。可見，教師可以通過寫作和思考，或者某些藝術形式來淬煉自己的思想，或提升自己的人生價值，從而達到反抗的目的。

第二節　對權力的馴服

導讀：

在一次演講中，美國總統喬治・布希曾這樣說道：「人類千萬年的歷史，最為珍貴的不是令人炫目的科技，不是浩翰的大師們的經典著作，而是實現了對統治者的馴服，實現了把他們關在籠子裏的夢想。」人類的最高成就是通過制衡權力，實現了對權力的馴服。作為美國總統，喬治・布希在世界舞臺上似乎很風光，但也只能在「站在籠子裏」對人民發表演說。

國家的權力需要馴服，校長的權力也需要馴服。在極權專制社會裏，國家權力無處不在。在校園裏，校長是國家權力的代表，因而不可能在校園裏實現自由和民主。所以，當教師開始覺悟後，應該去馴服校長的權力，使其受到制衡後不再傷及生命。

校園民主似乎是一個小事件。然而，倘若每個社會成員都能覺悟，每個組織便都可實現自由民主——此時，整個國家也就成為了自由民主的國家。

當年，在新英格蘭等殖民地，自治已經蔚然成風。美國建國時實行民主，只是順應了這種風氣。因此，一個國家的民主不是從天而降的，必須要有現實基礎。

曾有一段時間，我連續寫了幾篇關於馴服校長的文字。這些文字有點鋒芒畢露，讓人觸目驚心，甚至還有一種無厘頭的風格。我不想偽裝成道德家，只展示我的高尚或理想。我寫出這些文字，只想展示真實的我。事實上，我只是一個普通人，在某些方面可能還不及普通人。

有人見我揚言要馴服校長，便認為我對校長太刻薄，並指責我的殘忍，欲為校長鳴冤。或許，你的校長很優秀，有思想，懂教育，有深刻的人文關懷。

我的校長若是這樣，便應該是我的同道中人，或者是我的好朋友。若是這樣，我還會去「刺殺」他嗎？

然而，有的校長卻可能是這樣：他嚴禁教職工提出批評意見，強迫教師晚上加班，動輒以解聘來威脅教師……學校裏，人人都整日噤若寒蟬，生活在緊張和恐懼之中。指責我的人若愛上這種校長，那便是萬劫不復的奴才了。

對於這種校長，必須要讓他有所顧慮，不能讓他無法無天。為了自己好過一點，教師必須要馴服校長。最重要的是，教師要過得幸福，便必須遵循自己的生命邏輯——而不是校長的邏輯——來生活。對於這種校長而言，教師把24小時奉獻出來抓分數，他才會高興。

在某些學校，為了邀功請賞升官發財，校長抓升學率會不擇手段，把教師朝死裏逼。對於這些校長來說，全校學生考上北大，那才讓他美死了，即使教師累死幾個也會再所不惜。且不說這與教育背道而馳，而且也肯定讓教師成天過得不愉快。在這種情況下，教師越是逆來順受，校長越會頤指氣使。結果，加班時間會從四個小時變成八個小時，升學任務會從一百變成二百……受折磨的日子，永遠不會有盡頭的。

因此，馴服校長是非常必要的。校長被馴服後，他的權力運作便會失效。此時，校長便會如同被拔掉牙的老虎。這樣，教師會好過一點，在教育上也會得到更多的自由。比如，有語文教師上劇本課文時，分角色讓學生表演了劇本，卻被臭罵了一頓，因為領導認為這是浪費時間，沒把每分鐘用來抓考試，把考試分數提高到極限。然而，當教師沒有一點自由時，還能從教育中感到幸福嗎？

校長若被馴服，完不成升學任務，那就只好自認倒楣吧。即使上級換個「分數狂」的校長來抓升學率，可能又會被教師馴服。真若能這樣，學校的教師能不幸福嗎？

要馴服校長，教師必須形成自組織力量。有了這種氛圍後，在校長的任命上，教師們可以聯名要求廢除「公推公選」，實行完全開放的民主選舉。乍一看，這好像沒有什麼變化。其實，只要教師可以自由選舉校長，校長便必須為教師說話，使學校在一定程度上脫離官僚體制，讓教育得到一些自由。「公推」意味著教師只能從上級指定的名單中選校長，而這些校長都是並不懂教育的「意識形態幹部」。更為重要的是，「公推」會阻礙中國的民主進程。只要校長是教師民選的而不是「公推」的，學校便可擺脫意識形態和升學率的控制了。

我說過，教師今天能馴服校長權力，明天便能馴服國家權力。然而，很遺憾，教師中的庸眾太多，不懂得這背後的政治蘊義。

有人質問我，倘若我是校長，遇到「刺客」怎麼辦？在前面我已說過，真正的優秀校長一定是我的好朋友。同樣地，我若遇到我這種人，一定能讀懂他的內心世界——他有教育情懷和教育理想，只想有個平臺做點事——哪怕犧牲一點功利。這樣的好教師，我求也求不來啊。我要「刺殺」的校長，是那些又平庸又狠毒的校長，因為他們只知拼命抓升學率，不顧及師生的生命尊嚴。若能給上級交差，他便能得到上級的認同或賞識。然而，為了他的私人目標，教師卻會犧牲掉無數個日夜「對教育犯罪」，而得到的經濟回報卻微乎其微。對於這種校長，教師若不能將其馴服，便沒有好日子過。

當然，「馴服校長」只是馴服權力，而非將校長本人逼上絕路。教師將一位校長逼走了，還會來另一位校長——學校永遠都會有校長。況且，校長在本質上可能不是一個惡人，而只是可能在「平庸地作惡」。大家在一起共事，還得學會和諧相處。即使有時候調戲一下校長，也只是消解他的權力而已。老虎沒了牙，只要不再傷人，讓它活著也無妨，幹嘛非得將其殺死不可呢？

在現實生活中，存在著很多企圖馴服校長的教師。比如說，浙江省某校的一位男教師非常「牛逼」，連續把兩任校長搞下了台。第三任校長上任後，便與教育局勾結起來，通過種種手段，把到他發配到一所鄉中學去了。我認為，他的鬥爭策略有問題，顯得不夠明智。他應該跟校長保持一種張力，讓校長有所顧慮，以此達到自己的目的。事實上，教師只應馴服校長的權力，而不是打倒校長本人。在這個官僚體制中，一個校長被搞下了台，上級還會派來一個。教師打倒校長後，自己又不能得到好處，還不如將其馴服後好好利用一下。因此，最佳的鬥爭策略是在「刀光劍影」的背景下跟校長保持一種互動關係，既不顛覆校長的權力，適度地與權力媾和，又要想校長清楚地知道，觸犯你的底限也會危及他的利益。校長不會希望魚死網破的結局，因為他的利益大於你的利益——或者說，他是西裝革履的官僚，你只是穿草鞋的草民。只要能做到這點，你便能從這種關係中獲得自由和利益。

我的「馴服校長」論，也只是我的個人看法。教師在馴服校長後得到自由，那便是他的勝利。若不馴能服校長，那麼教師們便只有被奴役的命運了。

第三節　民主與教育

導讀：

中國教育經歷了很多改革，但沒能獲得實質性的成效。究其原因，這些教育改革都沒有突破政治的束縛。

杜牧曾有「丸之走盤」的比喻。他說：「丸之走盤，橫斜圓直，計於臨時，不可盡知。其必可知者，是知丸之不能出於盤也。」[3]這是什麼意思呢？此話的意思是，若不突破原有的基本格局，那就只有像「丸之不能出於盤」。中國教育不斷改革，新舉措層出不窮，都不過只是「盤中之丸」罷。任憑你怎麼改革，始終不能突破意識形態的框架。

民主意味著尊重個體，反對意識形態的灌輸。要徹底解決中國的教育問題，唯有在政治上實現民主制度。

民主的目標是保證自由，而自由則是生命的尊嚴。有了自由，才可能有個性發展。教育的真諦在於根據學生的天性，為他們的個性的自由發展提供可能性。

首先，我想重申我的舊觀點：只有民主，才能拯救中國教育。然而，民主似乎是個大話題，教師們不知道如何才能實現民主。其實，教師們根本無須關注國家的民主，只要關注自己的選舉即可。

目前，官方推行的民主選舉方式是「公推公選」。所謂「公推公選」，就是指各級黨政部門召集各級黨的代表大會，或者是各級黨的常設機構（比如說省員會、市委會）來共同商討決定出候選人，然後再就候選人進行表決。而且，長期以來官方都習慣於等額選舉，以更好地體現上級黨委的意圖。

簡單地說，「公推公選」是上級先物色好人選，即上級「代表」人民選出候選人，然後再由大家來選舉。候選人由上級選出來，便必須為上級負責，否則在下一輪選舉時，便會被上級「拋棄」。

試想，假若每一層級的領導都必須是「公推」，必然會有一個終極的上級。那麼，這個終極的上級是誰呢？假若有這樣一個終極的上級，他又是不是

[3] 杜牧《樊川文集》卷10《注孫子序》

在搞獨裁專制呢？更為重要的是，既然上級「代表」人民指明候選人，表明上級對民眾不信任。「公推」意味著，所選領導只能為上級負責，而不能為人民負責——要想入圍「公選」，必須先得到「公推」的資格。

以校長的選舉為例。校長必須先由教育局「公推」出來，然後作為候選人由教師來投票選舉。「公推」出來的校長，必須為教育局負責。假如教育局要分數，校長便只得抓分數，不會顧及教師的感受，這就是為什麼教師被校長逼著抓分數，日子過得很苦的原因。同理，局長「公推」出來後，還得聽教育廳的指示。一言以蔽之，「公推」的目的是強調意識形態的灌輸和執行。

那麼，官方的正論意識形態又是什麼呢？這是一種典型的家長專制和極權主義的意識形態。官方堅持公有制，自稱代表了人民的利益。那麼，在官方的眼裏，人民便只是羊群，不知自己的利益在哪兒，需要牧羊人來領導。官方的中央集體制不僅沿襲了封建專制，還加上了共產主義的極權主義[4]。官方搞的民主，也只是極權民主，而不是自由民主。

「公推公選」的選舉以「公推」為前提，目的還是為了意識形態的統一，而這本身便是一種極權主義，因為它消滅了多元價值，犧牲了人民的自由。「公推公選」的民主，是極權主義的民主。

「不同於以往的統治階級，共產黨並不直接擁有生產資料，但事實上卻以無產階級的名義管理著它們，並因此而取得了其自身作為一個階級的意識和特權。」[5]這就是說，共產黨已不是抽象符號，或是一個政黨。它打著代表人民的旗幟，實際上卻已成了統治階級。

「民主以及常常隨之而來的自由對他們來說是令人感到不方便的東西，是他們無拘無束地追求財富和利潤的障礙。……在這個後共產主義時代裏，正是這種資本主義的權威主義，構成了對民主政治發展和蔓延的最大障礙。」[6]在經濟上，中國已採用了資本主義，然而在政治上仍是權威主義，即哈威爾所說的「後極權主義」。這種「怪胎」政治，是全球化民主潮流的最大障礙。

我相信中共高層比我更明白，中國已進入政治改革的關鍵時期。作為統治階級的共產黨不可能情願放棄自己的利益，然而中國若沒有民主與法治，持續穩定的經濟發展便不會有保障。

4　在吉登斯看來，共產主義屬於左翼極權主義，而法西斯主義則屬於右翼極權主義。參見安東尼・吉登斯《歷史唯物主義的當代批判——權力、財產和國家》，上海譯文出版社，2010，頁251

5　（英）彼得・卡爾佛特著《革命與反革命》，吉林人民出版社，2005，頁16

6　（英）安東尼・阿伯拉斯特《民主》，吉林人民出版社2005，頁83

2011年，6月27日，溫家寶在英國發表了以「中國改革開放以來的發展變化及未來中國的走向」為主題的演講。他表示，未來的中國將是一個充分實現民主法治、公平正義的國家。對於溫家寶的講話，我們不必抱過高指望，因為常識告訴我們，任何一個統治階級，都不會自動放棄利益的。民主與法治，會危及到統治者的利益。而且，自上而下的改革，若沒有民眾的廣泛支持和參與，其效果是非常有限的，甚至會有流產的可能。群眾自發要求進行的自下而上的改革，效果往往甚於官方的強行推動。

在極權民主中，表面上人民享有選舉自由。然而，「公推」意味著人民已沒有了選舉自由。時至今日，中國人連言論自由的權利也沒有得到保障，更何況選舉自由。在自由民主中，人們享有充分的自由。人們無須搞「公推」選舉，而是採用直接選舉——當然，必須還是差額選舉。

民主意味著自治，而自治必須通過直選才能實現。只有通過直選，群眾才能選出自己的代表。選出自己的代表，這便為代議制奠定了基礎。假如說中國政治仍是中央集權或極權主義的話，那麼直選的意義便可想而知了。

直接選出自己的代表，這不是遙遠的夢想。事實上，中國十年前就出現了直選，而且還是在農村地區。

1998年和2001年，四川省遂甯市步雲鄉先後進行過兩次鄉長直選改革。後來，蔡定劍先生來到步雲鄉，傾聽了農民對選舉的發自內心的看法。一位鄉幹部對蔡定劍說，直選鄉長活動，群眾參加人數之多，積極性之高，選舉場面之壯觀，為多年來少見。步雲鄉之所以這樣搞，原因是群眾認為「公推」遠離了他們，他們便認為選舉與自己無關。因此，群眾便自發要求搞直選，這樣才願意參加選舉。為了能搞好選舉工作，鄉政府只得同意了群眾的要求。

蔡先生在回憶選舉時說，一位年過六旬的老太太爭搶話筒，向競選者提問。百歲老人周王氏，被孫子背著到選舉現場參加投票。「當我看到當時競選和投票的錄影時，我受到極大的震動和感染。」蔡先生說：「當中國農民在為了自己的選舉權利不顧阻擾、四處奔走，冒著被打擊報復的危險時，我們的一些理論家還在指責他們素質太低，不配搞民主選舉呢！」

我不止一次地說，教師群體連農民也不如。農民們都知道，直選才能跟自己的利益有關係，「公推」出來的官僚只是官方的代表，而不是自己的代表。然而，在中國的學校裏，有幾所學校自發要求搞直選呢？

「民主是建立在這樣的預設上：沒有人天生就是統治別人的，也沒有人天生就是服從別人的，所有人都生而具有思考的能力，因此都具有處理我們所組成的共同體的事務的政治權利。」[7]教師群體若能敢於表達，證明自己有思考和判斷的能力，無須別人來代表自己，那麼在選舉的問題上，教師群體便會要求廢除「公推」，開始實行直選。

教師若能要求搞起直選，校長便不再是官方的代表。此時，校長必須滿足教師的要求，以獲得下一屆的當選資格，其身份有點類似於代議制中的議員。官方再欲通過抓升學率或應試教育來奴役師生，校長便可以不予理睬，因為校長不再為官方負責，而是必須為教師負責。在教學內容、教學方法等方面，教師一旦獲得了自己的專業自主權，不僅政府無法幹預，校長也會不敢幹預。若能實現這點，官方的意識形態或極權主義便已宣告瓦解，民主與自由的時代已經來臨。

極權主義是奴役民眾的牢獄，遠比專制主義更為可怕。受這種政治的影響，中國教育已嚴重異化，成了奴役民眾的手段。從要求「直選」開始，是對抗極權主義的最有效的辦法。唯有如此，教育才能回歸其本來面目。

第四節　自由與教育

導讀：

教育的對像是學生，是生命。假如說，自由是生命的最高尊嚴，那麼教育的最高尊嚴也應該是自由。

自由教育不僅是指學生的肉體自由，更應該指思想自由。

對於何為教育這個問題，我們可以找到很多答案。在《什麼是教育》中，德國哲學家雅斯貝爾斯指出：「所謂教育，不過是人對人的主體間靈肉交流活動（尤其是老一代對年輕一代），包括知識內容的傳授、生命內涵的領悟、意志行為的規範，並通過文化傳遞功能，將文化遺產教給年輕一代，使他們自由地生成，並啟迪其自由天性。」[8]從雅氏的定義來看，傳遞文化遺產只是手段，「使他們自由地生成，啟迪其自由天性」才是目的。

[7] （西）費爾南多・薩瓦特爾《哲學的邀請》，北京大學出版社，2007，頁38

[8] 雅斯貝爾斯《什麼是教育》，上海三聯書店，1991，頁3-4

在回答了何為教育後，雅氏還區分了教育的三種基本類型：經院式教育、師徒式教育和蘇格拉底式教育[9]。經院式教育限於「傳授」知識，教師只是機械地照本宣科，相當於中國的「填鴨式」教學或弗萊雷批判過的「銀行儲蓄式」教學。師徒式教育的中心是教師，教師是知識和權威的象徵，學生只能被動地依從於教師。蘇格拉底教育是指通過反諷、質疑和討論等方式，師生進行平等的對話，教師的職責是激發學生探索精神，培養學生的求知欲。毫無疑問，這種教育方式最為可取，因為只有它才能賦予學生以自由。

凱洛夫的教育思想強調三個中心：以教材為中心、以教師為中心和以課堂為中心。其中，「以教材為中心」和「以教師為中心」分別對應雅氏的經院式教育和師徒式教育。凱氏的教育思想，具有濃厚的專制主義色彩。它剝奪了教師解釋課程的權力，泯滅了學生的個性，扼殺了學生的求知欲和自由思想。在新課程中，蘇格拉底式的「助產術」受到了宣導和鼓勵。這不是簡單地改變教學方式，而是要通過「解放教育」（弗萊雷用語）把自由還給教師和學生，體現出民主的價值取向。

對於人來說，生命是最高價值。任何政府或個人，都無權剝奪他人的生命。僅次於生命的價值，那便是自由。人類歷史，本是一部追求自由的歷史。在電影《勇敢的心》中，華萊士為了自由不惜生命，書寫了人類追求自由的悲壯篇章。赫爾岑說：「自由何以可貴？因為它本身就是目的，因為自由就是自由。將自由犧牲於他物，就是活人獻祭。」人要活得有尊嚴，必須是享有自由。

教育的目的，便是培養有尊嚴的學生。只有自由發展的學生，才可能成為棟樑之才。然而，當我們以國家利益去犧牲個體時，那是一種無以復加的罪孽，一種最不可寬恕的罪惡。這種教育下，整個民族沒有人才，更沒有天才。「所謂天才，按照字面含義，就是比任何其他人更為獨特的人，因而，他們也就比任何其他人更不以讓他們自己適合於——而無有害地壓制——任何社會為了省去其成員形成其自身性格的麻煩而提供的少數的模子。」[10]中國教育的整齊劃一的模子，造就了一代又一代的「木雞」。當年，教育家陳鶴琴曾編歌謠，對傳統教育進行猛烈的批判，諷刺傳統教育把學生塑造成了這樣：「一貌堂堂，兩眼無光，三柱香火，四肢無力，五臟全無，六神無主，七竅不通，八方來拜。究（九）竟如何？實（十）在無用！」在中國遭受西方列強的蹂躪

9　在我看來，教育不等於教學。竊以為，雅斯貝爾斯的「三種教育」方式應該是「三種教學方式」。為了尊重作者，我在此沒有擅自把教育改為教學。

10　約翰・斯圖亞特・密爾《論自由》，中國法制出版社，2009，頁99

後，魯迅發現了國弱民窮的根本原因。他指出：「立人」才是強國之本，「是故將生存兩間，角逐列國是務，其首在立人，人立而後凡事舉辦；若其道術，乃必尊個性而張精神。」[11]

在對生命進行了深入的思考後，烏納穆諾說：「每個個體的本質就是整體的本質；每一個個體的價值超過人類整體的價值。而且，為全體犧牲個人是沒有任何意義的，除非是整體能夠為每個個體做出犧牲。」[12]我們不能不想到胡適先生的「追求個人的自由，即是追求國家的自由。追求個人的幸福，即是追求社會的幸福。」沒有強大的個體，便沒有強大的國家。倘若我們為了公意——準確地說，是少數人的公意——而不惜剝奪民眾的自由，把個體變成工具，那便是犧牲民族的將來的萬惡不赦的行為。

對於每人來說，自由是不可出讓的權利。對於教育來說，自由是不可出讓的尊嚴。每每想到此，我便下定決心要捍衛自由——毫不妥協地。任何剝奪他人的自由的行為，都是我攻擊的對象。任何剝奪我的自由的人，都是我要與之拼命的死敵。

（發表於《教師博覽》2011年第四期）

第五節　校長不是天使

導讀：

權力本是一種惡，校長若濫用權力，便可成為魔頭。

面對魔頭，教師應該讓自己強大。唯有通過讀書思考，教師才能發現權力的罪惡，讓自己的精神力量足夠強大，對抗和瓦解權力的運作。

美國民主不是從天而降的，而是草根民主發展的必然趨勢。當時，新英格蘭幾個州的鄉鎮都是經過投票選出人選來組建鄉政府。美國政府採用民主政治，也只是順應了社會現實。中國搞從上而下的民主，是很難取得成功的，只有從基層開始的民主才最為穩固。因此，中國教師不妨思考如何在學校裏建設民主的校園政治。

11　《文化偏至論》《魯迅雜文全編》（一），人民文學出版社，2006，頁51

12　（西）烏納穆諾《生命的悲劇意識》，花城出版社，2007，頁64

我曾想成立一個「中國教師刺頭培訓中心」，專門訓練教師們成為「刺頭」。此舉看似有點「無厘頭」式的搞笑，卻真實地體現了我對政治的理解，以及我對社會的希望，對教育的希冀。須知，學校是一個微型社會，校園政治是國家政治的縮影。為了推動中國的憲政，迎接民主與自由，營建民主校園，引領教師文化，教師們應負起作為公民的責任。營造一個民主的校園，受益者不僅是教師自己。往大處說，教師也是在為社會的發展出力。胡、溫要是知道，也會為教師的民主精神感動得淚流滿面。

我認為，為了成為刺頭，制服權力，教師必須不斷學習，組成學習共同體，提高自己的思想水準，促進自身的專業化發展。這是教師自身的尊嚴所在，也是制服權力的基本前提。教師讀書的內容可以無所不包，從法律到管理學，從教育學到社會學，從文科到理科，文史哲各流派還必須都有所涉獵。同時，教師還必須關心時事，瞭解國家大事，知道社會動態。正所謂：「風聲、雨聲、讀書聲，聲聲入耳，家事、國事、天下事，事事關心」。

經過幾年的讀書，教師的專業化水準可以得到大幅度提高。教師的學識水準超過校長後，便能夠佔據學術制高點，對權力進行居高臨下的攻擊，破壞權力的防禦體系。當權力者放下架子，與教師進行平等對話時，教師才算馴服了權力，校園中也才可能出現民主。當然，不夠強大的教師若權力欺壓，那也是他們自己的宿命。

教師們始終要明白一點：權力若無節制，便有被濫用的可能。這是人性使然，跟個體無關。我具有獨立人格和自由思想，也不斷宣導民主自由的精神。然而，我若成了權勢者，在沒監督和限制的情況下，我也可能會濫用權力的。孟德斯鳩從洛克那兒繼承了「三權分立」的思想，為美國民主政治奠定了理論基礎。孟氏曾指出：「一切有權力的人都容易濫用權力，這是萬古不變的一條經驗。有權力的人們使用權力一直到遇有界限的地方才休止……從事物的性質來說，要防止濫用權力，就必須以權力約束權力。」[13]這裏說的「權力遇到界限」，是指「權力遇到阻礙才會休止」。孟氏的「以權力約束權力」是針對國家而言。對於始終沒有權力的教師而言，唯有膽識和思想才能馴服校長。馴服校長的權力，是校園民主的基本前提和條件。在人性問題上，中西方傳統文化是不一樣的。中國的傳統是「性本善」，只要自我修煉，人人皆可為堯舜，這就導致了「人治」社會。西方的傳統卻是「性本惡」，為了制服「人性之惡」，必須有法律才行，這便導致了西方的法治社會。可以說，西方的民主與法制在其文化傳統中有著深刻的根源。

---

[13] 孟德斯鳩《論法的精神》（上），人民出版社，2010，頁154

當然，公民需要遵守法規，教師也需要遵守學校制度。但是，我們同樣要強調對政府和校長的權力範圍劃個界限，把權力裝入一個鋼鐵牢籠禁錮起來。否則，它會成為「列維坦」似的猛獸，傷及無數的受害者——農民劉大孬就是一個極好的典型[14]。麥克遜認為，採用制衡的方法「來控制政府的弊病，可能是對人性的一種恥辱。但是政府本身若不是對人性的最大恥辱，又是什麼呢？如果人都是天使，就不需要任何政府了。如果是天使統治人，就不需要對政府有任何外來的或內在的被控制了。」[15]因此，教師不必因為成為刺頭而有道德重負，反而應該感到自豪才是。政府和校長都不是天使，所以才有必要對權力進行制衡。

在這個世界上，沒有人可以是天使。教師的讀書學習不能使校長成為天使，卻可以讓校長不至於成為魔鬼。

日前，復旦大學校長透露，復旦正在制定《復旦大學章程》以限制校長和其他行政管理者的權力。據悉，復旦的一項重大改革是校領導和部處負責人退出學術委員會、教學指導委員會，以隔離行政權力和學術權力。校長說：「我是一個不可救藥的理想主義者，但同時又是一個現實主義者，無論是大學還是媒體，我們都需要理想的燈塔照亮現實的道路。」

這是一個好消息。限制校長的權力，不只是我一個的「瘋狂」想法。憲政需要從基層做起，復旦已為全國學校做出了榜樣。我們衷心希望，復旦大學的改革取得預期成效！

第六節　教育需要「壞分子」

導讀：

一個「體制化」的環境中，總會出現「刺頭」或「壞分子」。他們的出現帶來的死水微瀾，對環境會有一些積極的影響。因為，在他人的帶動下，周圍的生命開始蘇醒，有了自我意識，並積極地行動起來，與現實進行抗爭。

中國的體制，尤其是中國教育，需要有「壞分子」來啟動。

---

[14] 2010年6月1日上午8：30，河南鄭州市管城區一村民為阻止施工人員拆遷，駕駛車輛沖向工作人員當場撞傷10餘人。隨後，他再次沖向圍觀的村民，當場撞傷數人後棄車逃跑。據統計，現場共有3人死亡16人受傷。

[15] 漢密爾頓、傑伊、麥克遜《聯邦党人文集》，商務印書館，2009，頁264

> 在公司的組織中，光有乖小孩是不夠的。一定要有會造反的人才。我們必須能夠打破企業的常識和陳舊的經營模式，才能有希望。
>
> ——日本管理學家出井伸之

幾年前，好友便跟我推薦過美國電影《死亡詩社》（又名《春風化雨》），直到這兩天我才抽出時間看了這部電影。看完後，我的總體感覺是：《死亡詩社》兼顧了《飛越瘋人院》、《肖申克的救贖》中對體制的反抗，也兼顧了《放牛班的春天》對教育的探索和思考，確實是一部不可多得的好電影。

當權力運作滲透到社會的每個角落時，學校便跟監獄和瘋人院一樣，都只是權力運作的典型場所而已。從本質上講，權力運作是現代社會中理性的產物。然而，當人類進入現代社會後，人類的非理性和生命激情在哪兒呢？人類是否面臨著異化呢？《死亡詩社》為此進行的探索，無不給人啟迪和思考。

在《死亡詩社》裏，尼爾的結局是開槍自殺。然而，校方卻認定基丁老師應該為尼爾的死負責——要不是他慫恿學生搞什麼「死亡詩社」，要不是他的教學非常異類或出格，尼爾也就不會死了。

本來，班上秩序井然——或者說，死氣沉沉。在受到嚴格的規訓和管制後，學生大多都非常規矩。尼爾也會在父母的管教之下，認真學習，准備考大學。

然而，基丁老師的到來，在一潭死水中激起了微瀾，這個班的同學註定是無法再平靜下來了。在第一天上文學課時，基丁老師讓學生撕掉了充斥著教條的教材。在基丁老師看來，教材的內容純粹是屁話，根本沒有把握到詩歌的要領。他用自己的教學方式，讓學生明白了詩歌的真諦。

那麼，什麼是詩歌的真諦呢？

詩歌的真諦，是山洞裏的載歌載舞和擊盆狂歡；詩歌的真諦，是球場上的激情狂奔和野性嚎叫；詩歌的真諦，是青春的躁動和對女生大聲說出「我愛你！」——一句話，詩歌的真諦在於彰顯人的生命激情，在於做一個有血有肉的人，一個活生生的人。

基丁老師把學生活躍起來，在詩歌創作中釋放出了生命能量。當他把學生啟動後，學生便發現了現實對他們的壓抑，並開始進行反抗。這種反抗，在學生看到基丁老師離開，便站在桌子上喊「船長，我的船長」時，體現得最為淋漓盡致。

當尼爾用生命激情參加演出時，他取得了巨大成功。實事上，在詩歌與戲劇之間，有一道橋樑，那便是生命激情。或者說，大凡藝術都需用生命激情去演繹，否則，藝術很難成為藝術。之後，尼爾便想在今生從事演藝事業，不太想服從父親的意志。當他無力反抗父親的命令時，他感受到了生命的死亡。他要用死亡證明，只有在生命激情中，他才能找到自己，只有吸取生命中的養料時，他才能是自己。否則，他寧可一死，也不願偽裝出對父權的服從。

從這個角度來看，基丁老師確實把學生帶壞了。若沒有他的出現，學生會永遠那樣平靜，服帖地遵從教師，接受學校的規訓。儘管他們的生命萎縮，沒有精神的發育，他們卻還能保安性命。從這點來看，基丁老師確實是一個「壞分子」。

然而，我仍然要說，生活中需要基丁老師這樣的「壞分子」。這個壞分子是自覺地「壞」，他十分清楚他的存在的意義和價值。簡單地說，他之所以存在，就是要啟動周圍的人，讓他們活得像個「人樣」，而不是像一群被驅趕的牲口。

我相信，基丁老師會不斷地去「肩住黑暗的閘門」。即使他被趕走，去了另一所學校，他還會因為他的生命激情被趕走。在一生中，基丁老師必然會不斷地換地方，因為這是一個「壞分子」的宿命。

在學校裏，校長若能為教師「肩住黑暗的閘門」，教師若能為學生「肩住黑暗的閘門」，學校該是多麼美麗可愛的地方。此時，孩子們會對學校產生恐懼，教師會對教育產生厭倦嗎？師生們會是呆滯得毫無活力的樣子嗎？師生會沒有一個藝術的人生嗎？

「壞分子」的生命沒有被體制徹底閹割，所以才能活得有點「人樣」。在死氣沉沉的環境中，他的存在會帶來一些影響，衝擊人們的思想，瓦解猶如桎梏的體制，促進生態系統的進化和發展。出井伸之呼喚「壞分子」的出現，其真實意思便在於此。

有可能的話，教師們不妨做一個基丁那樣的「壞分子」。都若那樣「壞」，中國教育便有希望了。

第七節　安迪的反抗

導讀：

電影《肖申克的救贖》講述了這樣一個故事。1947年，銀行家安迪因為妻子有婚外情，酒醉後本想用槍殺了妻子和她的情人，但是他沒有下手，巧合的

是那晚有人槍殺了他妻子和她情人，他被指控謀殺，被判無期徒刑，隨後便被扔進了監獄。

入獄以後，安迪幾乎不和任何人接觸。一個月後，安迪請瑞德幫他搞的第一件東西是一把石錘，想雕刻一些小東西以消磨時光，並說自己想辦法逃過獄方的例行檢查。之後，安迪又搞了一幅巨幅海報貼在了牢房的牆上。在海報的背後，便是安迪的「救贖之道」。

一次，安迪和另幾個犯人外出勞動，他無意間聽到監獄官在講有關上稅的事，然後想辦法使監獄官合法地免去了一大筆稅金。隨後，他被派去當監獄的圖書館管理員，為了爭取圖書館的圖書更新，他每週寫一封信，為圖書館的擴大而努力著，六年後，他實現了願望。之後，他開始幫助道貌岸然的典獄長洗黑錢，並且為監獄其他獄警處理其他事項所需文件。

20年後，安迪終於成功越獄，越獄工具是那本《聖經》裏的小石錘。他領走了典獄長那些沒有任何汙點的錢，並且將典獄長貪汙與謀殺的證據寄給了報社，典獄長在案發後絕望自殺。

> 時至今日，每個有效的辦公室，每個新式工廠，是一個由中央管理系統所單一控制的監獄。在這一監獄中，工人們意識到他們是在一個機器裏面。
>
> ——奧都斯・赫胥黎（Aldous Huxley）

看過《肖申克的救贖》後，我會經常想起電影中的情節。我不得不承認，這真是一部難得的好電影，完全有資格獲得大獎。它通過講述一個美國監獄裏的故事，揭示了在現代社會裏人類所面臨著的被異化的命運。這是一個非常深刻的問題，值得我們深思。

安迪被帶到監獄時，監獄長前來親自訓話。他說：「這兒有兩樣東西：聖經和刑罰。把你們的靈魂交給上帝，把你們的身體交給我吧。」監獄裏有嚴酷的刑罰，獄警可以隨便將囚犯關禁閉，甚至是用警棍將其活活打死。

他不屬於這個體制，自然不喜歡被「體制化」。有一次，他偷偷摸進廣播室，播放起一張音樂唱片。頓時，整個監獄鴉雀無聲。囚犯們放在手中的活，佇立在壩子上，凝視著發出音樂的高音喇叭，聆聽著那優美的音樂。這可是監獄裏從來沒有過的現象！人們如癡如狂，連獄警也一絲不動地站在那兒聽音樂。不過，獄方沒有放過安迪。作為對他違規的懲處，獄方將他關了兩周的禁閉。事後，當獄友問起他的感受時，他說：「監獄只關住了我們的身體，它永遠不可能關住我們的靈魂。」

在體制內，生命受到束縛，人性隨之異化。安迪播放音樂，用音樂觸碰到了獄友們的快要麻木的靈魂。然而，他的行為與體制發生了直接的衝突。個體非常渺小，無以對抗強大的體制，吃虧的總是個體。安迪被關禁閉，就是一個例子。

之後，安迪開始意識到，不能與體制發生衝突，否則，個體將為此付出昂貴的代價。他開始不再直接挑戰權力，而是表面上配合權力的運作，比如為典獄長洗黑錢，先獲得權力的認同，求得生存，然後再來思考如何從中實現自己的希望。事實上，他從來沒有放棄逃跑的希望，這從結局便可知道。

吸取教訓後，安迪開始積極地生活，開始從精神上啟蒙獄友。安迪有修繕圖書館的想法。他不斷向州政府寫信，每週一封，要求擴充監獄圖書館。幾經努力未果，但他始終沒有放棄。六年後，州政府終於給他送來了大量的二手圖書和各種二手商品，大大地改善了監獄條件。安迪開始輔導獄友讀書學習，好幾個獄友在他的幫助下順利通過了考試，並拿到了高中畢業的文憑。

在情節的安排上，把他播放音樂而被關禁閉安排在前面，把他興起學習之風安排在後面，這是有邏輯關係的。這不是導演隨意所為，而應該是導演精心設計，或者說至少是原文作者的思想。安迪進行了本能的反抗，於是便會左沖右突，但是不太注重策略。在這當中，他肯定有不當的方式，比如播放音樂。吸取教訓後，他開始採取適當的策略從事鬥爭。

在現代社會中，學校、監獄、醫院、機關都是「體制化」的場所。「所有這些現代文明物，不管其命名的功能怎樣，都是（或許首先是）秩序的製造廠，即產生情景的工廠。在這一情景下，規則取代了偶然性，規範代替了自發性；某些事件是極其可能的，而其他事件在實際上是不可能的；簡言之，它們是關於可預言的因而是可控制的情景的製造廠。」[16]其中，監獄最能體現現代體制的「規訓與懲罰」的地方。這部電影把故事背景放在監獄裏，大概也有這方面的考慮。我相信，在其他地方，還會有安迪式的「壞分子」。

在學校裏，某些教師仍有鮮活的生命力，在體制中可能會有本能的抗爭，以自己的方式挑戰體制或權力。新教師沒有接受過「規訓」，剛到學校時可能會有一些反應。一段時間後，他們開始適應了體制，而另一些人卻可能仍然不接受體制，與體制時而會有衝突。只要他們不脫離體制，在外面自謀生路，他們便會與體制始終存在著衝突。然而在衝突之後，他們不再以直接的方式去挑戰體制，而是有策略地去積極生活，與體制進行隱性的抗爭。

---

[16] 齊格蒙・鮑曼《後現代性及其缺憾》，學林出版社，2005，頁157

安迪這種人物的存在，會對學校產生一定的影響。一些人可能會覺悟起來，積極地以鬥爭作為生活。另一些被完全異化的教師則已完全「死去」，永遠失去了覺悟的機會。他們可能去告密，將安迪的活動報告給權勢者。這些人，便是那些不能覺悟的僵屍。

家長把孩子送到學校，便把孩子的「靈魂和身體」都交給了教師。孩子們個個生龍活虎，個性鮮明，在教師的「規馴與懲罰」之下，經過十幾年的教育後，孩子們的個性便會是千人一面。你會發現，學校真是一個奇怪的地方。孩子們最初是厭惡，哭哭啼啼要回家，後來他們開始慢慢適應，畢業時都成了電影中的「布魯克」[17]。學校只是一座「文化孤島」，或者說是本身就是一座監獄。

在每所學校裏，都會有些「安迪」式的學生。他們不願意被規訓，時常想辦法逃課，甚至與教師對抗。不管他們是否意識到，作為生命的他們，本能上並不願意被摧殘，所以才會通過各種途徑去獲得生長的自由。

老師們，你們用心觀察過嗎？在你們學校裏，在你所教班級裏，有沒有安迪式的教師或學生？如果有，你應該真正懂得他們，並在適當時候為他們提供支援。你的生命若還沒被完全摧殘，你跟他們便會有相近的生命體驗。你完全可以加入他們，通過適當的方式改造現實環境，過一種積極的生活，拒絕被「體制化」。

第八節　國家已死

導讀：

當年，尼采發現基督教使人們墮落時，大聲宣佈了「上帝已死！」。今天，教師們已發現極權專制扼殺著人性，摧殘著生命，能否接過尼采的「思想錘子」，大膽喊一聲「國家已死！」？

---

[17] 管理圖書館的老頭布魯克，十幾歲就開始在監獄裏生活。他獲許保釋出獄時，竟然抓起一把刀，差點刺死一位獄友。他不想出去，希望犯罪後能讓獄方將他留下。他在監獄裏已經生活了五十年！監獄已是他的家，他捨不得離開自己的家人。布魯克出獄後，社區為他安排了一份工作。不過，被長期關押的他，並不適應外面的生活。終於有一天，他將套繩系在自己的脖子上，結束了自己的生命。

我曾說過，中國教師已死。中國教師若要獲得存在的尊嚴，那就必須宣佈國家已死！

在談到尼采及其所處的時代時，羅洛・梅指出：「在一個像那樣的以及像我們自己的這樣的時代，一個人想要成為一個好的哲學家，就必須成為一個心理學家。」[18]在其生命的最後十二年裏，尼采走向了瘋顛。在人們嘲笑尼采時，卻很少有人真正懂得尼采。尼采在《超越善惡》中曾說：「心理學應該再次被認可為科學之王，因為有它的服務與準備，其他科學才得以存在，因為心理學面在再次成暸解決根本問題的途徑。」心理學，尤其是精神分析方面的心理學，關注生命，當然應該成為「科學之王」——對於我的生命問題還未解決的人而言，搞科學有多大意義呢？

可以說，尼采是精神分析心理學的鼻祖。在《道德譜系學》中，尼采說：「所有不被允許自由活動的本能都會轉向內部。就這是我所說的人的內化」。顯然，佛洛德的壓抑概念便源自於此，這也是人們普遍認為佛洛德的理論源出尼采學說的原因所在。

同時，尼采也是後現代主義的鼻祖。後現代主義以生物學世界觀為主導，認為社會是開放和進化的。生命在進化過程中充滿了可能和偶然性。教師的個體生命，以及課堂觀念，也都應該是開放的。唯有如此，教育才能在種種可能性中實現發展。

國家的意識形態認為，歷史是有必然規律的，政府的歷史任務便是要帶領人民去那個人間天堂。這種意識形態，必然會帶來一個極權專制的社會。在這種社會的教育中，教師的角色就是給學生灌輸正諭意識形態。從師範畢業的第一天起，教師們便成為了「社會主義建設的接班人」，其任務就是培養更多的「社會主義建設的接班人」，生產出更多的鏍絲釘。教師只能貫徹執行「黨的教育方針」，無須再有自己的個體生命。

個體生命的成長，充滿著各種可能性。然而，中國教師卻被迫犠牲大量的時間，去應付以灌輸意識形態為目的的分數教育，從而使生命成長失去了多樣的可能性。在後現代課堂觀看來，課堂應該以生成性和開放性主為要特點。當中國教師已死去時，教師們便無力應對課堂觀的轉變，仍習慣於以控制和封閉為主要特點的教學。

應該說，中國教師已死，主要原因在於正諭意識形態。一個極權專制社會，只能靠壓制和束縛個體生命的成長來實現和維持。在這樣一個社會裏，若

---

[18] （美）羅洛・梅《存在之發現》，中國人民大學出版社，2008，頁71

不進行長期的抗爭，個體生命是不會有出路的。然而，個體生命的成長，必然會與社會制度發生衝突和矛盾。這種衝突和矛盾會帶來一種焦慮，這便是羅洛·梅所說的「神經質焦慮」。焦慮「指的是一種存在狀態。它不是某種我們『擁有的東西』，而是我們『是的東西』。」[19]換句話說，焦慮就是生命的本真特點，或者說是生命本身。海德格爾等存在主義大師不厭其煩地大談焦慮、絕望、孤獨等，因為這些都是生命的存在所必然帶來的問題。

當年，尼采曾說：「哪兒有生命，哪兒便會有權力意志」。在尼采那裏，權力意志便是生命本身。生命需要自我成長和自我實現，這是生命本身所決定了的。然而，在通過抓分數來實現意識形態的灌輸之餘，中國教師沒有自主時間——即便有一點，教師們也用以了搞家教賺外快。教師的這種生命狀態，顯然沒有建立起自我意識和存在意識，也當然沒有了自我實現。

從教育事業的第一天到最後的一天，中國的教師們只能不斷重複著相同的內容，處於一個完全封閉的狀態中，或者說，一個被極權主義奴役的狀態中。誠然，極權主義控制了每個人，其效率可以達到很高水準。對於意識形態的灌輸而言，教師的「一言堂」或「滿堂灌」便是最佳方式，或者說，二者本來就是因果關係。然而，權權主義是以奴役為手段來實現的，它必然會犧牲掉生命的成長，成為「吃人」的主義。

在《瘋人教育日記》的扉頁上，我曾這樣寫道：「在一個極權社會裏，人人都在吃人，同時又在被吃。在這樣一個人吃人的社會裏，教育只是吃人與被吃的方式手段。沒有吃過人的教師，恐怕早已沒有；沒有吃過人的孩子，或者還有？救救孩子們！教師何以肩住黑暗的閘門，放他們去寬闊光明的地方？」難道，這不正是對中國社會和中國教育的真實寫照嗎？

在給朋友介紹此書時，我說道：「這本書是神經質焦慮的文本。」我的生命成長，會與極權主義環境產生衝突。我若認命，便只能將自己龜縮起來，永遠不會有自我實現了。所以，我必須通過各種方式的抗爭，尤其是寫作，去獲得我的個體生命的尊嚴。正如安德列·莫洛亞（Andre Maurois）所說：「想以寫作來表達自我的需求源於對生命的不適應，或來自於內心衝突，這些……人無法在行動中解決。」

當年，尼采宣佈「上帝已死」時，埋下了後現代主義的種子。權威與偶像被打倒後，便沒有了立法者。此時，個體生命便應勇敢地站起來，成為價值的設定者。遵循自己的生命軌跡，去尋找最好的自我，對自我生命的肯定，是對生命的最高禮贊，也是對自我的最高立法。

[19] （美）羅洛·梅《存在之發現》，中國人民大學出版社，2008，頁73

尼采的《查拉圖斯特拉如是說》出版了五年後，仍然是一片沉默。然而，他對他身後的聲名滿懷自信。「我的時代還沒有到來，有些人是生於既死之後。」他預言，21世紀便是屬於他的時代。今天，世界已進入了21世紀。那麼，在這個後現代的時代裏，中國教師有勇氣宣佈「國家已死！」嗎？

國家死後，國家權力——那個奴役和壓迫人的機器，便消失了。此時，教師便能發現自我，讓自己的生命成長起來。

後　記

當此書殺青準備付梓時，我感覺言猶未盡，還想再說點什麼。用最後這點篇幅，我就再說說「尼采與我」吧。

在我成長的過程中，我很早便知道自己有點「自我」。在別人看來，這就是「我行我素」，有點「不服管」，或有點「刺」——用尼采的話來說，我便是一個自由精靈[1]。在教學中，我也討厭外在的框框套套束縛著我。讀到尼采後，我對自己進行了重新認識。我開始明白，我原來是一個生命力旺盛的人！我這種人，原來還可以做「超人」。作為我早期的思想資源，尼采哲學給了我的生命所需的精神養料。

在尼采那裏，「超人」是一切價值的設定者。他被極端的強力意志所驅使，具有很強的戰鬥力，能夠為全人類負責——他的自我提高，是全人類每個人的提高。為了「自我實現」，「超人」也是一個超功利主義者，認同超越價值而否定實用價值。在我看來，「超人」在本源上便是生命力旺盛的人。只有生命力旺盛，生命才能茁壯成長。生命的茁壯成長，才導致了超人的誕生。一句話，「超人」直接來自於強力意志。

我做不了尼采的「超人」，但卻可以做自己的「超人」。尼採用查拉圖斯特拉來代表超人，但尼采的超人仍然比較抽象，用尼采的話來說：「還沒有誕生」。我要做的「超人」很簡單，在底線上便是：我可以超過很多人。作為生命，每個人都應該追求自己的完善，力求到達生命的極限。尼采告訴我說，我身上有明顯的強力意志，它能使我較其他人生長得更好。

在中國的文化傳統中，專制強調控制和約束。在這種文化中，個體被納入到既定框架中，逐漸失去了自我和個性。自我的保持和個性的張揚，需要付出

[1] 「一切成為習慣的東西在我們周圍拉緊了一張越來越堅固的蜘蛛網；隨即我們注意到，細絲變成了粗繩，我們自己作為被困在這裏不得不靠自己的血維持生命的蜘蛛，坐在網的中間。自由精靈討厭所有的習慣和規則，憎惡一切持久和確定的東西，因此它一再撕碎困住自己的網；儘管它將因此而遭受大大小小的傷痛——因為它必須從它自己那裏，從它自己身上，從它自己的靈魂上把那種網絲扯去。」（尼采《人性的，太人性的》，中國人民大學出版社，2008，頁229）

很大的代價。遠說魏晉的阮籍、嵇康，近說明朝的李贄，都沒能逃脫悲劇性的命運。今天，傳統專制已更加惡化，變成了現代極權。在這種背景下，大部分中國人都學會了麻木與適應，匯入了群畜的行列。從一開始，他們便沒有多少生命意識，生命處於較低層級，沒有了任何創造力。他們還認為，個體不必有個性，個體生來的義務是為國家犧牲，或為社會貢獻。另一些人則不一樣。他們受到壓抑和束縛時，總能感受到環境的壓制與內心的衝動之間的強烈衝突。作為本我或裏比多的爆發，內心的衝動是一種生命沖創力，體現了人的活力或生命力。同時，它也是一切創造活動（包括科技發明、藝術創造等）的根本動因——天才往往就是某種程度上的瘋人。當內心的衝動不能完全突破外界的束縛時，便會變成一種心理淤泥，成為精神病的病灶。

在與現實的衝突中，只要生命還沒有死去，便會在成長過程中与環境發生沖突。在這些沖突中，生命便可能會患上某種精神病。在現實生活中，我已有多年的抑鬱症病史。在我看來，中國歷史上有兩位偉大的抑鬱症病者——魯迅和林昭。前者的心中有毒氣和鬼氣，批判起來犀利尖刻；後者面對紅色暴政毫不妥協，終被作為「精神病患者」慘遭殺害。很多讀者發現我的文字中有股戾氣，卻不知道這是抑鬱症所致。

相比之下，大部分人選擇了對現實妥協，將自己龜縮起來，因此他們的生命才會枯萎——當然，他們缺乏了精神，也遠離了精神病。然而，在某種程度上講，精神病何嘗不是人類的驕傲？它至少證明瞭人畢竟不是動物。

對於中國社會，我是有切膚之痛的。我能時時感受到生命的衝動與現實環境之間的衝突，也早已看透專制教育對個體的無情摧殘。當我明白教育只是政治的集中體現，或是社會的縮影時，我便開始思考政治和社會，並基於自己的世界觀，對極權專制進行了批判。關於批判，福柯這樣論述過：「批判是一種自願反抗的藝術，一種經過認真思考的不服從的藝術來發現真理的權利。」對中國教育的批判，正是我的反抗形式。無論如何，我不甘心成為極權主義的一個工具。

最近十年，我完成了學術的最基本的原始積累，在從「旁客」（punk，墮落頹廢者）變成為「醒客」（thinker）的同時，也經歷了一個痛苦和焦灼的啟蒙過程。這本《教育生態學》，算是我「十年磨一劍」的拙作吧。十餘年來，我寫出過幾本書，但這本《教育生態學》則是對以前幾本的概括和昇華。至於今後能否寫出更好的作品，我沒有絕對的信心。若要突破自己的思想體系，尚需一段非常長的時間。不過，請你相信，我會繼續努力的。

薩特曾說，寫作就是為社會負責。無論此書對中國教育有多大益處，這似乎都不太重要。在最低限度上，此書體現了我對社會的責任心。對我的思想進行描述，這體現了我的學術良知——如果我算有點學術的話，也見證了一個卑微生命的頑強與執著。尼采曾說：「我漸漸明白了迄今為止的每一種偉大哲學的真正面目：那就是其作者的親身告白，以及一種不由自主的、不自覺地回憶錄。」這本教育哲學書，便是我不由自主的親身告白。

1882年，尼采告別了他心儀的薩洛美，開始了在義大利的流浪和漂泊。然而，對於一個天才，心靈的痛苦只會激發他的創作欲望。尼采在孤獨中到處流浪，進入了創作的黃金季節。這期間，《查拉圖斯特拉如是說》、《道德的起源》、《善惡的彼岸》、《看哪，這個！》、《偶像的黃昏》等偉大作品接連問世。尼采的哲學思想，正是產生於他心靈中的孤獨和痛苦。本書中的很多觀點都是基於我自己的生命體驗，或者說，也是產生於我的痛苦與焦灼。然而，托爾斯泰在《我們應當做什麼？》一文中曾這樣說道：「以精神勞作為他人服務的人，永遠要為完成這事業而受苦。因為只有在痛苦與煩惱中才能產生高貴的精神。」那麼，讀者便應該知道一點：是我靈魂深處中的痛苦，而不是別的什麼東西，才最終催生出了這本書。我不是什麼天才，但我的生命體驗證實了托氏的觀點：思想出自於靈魂的痛苦。

我當走過自我尋求之路，再回頭來看其他教師時，我便更能洞察他們的內心世界——恐懼、麻木和懦弱。書中時常有一些批評，但與其說那是對教師群體的批評，毋寧說更是對我自己的審視和批評。當我質問教師們是否堅守了「一釐米主權」時，實際上我也是在質問自己：你在教育中堅守了嗎？你的理性與良知何在？

在某種意義上講，這本書寫的不是教育，也不是教師，而是我自己。為什麼這樣說？就寫作而言，寫作不能外在於自我，「作品必須像鮮血從血管裏流出，淚水從眼眶裏流出一樣真實。」（林賢治語）另外，寫作也是一個尋求自我的過程。在尼采哲學的幫助下，我踏上了尋求自我之路，發現了自己。在這個過程中，我從教育中發現了更多的東西，本書也只是我作為一個覺解的生命來對教育進行的解讀。

無論讀者如何評論此書，也無論我將來能否寫出更多更好的作品，此書都確鑿無疑地證明瞭了一點：我曾在這個世界上走過，並用自己的生命寫出了此書。在中國社會這種惡劣的環境下，一個卑微的生命曾經頑強地存在過，沒有被極權專制扼殺掉。因此，我必須要感謝尼采，是他讓我開始了自我尋求，讓我沒有墮落成中國教育中的「末人」。

在尼采哲學裏，狄奧尼索斯是酒神，代表了人的非理性精神；阿波羅則是日神，代表了人的理性精神。尼采提倡狄奧尼索斯非理性，貶抑阿波羅的理性。他把古希臘的悲劇藝術的衰亡歸咎為蘇格拉底的理性哲學的興起，並對其給予了無情的批判。

最後，我想以我在多年前寫的一首拙詩作結，對我的思想導師和精神之父——尼采——表示一點紀念。

致狄奧尼索斯

山巔　你張開雙臂
迎風　你盡情呼喊
讓狂風暴雨
來得更猛烈些吧！

縱然　雷電交加
世界為之顫慄
你也傲視蒼穹
因為　你是酒神

雙頰　紅潤似血
眼眶　盈滿血絲
挑戰
這個非人的世界

毀滅　是你不朽的名字
世界　因你重獲新生
因為
你就是超人

狂笑　是你的偉大
詛咒　腳下的群畜
延續
一個崇高的精神對話

補 遺

柏拉圖主義，或別的什麼主義，是歷史上所有黑暗時代的哲學，屬於集體主義的獨裁統治。亞裏斯多德主義是文藝復興之父，是工業革命之父，是科學之父，是個人主義之父，是資本主義之父，是美國之父。

——安・蘭德[1]

關於物理學世界觀和生物觀，本書只追溯到了牛頓和達爾文。然而，嚴格說來，這兩種世界觀卻應該追溯到柏拉圖和亞裏斯多德。在本書出版之際，我再就這個問題簡單說說。

被馬克思稱為「古希臘哲學家中最博學的人物」的亞裏斯多德不僅是哲學家，也是一位生物學家。他不僅著有《動物繁殖》一書，而且最先觀察到自然界的逐漸變化。他曾說，「自然界按連續不斷的順序由無生物經植物而最後形成動物的。」這種思想被後人發展為「自然界階梯」的概念。亞裏斯多德的生物學思想一直飽受柏拉圖主義的壓制，一直到達爾文時才算有了「鹹魚翻身」的機會。當時，進化思想已經醞釀成熟，預示著一場思想革命即將到來。

亞裏斯多德有著樸素的生物學思想，柏拉圖主義則有著物理學思想的基因。柏拉圖認為，世界由「理念世界」和「現象世界」所組成。理念的世界是真實的存在，永恆不變，而人類感官所接觸到的這個現實的世界，只不過是理念世界的影子，它由現象所組成。哲學家懷特海曾說，兩千年的歐洲哲學只是在為柏拉圖哲學作注而已，足見柏拉圖對歐洲哲學的影響。

柏拉圖的「理念論」，對數學的發展有著巨大貢獻。柏拉圖主義認為，數學概念是一種特殊的獨立於現實世界之外的客觀存在，它們作為抽象一般或「共相」而存在，不依賴於時間、空間和人的思維的永恆的存在。

---

1 安・蘭德《通往明天的唯一道路》，廣西師範大學出版社，2004，頁163

在柏拉圖的《理想國》中，有一個著名的「洞穴比喻」：有一群囚犯在一個洞穴中，手腳都被捆綁，身體也無法轉身，只能背對著洞口。他們面前有一堵白牆，身後燃燒著一堆火。在那面白牆上，他們看到了自己以及身後到火堆之間事物的影子。由於看不到任何其他東西，這群囚犯會以為影子就是真實的東西。最後，一個人掙脫了枷鎖，摸索出了洞口，第一次看到了真實的事物。他返回洞穴並試圖向其他人解釋說，那些影子其實只是虛幻的事物，並向他們指明光明的道路。那些囚犯告訴他，除了牆上的影子之外，世界上並沒有其他東西。柏拉圖用這個故事告訴我們，「形式」就是那陽光照耀下的實物，而我們所能感受到的不過是那白牆上的影子而已。

到了中世紀，湯瑪斯將柏拉圖的理念轉化成了本質（essences），認為本質才是真實的，可以不依賴實體而存在。本質主義強調恒定不變和不連續性，認為理念具有普遍性和永恆性。然而，按照達爾文進化論的觀點，進化是漸進實現的，而不是突然發生的。

本質論哲學與物理學的觀念非常相近，比如「物理學家的『類別』（classes）是由完全相同的實體組成，不論是納原子、質子、還是π-介子。」[2]同時，柏拉圜的「二元論」認為，理念是先於實體存在的，這個觀點後來引出了唯名論。在「二元論」看來，人類是認識主體，自然界只是被認識的客體。凡是與存在於人腦中的理念相符合的便是科學，否則便不是科學。應該說，這種「符合論真理觀」影響了科學的發展。

本質主義與生物學中的種群觀念有著水火不容的矛盾。種群思想強調生物界每一事物的獨特性，萊布尼茨曾將這一思想發揚光大。他有句名言說：「沒有兩片完全一樣的樹葉。」此話充分顯示出了他的種群思想。經過萊布尼茨後，種群思想後來傳至達爾文，並由他開創出了一個新時代。

根據柏拉圜「二元論」理念關照現象，從彼岸俯視此岸，後來成為了基督教的思想基礎。在基督教裏，彼岸就是上帝或天堂，此岸就是世俗社會。柏拉圖哲學出現在基督教之前，他被某些人稱為「沒有基督教的教徒」。

基督教原教旨主義對物種的神創論解釋和本質論者的物種概念十分一致，即強調種的固定性和永恆不變性。柏拉圖的《理想國》向我們描繪出了一幅理想的烏托邦的畫面。什麼是烏托邦？烏托邦便是一個靜止的，永恆不變的理想社會——這正是從柏拉圖的理念而來。在《理想國》中，柏拉圖通過蘇格拉底與格勞孔德的對話傳遞出這樣的觀念：嚴格的等級制度的削弱將導致國家的毀

---

[2] （美）恩斯特·邁爾《生物學思想發展的歷史》，四川教育出版社，2010，頁27

滅，危害國家的就是不正義的。顯然，道德的首要準則就是國家利益，只要是符合國家利益的都是善，威脅國家利益的東西都是惡。道德的尺規是國家的利益，這些正是極權主義的典型思想。

柏拉圖在《理想國》中認為城邦由三個階級構成，即賺錢階級、輔助者階級和護衛者階級構成，任何一個階級都應該能各司其職、各盡其責，城邦就是公正的。奧古斯丁則繼承了這種秩序觀。他在《上帝之城》中說：「萬物的和平在於秩序的平衡，秩序就是把平等和不平等的事物安排在各自適當的位置上。」世界既然是有序的，一切順從秩序的就是善的，一切違背世界秩序的就是惡的。這種秩序觀跟中國傳統的「安身守已」具有驚人的相似之處。這說明，柏拉圖的思想中確實含有樸素的物理學世界觀的某些成分。

柏拉圖主義強調共相，否定實體存在。歸納法無法窮盡實體，共相便只能從抽象的理念演繹而來。統治者將自己的利益普遍化，或上升成為一種善後，柏拉圖主義便為極權主義提供了觀念基礎。由是觀之，柏拉圖的思想中存在著極權主義的種子，這點是確鑿無疑的。

可以說，柏拉圖主義是貫穿科學（尤以物理為甚至，因為它是科學的傑出代表）的發展、基督教、現代性、極權主義（往往也表現為一種世俗宗教，以烏托邦為「彼岸」），以及中世紀的唯名論和共相[3]，等等的一條隱秘的主線。安・蘭德抨擊集體主義和共產主義，宣導個體主義，並為資本主義辯護。我認為，她基本上把握住了世界思想史的主要脈胳。

當然，若要系統地將上述內容闡述透徹，我肯定尚需花時間下功夫。對於某些問題，我的思考也可能尚欠成熟。我在此介紹這些思想觀點，希望對有志於研究的讀者有所助益。

人類有了科學技術，實現了現代化，然而，也現出了極權主義的罪惡。要讓科學繼續為人類造福，杜絕極權主義的罪惡，我們必須樹立起生物學世界觀，恪守生命倫理，對個體生命給予最大限度的尊重。我堅信，生物學世界觀將會為人類帶來福祉，而不是罪惡。

---

[3] 中世紀時期，經院哲學出現了一次圍繞個別與共相的關係的爭論，並產生出兩個對立派別。唯名論否認共相具有客觀實在性，認為共相後於事物，只有個別的感性事物才是真實的存在。實在論斷言共相本身具有客觀實在性，共相是先於事物而獨立存在的精神實體，共相是個別事物的本質。

新座標06　PF0089

新銳文創
INDEPENDENT & UNIQUE

教育生態學

作　　者　鄭　偉
責任編輯　林千惠
圖文排版　楊尚蓁
封面設計　蔡瑋中

出版策劃　新銳文創
製作發行　秀威資訊科技股份有限公司
114 台北市內湖區瑞光路76巷65號1樓
電話：+886-2-2796-3638　傳真：+886-2-2796-1377
服務信箱：service@showwe.com.tw
http://www.showwe.com.tw
郵政劃撥　19563868　戶名：秀威資訊科技股份有限公司
展售門市　國家書店【松江門市】
104 台北市中山區松江路209號1樓
電話：+886-2-2518-0207　傳真：+886-2-2518-0778
網路訂購　秀威網路書店：http://www.bodbooks.com.tw
國家網路書店：http://www.govbooks.com.tw
法律顧問　毛國樑　律師
圖書經銷　貿騰發賣股份有限公司
235 新北市中和區中正路880號14樓
電話：+886-2-8227-5988　傳真：+886-2-8227-5989

出版日期　2012年6月　初版
定　　價　380元

Printed in Taiwan

國家圖書館出版品預行編目

教育生態學 / 鄭偉著. -- 初版. -- 臺北市 : 新銳文創,
2012. 06
面； 公分.
ISBN 978-986-6094-78-1(平裝)

1. 教育生態學

520.18367 101006646

讀者回函卡

感謝您購買本書，為提升服務品質，請填妥以下資料，將讀者回函卡直接寄回或傳真本公司，收到您的寶貴意見後，我們會收藏記錄及檢討，謝謝！
如您需要了解本公司最新出版書目、購書優惠或企劃活動，歡迎您上網查詢或下載相關資料：http:// www.showwe.com.tw

您購買的書名：______________________________

出生日期：________年________月________日

學歷：□高中（含）以下　□大專　□研究所（含）以上

職業：□製造業　□金融業　□資訊業　□軍警　□傳播業　□自由業
□服務業　□公務員　□教職　□學生　□家管　□其它____

購書地點：□網路書店　□實體書店　□書展　□郵購　□贈閱　□其他

您從何得知本書的消息？
□網路書店　□實體書店　□網路搜尋　□電子報　□書訊　□雜誌
□傳播媒體　□親友推薦　□網站推薦　□部落格　□其他________

您對本書的評價：（請填代號　1.非常滿意　2.滿意　3.尚可　4.再改進）
封面設計____　版面編排____　內容____　文／譯筆____　價格____

讀完書後您覺得：
□很有收穫　□有收穫　□收穫不多　□沒收穫

對我們的建議：______________________________

____

____

____

請貼
郵票

11466
台北市內湖區瑞光路 76 巷 65 號 1 樓

秀威資訊科技股份有限公司　　收

BOD 數位出版事業部

....

（請沿線對折寄回，謝謝！）

姓　　名：____________ 年齡：________ 性別：□女　□男

郵遞區號：□□□□□

地　　址：____________________________

聯絡電話：(日) ____________ (夜) ____________

E-mail：____________________________